交通运输行政执法人员培训教材

Jiaotong Yunshu Xingzheng Zhifa Zhengju Shouji yu Yunyong
交通运输行政执法证据收集与运用

交通运输部政策法规司　组织编写

人民交通出版社

内 容 提 要

本书为交通运输行政执法人员培训教材之一。本书从行政执法证据概述、证明责任、证明对象和证明标准、交通运输行政执法证据的收集、交通运输行政执法证据的复核和运用、典型交通运输行政执法案件的证据收集及认定六个方面进行了详细的阐述。

本书可供参加交通运输行政执法人员培训以及从事交通运输行政执法工作的人员学习、参考。

图书在版编目(CIP)数据

交通运输行政执法证据收集与运用 / 交通运输部政策法规司组织编写. --北京：人民交通出版社,2012.12
交通运输行政执法人员培训教材
ISBN 978-7-114-09551-1

I.交… II.①交… III.①交通运输管理－行政执法－中国－工作人员－技术培训－教材 IV.①D922.14

中国版本图书馆 CIP 数据核字(2011)第 264308 号

书　　名：	**交通运输行政执法人员培训教材**
	交通运输行政执法证据收集与运用
著 作 者：	交通运输部政策法规司
责任编辑：	沈鸿雁　张征宇　孙　玺
出版发行：	人民交通出版社股份有限公司
地　　址：	(100011)北京市朝阳区安定门外外馆斜街 3 号
网　　址：	http://www.ccpress.com.cn
销售电话：	(010) 59757973
总 经 销：	人民交通出版社股份有限公司发行部
经　　销：	各地新华书店
印　　刷：	北京市密东印刷有限公司
开　　本：	720×960　1/16
印　　张：	19.25
字　　数：	287 千
版　　次：	2012 年 12 月　第 1 版
印　　次：	2018 年 9 月　第 8 次印刷
书　　号：	ISBN 978-7-114- 09551-1
定　　价：	39.00 元

(有印刷、装订质量问题的图书由本社负责调换)

《交通运输行政执法人员培训教材》编审委员会

主　任：高宏峰

副主任：何建中

委　员：柯林春　朱伽林　刘　缙　王昌军　吴秉军
　　　　宋晓瑛　戴　飞　严洪波　葛　方　毕忠德
　　　　李　伦　沈晓苏　冯健理　汪祝君　王德宝
　　　　胡　冰　王兆飞　万　明　高洪涛　霍金花
　　　　唐　元　董清云　徐　欣　黄汝生　周文雄
　　　　乔　墩　白理成　陈志刚　张长生　彭思义
　　　　李永民　杨映祥　刘自山　勾红玉　高江淮
　　　　郭洪太　曹德胜　但乃越　姜明宝

《交通运输行政执法人员培训教材》编写委员会

主　编：何建中

副主编：柯林春　朱伽林

编　委：孙红军　于会清　张立国　齐树平　曹居月
　　　　王志强　杨　清　邵新怀　赵勇刚　李　冰
　　　　王元春　胡继祥　晏少鹤　陈炳贤　张建明
　　　　陈继梦　张　宏　李　敢　王跃明　黄冠城
　　　　黄永忠　林　森　郑　宁　王　波　方延旭
　　　　马德芳　徐龙海　姚　军　赵建峰　杜　军
　　　　甘庆中　王旭武　常　青　马　军　王乔贵
　　　　陈卫中　王海峰　杨素青　熊雅静　陈　松
　　　　杨　剑

本册编写人员

黄克清　胡继祥　李日龙　李振斌　陈　松

深入开展执法人员培训
改进交通运输行政执法

  由部政策法规司组织编写的交通运输行政执法人员培训教材正式出版了。这是推动广大交通运输行政执法人员深入学习、提高素质、提升水平的一项基础性工作,很有意义。

  推进依法行政,队伍素质是基础。在2010年召开的全国依法行政工作会议上,温家宝总理强调:"加强行政执法队伍建设,严格执行执法人员持证上岗和资格管理制度,狠抓执法纪律和职业道德教育,全面提高执法人员素质。"近年来,部制定了一系列规章制度,采取有效措施加强和规范交通运输行政执法,取得了明显成效。交通运输行政执法工作仍存在许多不足,根据调查,全行业现有的40多万行政执法人员中,大部分人员为大专以下学历,大学本科以上学历仅占26%,法律专业人员仅占23%。交通运输行政执法队伍整体素质状况与推进依法行政、建设法治政府的要求相比还有很大差距,执法工作不作为、乱作为的现象仍然存在,很多执法人员未接受过系统的基础法律知识教育,缺乏必要的程序意识、证据意识、时效观念,迫切需要进行有组织的系统化的法制教育培训。

  为加强执法队伍的建设和管理,提高整体素质和能力,部制定了《交通运输行政执法证件管理规定》,建立了一套严密的关于执法人员培训、考试、发证、考核的管理制度。组织编写行政执法人员培训教材,为全系统开展执法人员培训考试工作提供统一的内容、标准和依据,是落实执法证件管理制度的基础和前提。据此,部政策法规司组织全国交通运输行业内有关科研院所、高等院校、法制部门的专家和一线执法的实践工作者编写了《交通运输行政执法人员培训教材》。这套教材共七本,包括《交通运输行政执法基础知识》、《交通运输行政执法管理与监督》、《交通运输行政处罚自由裁量权行使实务》、《交通运输行政执法程序与文书实务》、《交通运输行政执法证据收集与运用》、《交通运输行政执法典型案例评析》、《交通运输行政执法常用法规汇编》。

这套教材着眼于《全面推进依法行政实施纲要》发布以来新出台的法律法规对行政执法工作的新要求和当前交通运输行政执法实践中存在的突出问题,以基层行政执法人员为对象,以交通运输行政执法应知应会为主要内容,结合典型案例分析,对交通运输行政执法的有关基础知识、规范执法的基本要求、行政处罚自由裁量权、行政执法程序与文书、行政执法证据等进行了比较系统的介绍和阐述。教材既总结了多年来交通运输行政执法实践和培训的经验,又借鉴了有关行政执法部门的工作成果,贴近交通运输行政执法的实际,并有简明的理论分析,体现了理论与实践的统一,内容比较丰富,针对性、实用性强,形式新颖,是各级交通运输主管部门和交通运输行政执法机构对交通运输基层行政执法人员培训的实用教材。

孟子说:"徒善不足以为政,徒法不足以自行。"法律条文只是写在纸面上的东西,它自己无法使之贯彻,法律的实施要靠人。如果执法者无视法律的规定,枉法裁判,漠然置之,则法律只能成为一纸空文。交通运输行政执法人员每天的执法言行直接影响交通运输管理秩序和行政相对人的切身利益,没有一支人民满意的交通运输行政执法队伍,就不可能建设人民满意的交通运输部门;不努力改进交通运输行政执法,就不可能树立交通运输部门良好的社会形象。因此,交通运输部门的各级领导干部和广大执法人员应当秉持对法律的敬畏之心,认真学法,规范执法。要以《交通运输行政执法人员培训教材》出版发行为契机,对交通运输行政执法人员实施全覆盖、多手段、高质量的培训,力争用3年左右的时间,将所有交通运输行政执法人员轮训一遍,努力建设一支政治坚定、素质优良、纪律严明、行为规范、廉洁高效的正规化交通运输行政执法队伍,为进一步做好"三个服务",推动交通运输科学发展安全发展营造良好的法治环境!

交通运输部副部长

2012 年 4 月

目录 CONTENTS

第一章 行政执法证据概述 ························· 1
  第一节 行政执法证据的概念、特征和功能 ·············· 1
  第二节 交通运输行政执法证据的概念和特点 ············ 6
  第三节 交通运输行政执法证据的种类 ················ 7
  第四节 行政执法证据与行政诉讼证据的比较 ············ 37

第二章 证明责任 ···························· 42
  第一节 证明责任概述 ······················· 42
  第二节 证明责任的分配 ······················ 43

第三章 证明对象和证明标准 ······················ 48
  第一节 证明对象 ························· 48
  第二节 证明标准 ························· 56

第四章 交通运输行政执法证据的收集 ················· 66
  第一节 交通运输行政执法证据收集概述 ·············· 66
  第二节 交通运输行政执法证据收集的原则、要求和方法 ······ 71
  第三节 交通运输行政执法各类证据的收集 ············· 88
  第四节 交通运输行政执法证据的登记保存 ············· 140

第五章 交通运输行政执法证据的复核和运用 ·············· 147
  第一节 交通运输行政执法证据复核概述 ·············· 147
  第二节 交通运输行政执法各类证据复核要点 ············ 154
  第三节 证据认定和运用规则 ···················· 167

第六章 典型交通运输行政执法案件的证据收集及认定 ········· 179
  第一节 擅自从事道路营运案件的证据收集及认定 ·········· 179

第二节　违法修建建筑物案件证据的收集与认定 …………………… 191
第三节　车辆擅自超限行驶公路案件的证据收集及认定 …………… 200
第四节　损坏公路附属设施案件的证据收集及认定 ………………… 212
第五节　擅自使用港口岸线案件的证据收集及认定 ………………… 216
第六节　航道内非法挖取沙石案件的证据收集及认定 ……………… 221
第七节　擅自经营水运案件的证据收集及认定 ……………………… 225
第八节　船舶无证航行案件的证据收集及认定 ……………………… 231
第九节　船员无证从事航行案件的证据收集及认定 ………………… 235
第十节　船舶超载运输案件的证据收集及认定 ……………………… 240
第十一节　航道内非法养殖案件的证据收集及认定 ………………… 251
附录一　交通行政处罚行为规范(节录) ……………………………… 255
附录二　最高人民法院关于行政诉讼证据若干问题的规定 ………… 262
附录三　交通事故痕迹物证勘验(GA 41—2005) …………………… 277
附录四　交通事故勘验照相(GA 50—2005) ………………………… 288
参考文献 ………………………………………………………………… 295

第一章

行政执法证据概述

第一节 行政执法证据的概念、特征和功能

一、行政执法证据的概念

证据,即证明根据,通常是指证明某一事实客观存在或某一主张成立的根据。

所谓行政执法证据是指,行政执法机关收集和核实,能够证明行政执法案件真实情况的根据性材料。这一定义包含了以下要素:

1. 行政执法证据的收集和核实主体是行政执法机关。因为行政执法是行政执法机关主动的和单方意志的行政行为,所以,行政执法证据的收集和核实应当由行政执法机关负责。

2. 行政执法证据的性质是一种根据性材料。《中华人民共和国行政诉讼法》(以下简称《行政诉讼法》)第三十一条规定,"证据经法庭审查属实,才能作为定案的根据。"根据这一规定,行政执法证据应当经行政执法机关核实才能作为认定行政执法案件事实的根据。

3. 行政执法证据的用途是证明行政执法案件的真实情况。《中华人民共和国行政处罚法》(以下简称《行政处罚法》)第四条规定,设定和"实施行政处罚必须以事实为根据"。所谓"以事实为根据"是指行政执法机关应当根据案件的客观真实情况分清案件性质、当事人违法情节轻重以及社会危害程度,以确定当事

人应当承担的法律责任。由于案件纠纷发生在前,行政执法机关实施行政处罚在后,行政执法机关要想对当事人实施行政处罚,"必须全面、客观、公正地调查,收集有关证据",最大限度地使案件的处理结果符合客观事实,并向当事人告知其违反法律、法规或者规章的事实和证据。

二、行政执法证据的基本特征

行政执法证据的基本特征是指证据之所以为证据的内在规定性。这种内在规定性不是外在附加给行政执法证据的,而是它自身固有的。

一般来说,行政执法证据具有客观性、关联性、合法性三大基本特征(图1-1)。

1. 客观性

行政执法证据的客观性是指行政执法证据必须是客观存在的根据性材料。所有行政执法证据都是已经发生的行政执法案件事实的客观遗留和客观反映,是不以人们的主观意志为转移的客观存在。这是由行政执法案件事实本身的客观性所决定的。行政执法证据的客观性包括以下两个方面的含义。

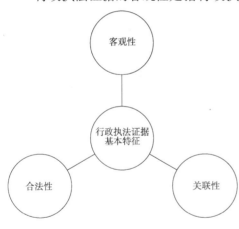

图1-1 行政执法证据的三大基本特征图

(1)行政执法证据有自己存在的客观形式,并且这种形式能为人的认识所感知。任何一种行政违法行为都是在一定的时间和空间发生的,必然会在客观外界留下痕迹和影像。行政执法证据有两种基本存在形式:一种是客观存在的实物根据性材料,如与案件有关的账册、票据、证件、车辆、船舶、痕迹等;另一种是被人们感知并存入记忆的言词根据性材料,如证人证言、当事人的陈述等。无论以哪种形式存在,以上根据性材料都可以成为证据。

(2)行政执法证据所反映的内容是客观的,不以行政执法人员和当事人的意志为转移。伴随着行政执法案件事实的发生,行政执法证据事实便不以人的主观意志为转移地形成了。任何一种行为,行政执法人员可以发现它、认识它、利用它,而决不能创造它、回避它、改造它。任何猜测和虚构的东西,都不能作为合法证据使用。

2. 关联性

行政执法证据的关联性是指行政执法证据必须与行政执法案件事实之间有内在的、必然的联系,能够证明行政执法案件事实的全部或某一部分。行政执法证据的关联性包括以下四个方面的含义。

(1)关联性是行政执法证据的一种客观属性,即行政执法证据同行政执法案件事实之间的联系是客观联系,而不是行政执法人员的主观想象和强加的联系。它是案件事实作用于客观外界以及有关人员的主观知觉所产生的。

(2)关联性应具有实质性意义,即行政执法证据与行政执法案件的基本事实相关。在行政执法案件中,行政执法证据的关联性是指行政执法证据关系当事人是否有行政违法行为、行政违法行为的性质及情节轻重等。与这些基本事实无关的证据材料则不具有关联性。客观存在的根据性材料是多种多样的,但并非所有的根据性材料都能成为证据。只有那些对行政执法案件真实情况有实质性意义的根据性材料,才能作为行政执法证据。凡是与行政执法案件事实无关的,对查明行政执法案件没有实质性意义的根据性材料,不论其多么真实可靠,都不能作为行政执法证据。

(3)关联的形式或渠道是多种多样的,有直接联系、有间接联系,有必然联系、有偶然联系。实践中,有关联的证据有:与涉及行政违法行为的构成要件事实有关的证据;能证明行为人的具体违法行为过程的证据,包括何人、何种动机和目的、何时、何地、何种手段、何种行为、何种危害后果"七何"要素的证据;能证明或排除当事人辩解的证据;与当事人违法行为的情节有关的其他证据。行政执法证据之所以能够对行政执法案件事实起证明作用,是由于行政执法证据与行政执法案件真实情况之间存在联系。

(4)关联性的实质意义在于证明力,即行政执法证据有助于证明行政执法案件事实。所谓证明力是指,行政执法证据对行政执法案件事实有无证明作用及证明作用的大小。可以说,行政执法证据关联性决定行政执法证据的证明力。

3. 合法性

行政执法证据的合法性是指行政执法证据应当由具有行政执法资格的行政

执行人员依照法定程序,以合法的方式和手段取得并符合形式上的要求。行政执法证据的合法性包含以下三个方面的含义。

(1)行政执法证据的收集、核实主体应当合法,即收集行政执法证据的行政执法主体应当具有相应的主体资格。《行政处罚法》第三十七条规定,"行政机关在调查或者进行检查时,执法人员不得少于两人,并应当向当事人或者有关人员出示证件。"《交通行政处罚行为规范》第十条更加明确规定,"办案人员调查案件,不得少于两人。办案人员调查取证时,应当出示《交通行政执法证》。"

(2)行政执法证据的取得程序应当合法,即行政执法主体取得证据的程序和方法合法。《行政处罚法》第三十六条明确规定,"除本法第三十三条规定的可以当场作出的行政处罚外,行政机关发现公民、法人或者其他组织有依法应当给予行政处罚的行为的,必须全面、客观、公正地调查,收集有关证据";第三十八条明确规定,"调查终结,行政机关负责人应当对调查结果进行审查";第四十二条还规定,"行政机关作出责令停产停业、吊销许可证或者执照、较大数额罚款等行政处罚决定之前,应当告知当事人有要求举行听证的权利;当事人要求听证的,行政机关应当组织听证。""举行听证时,调查人员提出当事人违法的事实、证据和行政处罚建议;当事人进行申辩和质证。"违反有关规定取得的证据,不得作为定案的根据。

(3)行政执法证据的形式应当合法,即作为证明当事人行政违法的根据性材料应当符合法定的形式。作为证明行政执法案件真实情况的根据性材料,形式上必须符合法律要求,否则,就不可以作为行政执法证据。《行政处罚法》第三十七条规定,行政机关在调查或者进行检查时,"当事人或者有关人员应当如实回答询问,并协助调查或者检查,不得阻挠。询问或者检查应当制作笔录。"《交通行政处罚行为规范》第十二条对行政处罚证据的种类作了明确规定,包括书证、物证、视听资料、证人证言、当事人的陈述、鉴定结论、勘验笔录和现场笔录七种,还对各种证据的形式也作了明确的要求。该规范第十四条规定,"办案人员询问当事人及证人的,应当个别进行。询问应当制作《询问笔录》。《询问笔录》制作完成后应当交被询问人核对;对阅读有困难的,应当向其宣读。"非法取得的证据,在证据理论和诉讼理论中,严格讲是不应当具有证据效力的,更不得作为定案的依据。证据的合法性表现为:作为定案依据的证据必须具有合法的来源、合法的形式,由合法的主体通过合法的途径方法收集,并依法查证、核实与判断。

根据性材料只有同时具备以上"三性",才能作为行政执法案件的证据。

三、行政执法证据的功能

证据的功能,也可以称为证据的意义或证据的作用,是证据的功效和效能。"证据为王"是当代世界法治国家一切行政执法直至司法活动的公理。行政执法程序在很大程度上是围绕证据的调查收集、审查认定而展开的。行政执法证据在行政执法活动中,具有以下主要功能。

1. 证据是认定案件事实的依据。行政执法案件事实是发生在过去的事件,行政执法人员只能通过各种证据去认识案件事实。2008 年 12 月 30 日交通运输部印发了《交通行政处罚行为规范》,该规范第二条第(一)项明确规定,交通行政主管部门、法律法规授权的交通管理机构在作出行政处罚决定时,应当做到"事实清楚,证据确凿",并在一般程序中设专节对"调查取证"做了规定。由此可见,交通运输行政执法机关在作出行政处理决定之前,必须进行必要的调查取证。离开证据,查清案件事实就成为一句空话。

2. 证据是实现执法公正的前提。行政执法活动的根本目的是维护公共利益和社会秩序,其基本任务有两项,一是准确认定案件事实,二是正确适用有关的法律。就这两项基本任务之间的关系而言,正确适用法律的前提条件和基础是准确认定案件事实,而准确认定案件事实的前提条件和基础是收集充分、确凿的证据。离开证据,执法公正就是一句空话。

3. 证据是当事人合法权益的保障。其具体表现为:一是在实体方面维护当事人的合法权益,二是在程序方面维护当事人的平等权利和正当权利,防止有关人员滥用职权或使用非法手段收集证据。如果没有行政执法证据,当事人的合法权益就难以得到有效的保障。如行政执法机关在无证据证实或证据不充分的情况下作出具体行政行为,属于"主要证据不足"。对这类具体行政行为,行政复议机关、人民法院根据当事人的申请或起诉,分别依照《中华人民共和国行政复议法》(以下简称《行政复议法》)、《行政诉讼法》的有关规定作出决定或判决予以撤销。这种情况一旦发生,不仅会影响行政执法机关履行有关职责,还会影响交通运输行政执法机关的形象,使行政执法工作陷入尴尬境地。

第二节 交通运输行政执法证据的概念和特点

一、交通运输行政执法证据的概念

《交通行政处罚行为规范》第十二条规定,"证据是指能够证明交通行政处罚案件真实情况的材料。"根据这一规定,我们认为,交通运输行政执法证据是指,交通运输行政执法机关在交通运输行政执法过程中,为实施具体行政行为,收集、运用以证明案件真实情况的根据性材料。这一定义包含了以下要素。

1. 交通运输行政执法证据的收集、运用主体是交通运输行政执法机关。交通运输行政执法机关包括:交通运输行政主管部门,如县人民政府交通运输局;法律法规授权的交通运输管理机构,如市道路运输管理处、港口行政管理部门、地方海事局等;县级以上人民政府的交通主管部门依法委托的交通管理机构,如航道管理机构、公路管理机构等。以上交通运输行政主管部门、交通运输管理机构,都可以收集、运用交通运输行政执法证据。

2. 交通运输行政执法证据的收集、运用是交通运输行政执法活动的重要组成部分。交通运输行政执法证据的收集、运用除了必须符合《行政处罚法》的有关规定外,还应当符合《交通行政处罚程序规定》和《交通行政处罚行为规范》规定的程序。

3. 交通运输行政执法证据的收集、核实有明确的目的。目的是证明交通运输行政执法案件的真实情况,实施交通运输具体行政行为,维护交通运输公共利益和交通运输秩序。

二、交通运输行政执法证据的特点

交通运输行政执法证据除了具有客观性、关联性、合法性三大基本特征外,与其他行政执法证据相比较,还具有行业性、技术性和实时性三个突出特点。

1. 交通运输行政执法证据具有明显的行业性

由于行政执法涉及经济社会生活的各个方面，不可能由一个行政执法机关实施，在整个行政机关系统内部必须进行行业分工或职能划分，不同的行政机关或职能部门负责不同的行政执法，这就使部分行政执法活动具有行业特点。交通运输行政执法案件是发生在交通运输领域的行政执法案件，而交通运输行政执法证据是证明交通运输行政执法案件事实情况的根据性材料，这些根据性材料都与交通运输基础设施或经营活动有关，并且由交通运输行政主管部门、法律法规授权的交通运输管理机构负责收集、运用，因此，交通运输行政执法证据也具有显著的行业性。

2. 交通运输行政执法证据具有较强的技术性

如前所述，交通运输行政执法案件发生在交通运输领域，均与交通运输基础设施或经营活动有关，即与公路、车辆、航道、港口、船舶等密切相关，这类案件在很大程度上属于技术性事务。技术性案件主要是指运用技术手段收集行政执法证据，并以技术性材料予以证明的案件。比如，损坏公路路面的行政执法案件，除收集当事人陈述、证人证言外，更重要的是现场勘查，包括现场照相、现场绘图、计算损坏面积、确定损坏程度等技术性工作。因此，与其他行政执法证据相比较，交通运输行政执法证据具有较强的技术性。

3. 交通运输行政执法证据具有较强的实时性

交通运输行政执法案件的多数证据都存于公路、航道和港口，而且交通运输一个显著的特点是流动性，因此，对有关证据的收集，需要在特定时间进行。比如，在公路设施损坏案件调查中，交通运输行政执法人员不仅要勘查损坏的公路设施现场，而且要找到造成公路设施损坏的肇事车辆，如果在现场找不到肇事车辆，以后查找就非常困难。又如，调查"无证经营"道路运输行政案件，如果不能在现场调查中取得证人证言，以后再寻找有关证人也非常困难。因此，与其他行政执法证据相比较，交通运输行政执法证据具有较强的实时性。

第三节 交通运输行政执法证据的种类

按照不同的标准、从不同的角度，可将行政执法证据分成不同的种类。在我国,行政执法证据主要有两种分类:一是法定分类;二是学理分类。前者可称为行政执法证据的法定分类,是有关法律对行政执法证据所作的种类划分,具有法律上的效力;不具有法律效力的证据不得作为定案的依据。后者可称为行政执法证据的学理分类,是专家学者对行政执法证据所作的种类划分,只具有理论指导意义。无论按照何种标准或从哪个角度对行政执法证据进行分类,其目的都在于揭示各类行政执法证据的特点、作用和运用规律,指导行政执法人员全面收集、审查、判断证据,正确运用证据认定案件事实。这对于保证行政执法案件审查的质量,保证行政执法合法、公正有着重要的意义。

一、证据的法定分类

《交通行政处罚行为规范》第十二条规定,"证据包括以下几种:(一)书证;(二)物证;(三)视听资料;(四)证人证言;(五)当事人的陈述;(六)鉴定结论;(七)勘验笔录、现场笔录。"(图1-2)这一规定与《行政诉讼法》第三十一条规定的行政诉讼证据的种类是完全一致的。交通运输行政执法主体在行政执法过程中应当根据《行政诉讼法》和《交通行政处罚行为规范》的规定收集与案件有关的证据。

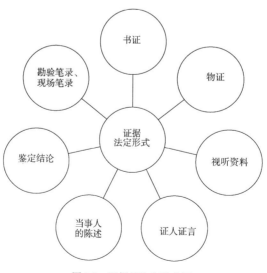

图1-2 证据的法定形式图

第一章 行政执法证据概述

(一)书证

书证是指以文字、符号、图形等所表达的思想和记载的内容证明行政执法案件事实的证据。之所以称为书证,不仅因它的外观呈书面形式,而更重要的是它记载或表示的内容能够证明案件事实。

1. 书证的特征

从书证的概念可以看出,书证具有以下特征:

(1)书证具有书面形式。这是书证在形式上的基本特征。书面形式多种多样,如手写、打印、印刷、凿刻的文字、符号、图形等。书证的载体通常是纸张,还包括金属、石块、竹木、塑料、布匹、地面、墙壁等。

(2)书证具有思想性。书证以其表达的思想和记载的内容证明案件的事实,而不是以其外形、质量等来证明案件的事实。如载明业户名称、经营范围的《道路运输经营许可证》、《道路运输证》(图1-3)。这一特点是书证与物证的主要区别。

图1-3 书证示例图

(3)书证具有直接证明性。书证是由物质载体和证明案件的内容构成的,往往能够直接证明案件的主要事实。

(4)书证具有稳定性。书证在形式上相对固定,只要作为书证载体的物质材料本身未受损毁就可以长期保存。

2. 书证的证明意义

从书证的特点中可以看出,书证是以其所记载的内容和所表达的思想来证明事实的。书证的这一本质特征决定了其在行政执法中具有十分重要的意义。

(1)书证所记载的内容或表达的思想往往能直接证明有关案件的真实情况。因为书证的特点是以其所记载的内容或所表达的思想来证明案件真实情况的。行政执法书证是伴随着行政执法案件事实的发生而产生的,它所反映的思想和记载的内容,往往是案件事实的一部分或全部,与案件事实是一种直接的重合关系。所以,对书证审查核实清楚了,案件事实也就真相大白了。

(2)书证同其他证据相比,其证明力更强,证明作用发挥得更为充分。书证通常以文字的形式来表现,相对于口语而言,书面文字具有意思更为清楚、明确,表现的思想更具有逻辑性的特点。书证是以一定的物质材料作为载体,将一定的内容或思想固定下来。同时,书证的形成通常是在案件发生之前,因此,书证中所记载的内容或表达的思想,在通常情况下是符合当时的真实情况或当事人的思想状况的。而案件发生后,当事人因与案件有直接的利害冲突,基于趋利避害的心理,主观上往往只承认案件中有利于自己的事实,对案件中不利于自己的事实不予承认或是否认。基于上述原因,书证比当事人的陈述更具真实性。

(3)书证能长期稳定不变,可靠性较强。书证具有以一定形式将一定内容或思想固定下来的特性,能使这些内容或思想被真实地保存下来,即使时间长久,记载内容或思想的物质材料有破损,只要未影响到反映内容或思想的文字、符号、图形等,其内容或思想就仍能得到真实的反映。人证、物证等证据则有可能因主客观条件的变化或随着时间的推移而发生变化,其所证明的案件事实就有可能失真或失实;而书证只要存在,其所反映的内容或思想就会长久不变。

3. 交通运输行政执法实践中常见的书证

根据内容的表现形式,书证分为文字书证、符号书证和图形书证。文字书证是以文字形式记载与案件有关联的内容的书证,如公文、合同、账簿、票证、单据、图表等。符号书证是以符号形式记载与案件有关联的内容的书证,如运输标记或标识、路标等。图形书证是以图案、图画等形式记载与案件有关联的内容的书证,如建筑物设计图、公路规划图等。

从行政执法实践来看,在交通运输行政执法过程中,常见的书证主要有:

(1)反映行为人和物主身份的书证,如车辆行驶证、机动车驾驶证、船员证等;

(2)从事经营性活动的书证,如车辆牌号、车票、船票及其他运输合同、账册、收费票据、广告牌(单)、线路牌等;

(3)反映经营管理规范的书证,如在受理道路运输经营行政许可时,须审查是否有健全的安全生产管理制度;

(4)反映技术检验、验证的书证,如车辆综合性能检测站对营运车辆出具的检测报告单等;

(5)反映行政管理活动的书证,如行政机关的处理决定和其他文件等。

(二)物证

物证是指能够以物品的内在物质属性、外部特征和存在状况证明行政执法案件的真实情况的实物证据。物证包括行政违法工具、违法行为所侵害的客体物、违法过程中所遗留的痕迹和物品等。

1.物证的特征

物证是以其物质自身的存在方式来证明案件的事实,而非以言词的形式来对案件发挥证明作用。其特点主要表现在以下方面。

(1)较强的客观性。物证是客观存在的物体和痕迹,是以内在属性、外部特征和所处位置以及状态来证明案件事实的,不具有任何思想内容,它不受人们主观因素的影响和制约。如果能够判定物证是真实的,不是虚假的,通过物证与案件事实的联系,就能够用其来证明案件事实。只要有行政违法行为发生,就不可避免地会在现场产生各种物证。某种物证一经产生,便很难改变,即使行为人有意伪装或毁灭(如放水冲刷路面、移动现场物品等行为),也很难把所有的物证全部毁灭,而且在这个过程中又会形成新的痕迹物品。因此,与证人证言、当事人陈述及其他证据相比较,物证更直观、更真实。

(2)间接性。物证本身不能直接证明行政执法案件事实,往往还需要借助其他证据来发现其与案件事实的联系。例如,交通运输行政执法人员在公路上发现的污染物,这一污染物本身并不能证明路政案件的事实,其证明价值需要交通运输行政执法人员的解读。又如,通过检查现场车辆上装置的运输货物,认定该货物就是污染物;通过证人辨认或当事人陈述,认定运输该货物的车辆是属于××单位的,于是这一污染物才起到了证明案件事实的作用。物证所反映的案件事实是不完整的片断,每一个物证所证明的案件事实,都只是案件事实的某一个侧面、某一个环节或某一点,不能证明案件的主要事实。因此,在物证的运用过程中,必须将各个独立的物证串联在一起,才能对案件主要事实予以证明。因此,物证的证明具有间接性。

(3)不可替代性。物证通常属于特定的物体和痕迹,且被特定化于特定的物体之上。因此,它是不能用其他物品或者同类物品来代替的,否则就不能保持原物的特征。例如,交通运输行政执法人员查到一辆超限运输的车辆,在该案中,只有该车辆本身具有证明作用,不能用其他同类或相似的车辆来代替。《交通行政处罚行为规范》第二十条规定,"在证据可能灭失或者以后难以取得的情况下,交通运输行政执法机关可以对与涉嫌违法行为有关的证据采取先行登记保存措施。"根据该规范第二十二条的规定,对于先行登记保存的证据,交通运输行政执法机关应当"根据情况及时采取记录、复制、拍照、录像等证据保全措施",如易腐烂的物品、损坏的公路设施等,需要用照相、复制模型等方法来固定和保存。物证的摄影照片或以各种方法复制的物证模型,也属于物证。

2. 物证的证明意义

(1)物证是检验言词证据是否真实的依据。由于物证是一种客观存在的具体物品或痕迹,运用鉴定和其他方法,较易核实物证的真伪,所以在执法实践中常用已经查实的物证去审查和验证其他证据的真实可靠性。

(2)物证是查明或证明案件事实的有效手段。单独的物证虽然不能证明案件的主要事实,但是借助物证,交通运输行政执法人员能推断违法性质和手段,推断违法行为人的身份特征,为进一步的执法活动提供线索和方向,甚至成为证明违法事实的重要根据。

3. 交通运输行政执法实践中常见的物证

在行政执法活动中遇到或使用的物证是多种多样的。在交通运输行政执法中,常见的物证主要有:

第一章 行政执法证据概述

（1）违法工具，如超限运输案件、无证营运案件中的车辆，无证经营的维修厂家从事违法经营的修理设备和维修工具，驾校使用的教学仪器和教学设备等。

（2）现场痕迹，如路政案件中的路面轮胎印、护栏损坏裂痕，维修厂家场地上渗漏的油污，货车车厢上残留的货物余渣等。

（3）侵害客体物，如损坏公路赔偿案件中被损坏的公路路面等。

（4）现场遗留物品，如扬撒货物案件中货运车辆在行驶中扬撒的货物等。

（5）其他可以用来证明案件真实情况的存在物，如物体的位置、大小、颜色特征等。

随着科学技术的不断发展，可以作为证据使用的物品和痕迹逐步扩大。在行政执法实践中，勘验现场拍摄的现场照片，对某些难以移动或易于消失的物品、痕迹复制的模型或拍摄的照片都属于物证的范畴。

（三）视听资料

视听资料是指以录音、录像、电子信息证明行政执法案件真实情况的资料。

1．视听资料的特点

视听资料是现代科学技术迅速发展的产物，它所记录的内容能够较为客观真实地反映事物原貌。它集书证、物证之优点于一体，但不同于以文字符号表示内容来证明案情的书证，也不同于以外形特征来证明案情的物证，具有自身的特点。

（1）直观性。借助相应的技术设备，视听资料可以将当时的声音、图像，当事人的动作、表情及现场环境等如实记录，其内容丰富全面，使人感到如临其境、如见其人、如闻其声，能够更全面、更直接地了解到案件当事人当时的意思表达、法律事实的发生、案件发展变化的全过程，能够克服文字材料因陈述、理解等不同而产生认识上的分歧和误差以及物证因时过境迁而产生毁损、灭失等诸多缺陷，这是其他形式的证据无法比拟的。如录音资料，不但能够反映说话人的语言所表达的内容，还能够反映说话人的语调、语速等特征；录像资料则可反映案件的环境特点，使案件的直观性很强。视听资料对于准确、全面地反映案件事实有着独特的优势。

（2）间接性。视听资料的形成以及对该证据的感知、了解都必须借助一定的技术设备方可完成。视听资料的物质载体(如录音带、录像带等)本身并不是证据,只有其中所记录的声音、图像和数据等,才具有证据的证明效力。

(3)稳定性。视听资料储存的信息量大,同一证据材料既可以证明案件事实,又可以证明法定程序事实。视听资料是用技术设备、器材制作而成,精密度高,不易受人为的主观因素和外界客观条件的影响,具有物质上的稳定性。同时,只要保存好磁带、拷贝,数据不致变形、变质,视听资料可以反复使用、重复再现有关案件事实而不发生变化。只要录制对象正确、录制方法得当、录制设备正常,视听资料就能够精确地记录与再现当时事件发生、经过和具体情节画面,具有较长时间的稳定性。

2. 视听资料的证明意义

在行政执法案件的调查活动中,视听资料具有其他证据种类无法取代的地位,具有"望之有形、听之有声、查之有据"的特殊功能,具有以下证明意义:

(1)视听资料所记录的声音、图像和数据等虽不能直接证明有关案件的真实情况,但借助视听资料,能推断违法性质和手段、违法行为人的身份特征,为进一步的执法活动提供线索和方向,甚至成为证明违法事实的重要根据。

(2)同其他证据相比,视听资料借助相应的技术设备,能够直接再现一定的案件真实情况。运用鉴定和其他方法,较易核实其真伪,其证明力更强,证明作用发挥得更为充分。

3. 交通运输行政执法实践中常见的视听资料

根据《最高人民法院关于行政诉讼证据若干问题的规定》(以下简称《行政诉讼证据规定》)第十二条的规定,计算机数据、录音、录像等均属于《行政诉讼法》第三十一条第一款第(三)项规定的视听资料。交通运输行政执法过程中,常见的视听资料主要有录音、照相、录像、计算机数据四种(图1-4)。

(1)录音。录音能逼真地反映出说话人的音质、语素、语言习惯、说话时的心态等,说话人一般不会加以否认,如录音带、唱片、MP3等。

(2)照相。照相能逼真地反映出现场情况,在对当事人正在进行的违法行为取证时使用最为直接;也作为现场检查时在查封扣押贴了封条后,对证据的固定等,如现场照相。

(3)录像。录像具有准确、完整、连贯、再现原状等特点。其内容丰富、广泛,容量大,有运动的人、物形象及背景参照物,可以直接收录,随时观看,既显情境又显语言,能逼真地反映出现场情况,当事人一般不会否认,因此,录像应用很广泛,如电影片、电视片、录音录像带(片)、幻灯片、声像光盘、MP4等。

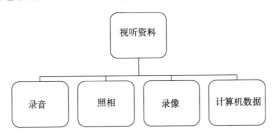

图1-4 交通运输行政执法中常见的视听资料图

(4)计算机数据。电子数据指储存于计算机等介质上的资料、数据等材料,如硬盘、光盘、U盘等储存的电子文件、视频资料。

(四)证人证言

证人证言是指证人就自己知道行政执法案件事实情况向行政执法机关所作的陈述。知道行政执法案件真实情况的人,都可以作为证人。

1. 证人证言的特点

(1)证人证言属于言词证据,是证人对案件事实所感知的情况、记忆的情况所作的陈述。同实物证据相比,其优点是生动、形象、具体。

(2)证人与案件事实所形成的联系是特定的,只有了解案情的人才能作为证人,因此,证人及证人证言是他人不可代替的。

(3)证人证言只能是证人就其所知晓的案件事实所作的陈述,不包括对这些事实所作的评价,也不包括对案件所涉及的法律问题发表的看法。证人对案件情况的分析、判断、评论等,均不能作为证人证言使用。

(4)证人证言有失真的可能。一是证言证据本身所固有的特征:每个证言都要受到客观因素和主观因素的影响,特别是事实回忆会受感受能力和记忆能力等不确定性因素的影响,导致其不稳定与多变。二是每份证言的形成过程,是证人对其所经历的事实的追忆,受其本身的主观能力所限,可能出现误差。

2.证人证言的意义

证人证言同诉讼中其他证据相比,特别是同案件的其他言词证据比较,其客观性更强。因为证人不像案件中当事人那样,与案件结果有密切的利害关系;证人证言同物证、书证等实物证据相比,它更为生动、具体形象,在案件事实真相和意义方面独具特色。从内容上讲,它可能同案件的一部分或者全部相联系,往往能证明案件涉及法律关系的一部分或者全部,即使证明不了一部分或者全部,它还可以反映案件的有关线索,为行政执法机关进一步调查、收集证据提供证据帮助。就证据运用而言,它还可以对案件其他证据加以对照、比较,起到一个印证和核实的作用,为行政执法机关提供审查、判断证据的手段。因此,证人证言在诉讼中的作用、意义是不可忽视的。

3.交通运输行政执法实践中常见的证人证言

(1)根据证人证言表现形式,证人证言分为口头证言、书面证言两种。口头证言,即证人以口头叙述的方式向行政执法机关提供证言。证人提供口头证言,行政执法机关应当制作笔录(图1-5)或进行录音、录像。证言笔录虽具有书面形式,但从性质上说,仍然属于口头证言。记录证人陈述的录音、录像也不属于视听资料,而是证人证言。书面证言,即证人以书面陈述的方式向行政执法机关

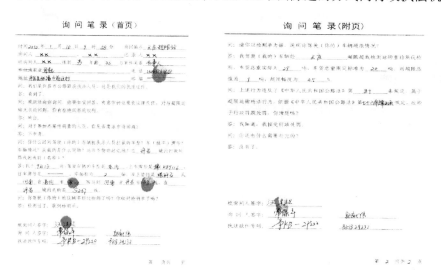

图1-5 询问笔录示例图

提供证言。书面证言一般由证人自己书写。

（2）根据证人证言的主体范围，证人证言分为个人证言和单位证言。根据《中华人民共和国民事诉讼法》（以下简称《民事诉讼法》）第七十条第一款规定："凡是知道案件情况的单位和个人，都有义务出庭作证。"《交通行政处罚行为规范》虽然没有类似的规定，但在实践中，也分为个人证言和单位证言两大类，单位包括机关、团体、法人、企业等非自然人的实体或其下属部门。这里有一个值得探讨的问题是，单位能否能像自然人一样提供口头证言呢？单位显然是不能的。

（五）当事人的陈述

当事人的陈述是指当事人就自己所经历的案件事实情况等向行政执法机关所作的陈词和叙述。作为证据的当事人的陈述，只限于当事人对行政执法案件事实的陈述，其内容包括对案件事实的陈述，对证据的分析和辩解的意见等。

1. 当事人陈述的特点

（1）主体唯一性。当事人与案件事实所形成的联系是特定的，只有行政违法行为的实施者才能作为当事人，因此，当事人及当事人陈述是他人不可代替的。

（2）事后性。当事人的陈述发生在行政执法案件调查过程中，当事人不在行政执法人员面前或者不是向行政执法机关所作的陈述，即使可能与行政执法案件事实有关，也不是"当事人的陈述"，而可能形成其他类型的证据。因此，当事人的陈述在形成时间上具有事后性的特点。

（3）待证性。这是由当事人的特殊身份决定的。一方面，当事人是行政违法行为的实施者，对于行政执法案件事实，较其他人都了解得更全面、更深刻。因此，当事人的陈述比任何其他证据形式都更能反映行政执法案件的全面情况。另一方面，当事人与案件有直接的利害关系，为了减轻或免除自己的法律责任，可能会隐瞒对自己不利的有关事实，夸大甚至编造对己有利的事实，其陈述往往带有有利于自己的主观性和片面性。所以，对当事人的陈述，行政执法人员应充分重视，不能轻易置信，并且需要与案件中所出现的其他证据相互佐证，去伪存真，从而辩证发挥其证明案件真实情况的作用。

2. 当事人陈述的意义

《行政处罚法》第三十二条、第四十一条明确规定，"当事人有权进行陈述和申辩。行政机关必须充分听取当事人的意见,对当事人提出的事实、理由和证据,应当进行复核;当事人提出的事实、理由或者证据成立的,行政机关应当采纳。"因此,收集、运用当事人的陈述,对于提高行政执法办案水平非常重要。

(1)防止和减少行政执法中出现错误。在实践中,虽然绝大多数当事人是真正的违法行为人,但也确有一些没有违法行为或者虽有违法行为但违法程度较轻或者依法不应追究行政责任的当事人,由于行政执法人员的水平及工作疏忽,可能导致事实认定不清或者定性不准、适用法律有误,所以,当事人的陈述申辩,对于查明事实真相、正确作出处罚起着重要的作用。

(2)有利于维护当事人的合法权益。当事人的陈述,不仅仅是一项证据制度,也是一项重要的程序制度。通过实施这一制度,不仅能够更加全面、准确地了解案件事实,还能使行政执法机关与相对人不平等的地位得到校正。当事人享有通过适当活动对收集证据施加积极影响的机会,有利于增加办案透明度,防止行政执法人员主观臆断。根据《行政处罚法》的有关规定,对适用简易程序处罚的违法案件,采取简单的方式在处罚时直接听取当事人的申辩;对一般程序的案件则采取比较正式的告知方式来听取当事人的陈述申辩;对比较复杂、重大违法案件则采取听证程序来听取当事人的陈述申辩。让当事人在陈述申辩程序中,既可以使公民、法人或者其他组织的合法权益得到有效的保护,又有利于提高行政效率。

(3)符合处罚与教育相结合的原则,使当事人知道自己的行为违反哪一部法律规定,有利于提高法制观念。行政执法的过程也是当事人接受法制教育的过程。在强调依法行政和全民普及法律知识的今天,让当事人依法享有陈述申辩的权利,有利于加强当事人的法制观念,化解矛盾,同时有利于提高执法人员自身素质,避免违法行为的发生。

3.交通运输行政执法实践中常见的当事人陈述

(1)根据陈述的表现形式,当事人陈述分为口头陈述和书面陈述两种。口头陈述,即当事人以口头叙述的方式向行政执法机关提供证言。当事人提供口头陈述,行政执法机关应当制作笔录或进行录音、录像。当事人陈述笔录虽具有书面形式,但从性质上说,仍然属于当事人陈述。记录当事人陈述的录音、录像也不属于视听资料,而是当事人陈述。书面陈述,即当事人以书面陈述的方式向行政执法机关作出陈述。书面陈述一般由当事人本人书写。

(2)根据陈述的事实性质,当事人陈述还可以分为对案件事实的说明和当事人的承认两类。当事人对案件事实的说明,目的在于取得有利于自己的结果。当事人的承认,是指当事人对其他证据所证明的事实的真实性表示同意的一种陈述。

(六)鉴定结论

鉴定结论是指鉴定人根据行政执法机关的指派或委托,运用专门的技术手段和专业知识,就与案件有关的专门性问题进行科学鉴定后所作出的技术性书面意见。

1. 鉴定结论的特点

鉴定结论是一种具有特殊性质的独立证据,其特殊性在于这种证据一般所要解决的问题不是一般的事实问题或者法律问题,而是必须由具备一定专门知识和技能的专门人员根据一定的技术原理并运用专门的技术手段才能解决的专门性问题。

(1)鉴定结论是鉴定人运用自己的专门知识和技能,凭借科学的设备和仪器,通过分析、检测、研究,对案件涉及的专门性问题所作的结论。因此,在证明力上,它具有一定的科学性。

(2)鉴定结论仅限于解决案件中所涉及的专门性问题,其证明力具有解决事实问题的专门性,而不是对法律适用问题提出处理意见。例如,对案发现场发现的痕迹进行鉴定后可以作出检材痕迹和所提供的样本痕迹是否同一的结论,该结论只能证明留下痕迹的车辆是否到过现场,但不能解决这一车辆的所有者或使用者是否有违法行为的问题。所谓专门性问题,是指行政执法人员通过一般的调查取证方法无法解决的问题,如公路行政执法案件中的公路路面损害的程度等。

(3)鉴定结论必须提出书面结论。鉴定结论应当是鉴定人对送检材料进行检验测定后作出的书面结论,而不能只是口头的陈述。

(4)鉴定结论与其他法定证据有所不同,它并不是对客观事实的真实反映,而是鉴定人对客观事物的主观认识。因此,鉴定结论不可避免地带有鉴定人的主观色彩,并受到鉴定人知识范围、操作技能、判断推理能力的限制。

2. 鉴定结论的意义

(1)为确定调查方向和划定调查范围提供依据。鉴定结论通过对案件的有关检材和样本进行比较检验和同一认定,能够科学地提示与案件有关材料形成的原因,准确地分析违法行为人或工具的各种特征。如现场痕迹中发现有微量金属颗粒,通过理化检验,就可确定其化学成分,并以此作为确定调查方向的依据。

(2)用来对其他证据进行审查判断。由于鉴定结论具有专业性、科学性的特点,因此往往可以成为审查判断其他证据的重要根据,即其他证据的真伪、证明力的大小、证明价值的高低,需要鉴定结论进行印证和补强,如书证、物证、视听资料和言词证据的真伪,可以通过鉴定人运用技术手段分析、判断形成的结论性意见加以确认。例如,可以通过鉴定结论鉴别物证或者书证的真伪。有时,当事人的陈述甚至证人证言,也需要依靠鉴定结论来分析认定。

(3)鉴定结论是正确认识和处理案件的重要根据之一。案件事实的查明、案件性质的认定以及各方当事人责任的划分等问题的解决,往往有赖于各种专门性问题的先行处理。这就需要有关专家运用专门知识和技术手段进行鉴定,执法人员再根据鉴定结论查明案件事实,分清案件的性质和责任,确定行为人所应承担的法律后果。

3. 交通运输行政执法实践中常见的鉴定结论

行政执法人员在办理行政执法案件的过程中,常常会遇到一些专门性问题,对于这些问题只有依靠具有某方面专门知识与技术的专家才能解决。交通运输行政执法实践中,常见的鉴定结论有文书鉴定、痕迹鉴定、技术鉴定、会计鉴定、电子数据鉴定等。

(1)文书鉴定。文书鉴定是指运用文件检验学的原理和技术,对与交通运输有关的文书的笔迹、印章、印文,文书的制作及工具,文书形成时间,文书的真假等问题进行分析、鉴别、认定,包括笔迹鉴定,伪造、变造文书鉴定,打印、复印、印刷文书鉴定,文书物质材料鉴定,文书制作时间鉴定等。文书是指公文和书信,但在交通运输行政执法实践中作为证据的文书,往往超出了公文和书信的范围,如证件、车票、船票、发票、收据、人民币等,其内容的真伪及制作方法都需要进行鉴别。

(2)痕迹鉴定。痕迹鉴定是指运用痕迹学的原理和技术,对有关人体、物体形成痕迹的同一性及分离痕迹与原整体相关性等方面进行鉴定。痕迹是指由于人、动物或者其他物体的运动,在物质性客体上形成的物体的移动、物质增减、形态结构改变等物质性变化。几乎所有的案件现场都会涉及痕迹的鉴定问题。在交通运输行政执法实践中,最常见的痕迹鉴定主要有车辆轮胎痕迹鉴定、违法工具痕迹鉴定等。

(3)技术鉴定。技术鉴定是指行政执法机关为了解决案件中有关专门性技术问题,依照规定程序,聘请或指派技术鉴定人,运用专门的科学知识和技术,对鉴定客体通过鉴别和判断,作出鉴定结论,为案件需要证明的对象提供证据材料所进行的一种鉴定。专门性技术问题包括有关行为是否违反技术法律、法规、规章和技术标准,技术损害程度,违法行为与损害后果之间是否存在技术上的因果关系等。

(4)会计鉴定。会计鉴定是指行政执法机关为了解决案件中有关会计专门性问题,依照规定程序,聘请或指派会计鉴定人,运用会计鉴定技术,以有关社会组织和个人保存的会计账目、表册、单据、发票、支票等书面材料及其拥有的财产作为鉴定客体,通过鉴别和判断,作出鉴定结论,为案件需要证明的对象提供证据材料所进行的一种鉴定。

(5)电子数据鉴定。电子数据鉴定包括计算机与电子设备(如 U 盘、录音笔、MP3、手机、数码相机、摄像机等)的证据保存及检验、网络证据(网页、邮件、即时消息等)保存及检验、计算机与网络系统检测、软硬件侵权鉴定、数据恢复与文件修复、数据销毁、密码破解、电影电视音乐作品的鉴定、数字版权鉴定、声音鉴定、图像鉴定、视频鉴定等。

(七)勘验笔录、现场笔录

勘验笔录、现场笔录是指行政执法机关对与行政执法案件有关的现场或者物品进行勘察、检验、测量、绘图、拍照所作的记录。

1. 勘验笔录、现场笔录的特点

勘验笔录、现场笔录是一种独立的证据,具有以下几个特点:

(1) 记录主体的特殊性。勘验笔录、现场笔录不是在实体事实发生过程中形成的,而是在实体事实发生以后对发现的情况进行客观的记载,因此,只能由特定的具有专业知识和能力的人进行制作。在行政执法实践中,勘验、检查笔录一般是由负责勘验、检查的行政执法机关指定专人制作,并应与勘验、检查同步进行。

(2) 笔录内容的客观性。勘验、检查的基本要求之一是对发现的情况进行客观的记载。勘验笔录、现场笔录中的照片、录音、录像等材料能进一步保证笔录记载的内容的客观性。在搜集证据的过程中,除勘验、检查活动外,需要制作笔录的情况还很多,如采取讯问、询问、辨认等措施在勘验、检查活动中对有关人员进行询问,也需要制作笔录,这些笔录记载的内容基本上反映人的思想,应属于书证或者证人证言的范畴。

(3) 笔录方法的多样性。勘验笔录、现场笔录的形式不仅仅是用笔记载或者是用文字记载,它还包括照相、录音、录像、绘图等方式。以前的笔录主要是采用文字记载,辅之照相、绘图等方式作为笔录的附注。随着科学技术的发展,摄影、绘图、录音等方法越来越多地被用于对勘验、检查活动的记录。这些技术方法比文字记载能够更准确、全面地反映勘验、检查活动中发现的实物证据及其状态、所处位置等情况,而且能动态地反映勘验、检查活动的全过程,在记录中所占的比重和所起的作用有超过文字记载的趋势。

(4) 证明作用的间接性。勘验笔录、现场笔录反映的不是单一事实,而是各种证据资料之间存在或形成的具体环境条件和相互关系,体现了一种具有综合证明能力的证据形式和来源。勘验笔录、现场笔录除了证实勘验、检查活动采用的方法是否科学可靠、程序是否合法等外,多数情况下记载本身并不直接证明某一事实,对待证事实的证明作用是通过记载的实物证据的状态、相互关系等事实体现的。

2. 勘验笔录、现场笔录的意义

勘验笔录、现场笔录是行政执法主体依照法定程序制作的,其内容应当详细、具体、明确,因此,它在执法过程中发挥着特有的重要作用。

(1) 有助于固定和保存证据。违法行为现场不可能长期保持原状,而及时、细致地进行勘验、检查,客观全面地记录勘验、检查时的各种情况,把这些与案件相关的情况固定和保存下来,就成为了解和分析案件有关情况的重要依据。

(2)有助于确定调查取证方向和划定调查范围。根据现场勘验、检查的物品、痕迹等情况,可为调查取证提供线索,明确调查取证方向和范围。

(3)有助于审查判断案件中其他证据的真伪。勘验笔录、现场笔录是行政执法人员依法定程序制作的。这些笔录对行政执法案件发生的地点、物证、人身等情况都有客观全面的记录,可以反映出全案的概况,起到印证其他证据的作用。

(4)有助于正确认定案件事实。勘验、检查笔录有利于行政执法人员了解有关案件的现场情况、物证的特征,正确分析、判断违法行为的过程和违法行为人的个人情况,正确处理案件。

参阅资料

数百株行道树被剥皮

案情: 公路行道树是公路附属设施之一,受国家法律保护,任何单位和个人都不得损坏、擅自移动。然而,2009年4月,浙江省东阳市里歌线公路数百株行道树却惨遭剥皮。里歌线公路属于东阳市平安大道和金华市级示范公路。2009年4月7日,东阳市交通绿化有限公司的职工到里歌线公路补种桧柏时,意外发现了该公路西侧新种的数百株杜英被剥皮,遂向东阳市路政大队里坞中队报告。接到报告后,市路政大队全力投入调查,并与市交通绿化有限公司相关人员赶到现场勘查(图1-6)。现场位于里歌线K17+500m~K19(歌山镇林头村林四附近),该路段西侧的数百株行道树树径五厘米以上,每株树苗价格在30元以上,被剥去的树皮长度为50厘米左右,树身上有深浅不一的痕迹,且所有树"受伤"的位置都在距地面一米之内,树径较粗的老树伤痕不大。经过现场勘查,路政执法人员分析认为,行道树被人为剥皮的可能性不大。经过进一步细致调查,附近一农户何某饲养的山羊渐渐进入路政执法人员的视线。据了解,何某共饲养了100多只山羊,其羊圈就设在里歌线西侧的溪滩边,今年以来,何某夫妇放羊时,里歌线西侧是必经之地。路政执法人员找何某谈话时,何某承认是他的100多只山羊啃去了这些公路行道树的树皮。他说,每次发现山羊啃树皮时,他也驱赶过,但100多只山羊靠夫妇两人也赶不过来,久而久之,被山羊啃去的行道树越来越多。何某表示,如果这些行道树死亡,他会照价赔偿的。

图1-6 路政执法人员在现场勘查被剥皮的行道树

分析:在这起损坏行道树路政案件中,路政人员接到举报后,立即赶到现场进行勘查。由于现场勘查是事后进行的,主要证据是痕迹和皮屑,缺乏证人等其他证据支持。路政人员经过现场勘查,分析现场特征后认为:一是现场树径较粗的老树伤痕不大,一些新种的树苗树干上数十厘米的皮全没有了;二是树身上有深浅不一的痕迹,且所有树"受伤"的位置都在距地面一米之内。初步判断,行道树被人为剥皮的可能性不大。这一判断非常重要,为进一步调查案情提供了线索。根据现场勘查分析,进一步调查,询问当事人,才找到了案发的真正原因和当事人,即"肇事者"系百余只山羊,当事人是附近饲养山羊的一农户何某。由此可见,现场勘查在执法中发挥着特有的重要作用。

(资料来源:《东阳日报》2009年4月9日第三版《里歌线数百株行道树惨遭剥皮》,东阳新闻网2009年4月14日《"肇事者"系百余只山羊》)

3.交通运输行政执法实践中的勘验笔录、现场笔录

(1)勘验笔录是指行政执法机关对检验、测量、绘图、拍照等所作的记录,如

损坏公路设施案件勘验笔录等。勘验笔录可以用文字记载,也可以用拍照、录像、绘图或制作模型等方式记载。根据《交通行政处罚行为规范》第十七条的规定,"对有违法嫌疑的物品或者场所进行勘验(检查)时,应当有当事人或者第三人在场,并制作《勘验(检查)笔录》,载明时间、地点、事件等内容,由办案人员、当事人、第三人签名或者盖章。必要时,可以采取拍照、录像等方式记录现场情况。"如图1-7所示。这一规定的目的是保证勘验笔录必须准确无误,如实反映勘验的情况和结果。

图1-7 现场执法

(2)现场笔录是行政执法机关在行政执法案件发生的现场,对行为人实施行政检查、行政处罚或作其他处理时对现场情况作出的书面记录,如道路非法营运现场笔录等。现场笔录的内容是行政执法人员对自己耳闻目睹、检查案件事实的记载,包括听到的、看到的、摸到的、闻到的或者用仪器检测到的等事实。

《交通行政处罚行为规范》第十二条第(七)项把勘验笔录、现场笔录并列,规定为一类证据形式。两者都是行政执法人员制作的笔录但有以下区别。

(1)两者所反映的事实不同。勘验笔录是在行政执法过程中对与案件有关的场所、物品和现场进行勘查、检测、测量、拍照、绘图后所作的笔录,所表述的多是客观情况;而现场笔录则是对行政执法机关执法现场当时的情况所作的记录,一般是动态的事实,所反映的是制作笔录当时的情况。

(2)两者制作的时间阶段不同。勘验笔录一般是案件发生以后制作的;而现场笔录是在行政执法现场当时制作的。

(3)两者包含的内容不尽相同。现场笔录可以包含行政机关对违反行政法规当事人进行讯问的笔录,而勘验笔录不包括讯问当事人的笔录。

二、证据的学理分类

行政执法证据的学理分类是指,在理论上将行政执法证据按照不同的标准划分为不同类别。

行政执法证据的学理分类,与行政执法证据的法定形式有明显区别。

1.行政执法证据的法定形式,也是对行政执法证据的一种分类,它是根据行政执法证据的存在和表现形式对行政执法证据通过立法所作的划分;而行政执法证据的学理分类,是从理论上对证据进行的分类研究。

2.行政执法证据的法定形式具有法律上的效力,不具备法定表现形式的证据,不得作为定案的根据;而行政执法证据的学理分类仅仅是学理上的解释,不具有法律上的效力。

3.行政执法证据的法定形式的区分标准是单一的;而行政执法证据的学理分类则是从多角度按照不同的标准,以两分法对证据进行分类研究。

尽管证据的学理分类只是理论上的划分,不具有任何法律效力,但却十分重要。它通过研究不同类别证据的特点,把握其规律,有助于指导行政执法人员正确收集、审查、判断行政执法证据,认定行政执法案件事实,使行政执法办案人员办案走向规范化、科学化,保证案件的质量。

我国学者一般认为,行政执法证据在学理上可分为言词证据与实物证据、原始证据与传来证据、直接证据与间接证据、主要证据与一般证据、指控证据与辩解证据(图1-8)。

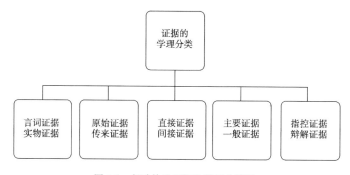

图1-8 行政执法证据的学理分类图

(一)言词证据与实物证据

1. 言词证据和实物证据的概念

根据行政执法证据形成方法、表现形式、存在状况、提供方式的不同,可以将证据划分为言词证据和实物证据。这一划分,有利于行政执法人员了解言词证据和实物证据的不同特点,运用言词证据审查实物证据的来源及其收集的科学性、合法性,运用实物证据审查言词证据的真实性。

(1)言词证据的概念

言词证据,又称人证,是以有关人员陈述为存在和表现形式的证据。它是相对于实物证据而言的,凡是不以实物、形象、痕迹、符号等客观载体为表现形式,而是以人的言词(包括证词的录音)为表现形式的证据,都属于言词证据。

(2)实物证据的概念

实物证据,又称物证(广义上),是指以实物形态为存在和表现形式的证据。与言词证据相反,凡是不以人的言词、意见为表现形式,而是以各种实物、痕迹、图形、符号等载体和客观上存在的自然状况为表现形式的证据,都是实物证据。

2. 言词证据与实物证据的表现形式

《交通行政处罚行为规范》规定的证人证言、当事人的陈述和鉴定结论,都属于言词证据(图1-9)。

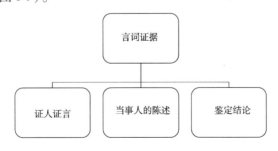

图1-9 言词证据的表现形式图

《交通行政处罚行为规范》规定的物证、书证、视听资料、勘验笔录和现场笔录,都属于实物证据(图1-10)。

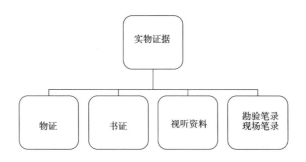

图 1-10　实物证据的表现形式图

3. 言词证据与实物证据的特点

（1）言词证据的特点

①言词证据能够主动、全面地证明案件事实。言词证据所反映的行政执法案件情况存在于人的大脑之中，通过人的陈述表达出来。它不像实物证据那样是可见的，也不像实物证据那样处于静止和被挖掘的地位，人们可以主动地提供他所感知的案件情况，从而对行政执法案件事实起到及时的证明作用。言词证据是陈述人对他所感知的案件事实的复述，往往能够从动态上揭示案件发生的起因、过程和具体情节，从而有助于判明案件的性质，分清当事人有无过错，并明确责任的大小；而且陈述人能在行政执法人员询问的引导下，补充、修正他所感知的事实，澄清疑问，从而更加全面地揭示案件的事实真相。

②言词证据容易出现失实的情况。言词证据是客观事物在人头脑中的映像和记忆的反映，它通常要经过感受、判断、记忆、复述四个阶段才能形成，在任何一个阶段都可能会受到人的感知、记忆、表达能力、思想感情、个人品德等主客观因素的影响，而使言词证据虚假或失真。言词证据还受到言词证据提供者是否愿意如实提供证据的影响，如陈述人与案件的利害关系有可能使陈述人有意作虚假陈述。当事人与案件的结果有法律上的利害关系，为逃避责任而说假话的情况比较常见。在特殊情况下，有些当事人也可能编造或承认本来没有的违法行为。证人虽然一般与案件没有利害关系，但也会由于证人个人的品质或者受到威胁、利诱等外界影响而故意夸大或者缩小案情事实。鉴定人亦存在同样的问题，也可能作虚假的鉴定结论。

（2）实物证据的特点

①实物证据有较强的客观性。实物证据都是客观存在的实物,且往往是伴随着案件的发生而形成的,不依赖人的意识而独立存在,不像言词证据那样易受人的主观因素影响。一般说来,实物证据一经发现和提取,或以勘验、检查等方法加以固定,妥善加以保管或保存,它们就可以成为证实案情的有力证据,通常是当事人无法否认的。实物证据也不容易伪造,有人如果想伪造证据,很可能弄巧成拙,留下新的证据。

②实物证据有较强的被动性和依赖性。实物证据在行政执法案件中处于被动的待发现的地位,其证明价值常常依赖于专门人员运用一定的技术手段去发现和固定。

③实物证据对案件事实的证明具有片断性。除了录音、录像等视听资料外,都只能从静态上反映行政执法案件的某一局部的事实。绝大多数单独的物证,都不可能反映出案件的全貌,更难以揭示出案件的前因后果和发展过程,需要和其他证据一起才能发挥证明作用。只有极少数实物证据,在一定的条件下才能成为证明案件主要事实的直接证据。

④实物证据有较大易变性。由于各种自然因素的影响,如风吹、日晒、雨淋、潮湿、沙埋、水淹等,实物证据都有可能变形、腐烂或者挥发、灭失。同时,也可能被人为地隐匿、毁弃。某些物品(例如气味或其他挥发性物质)更是"转瞬即逝",时过境迁就可能永远灭失而不能再成为证据,这又是物证本身所具有的弱点。

(二)原始证据与传来证据

根据证据的来源不同,可以将行政执法证据分为原始证据和传来证据。这一划分,可以揭示不同类别证据的可靠程度和证明力的强弱。一般来讲,原始证据比传来证据的证明力要强。

1. 原始证据和传来证据的概念

(1)原始证据的概念

原始证据又称原生证据,是指直接来源于案件事实或原始出处的证据。直接来源于案件事实,是指证据是在案件事实的直接作用或影响下形成的。直接来源于原始出处,是指证据直接来源于证据生成的原始环境,如当事人的陈述、文件的原本等。

(2)传来证据的概念

传来证据又称派生证据,是指经过复制、复印、传抄、转述等中间环节形成的证据。传来证据不是直接来源于案件事实或原始出处,而是经过了中间环节,是从原始证据派生出来的证据,如书证的复印件、证人转述他人感知事实的证言等。

2. 原始证据和传来证据的表现形式

(1)原始证据的表现形式

①现场遗留物品和痕迹;

②行政执法人员在检查中获得的作案工具、留有作案痕迹的各种物品;

③与案件有关的各种文件、账簿、单据和信件的原件;

④证明当事人身份的身份证、工作证等原件;

⑤当事人的陈述;

⑥感知案件事实的现场目击者和案件知情人提供的证言等。

(2)传来证据的表现形式

①各种物证的复制品;

②各种书证的抄件、复印件;

③现场照片、模型;

④现场录音、录像;

⑤证人提供非目睹耳闻的有关案件情况。

3. 原始证据和传来证据的特点

(1)原始证据的特点

①原始证据与案件事实的关系直接。原始证据没有转述、转抄或者复制等任何中间环节,而是直接与案件事实发生联系,能够比较客观地反映行政执法案件事实的本来面貌。

②原始证据有较高的证明价值。行政执法证据的证明价值同所证明的案件事实之间的联系是一种正比关系,这种联系越密切、越直接,它的真实性、可靠性就越强,证明价值也就越大。反之,它的真实性、可靠性就越差,证明价值也就越

小。由于原始证据没有经过转述、转抄或者复制,而是直接与案件事实发生联系,因此,原始证据的证明价值一般大于派生证据。

③原始证据的证明价值具有可变性。在自然环境和外界条件的影响下,原始证据的证明价值可能发生变化,如原始的物品和痕迹会因时间久远而变形或毁损、灭失,目击者因伤亡或记忆丧失等不能向行政执法人员进行陈述,现场的物品由于不能移动、提取而只能复制等,都会削弱甚至完全破坏原始证据的证明价值。对此,必须予以足够的注意。

(2)传来证据的特点

①传来证据与案件事实的关系不直接。由于传来证据是经过转述、转抄或复制获得的,存在一个或多个中间环节,因此,与案件事实之间没有直接联系。

②传来证据存在失真的可能性。由于传来证据与案件事实的关系不直接,其存在失真的可能性就比较大。传来证据转述、转抄或复制的次数越多,就越容易出现差错,失真的可能性就越大,证明价值也就越小。例如,文件的抄本如果抄错或丢掉了一两个关键的字,如将"不是"写成了"是"或将"没有"写成了"有",或者证人在转述他所听到的情况时将事情的经过弄颠倒了等等,都可能使证据失真。

③传来证据须查证属实才能采信。传来证据不管经过多少次转述,都必须能够找到确切出处,否则就是小道消息或道听途说,不能作为证据使用。对于通过转抄或复制获得的传来证据,则必须经过查证属实,才能采信。

④传来证据在某些情况下也有很强的证明作用。一是可以追根溯源,找到原始证据;二是可以与原始证据相互印证、核实,增强原始证据的证明力;三是在难以收集到原始证据的情况下可以用传来证据代替原始证据;四是传来证据经审查属实,也可用作定案的根据。

(三)直接证据与间接证据

由于行政执法证据与案件主要事实之间的关系不同,可以将行政执法证据划分为直接证据和间接证据。

1.直接证据与间接证据的概念

(1)直接证据的概念

直接证据是指能够单独直接证明案件主要事实的证据。通常情况下，这类证据能够说明违法事实是否发生、谁是真正的当事人、有关违法行为的主要情节等。从理论上说，直接证据与待证事实之间有直接的联系，仅凭该证据本身就能够把案件的事实揭示出来，无需办案人员再进行推理。

（2）间接证据的概念

间接证据是指不能单独直接证明，需要与其他证据结合才能证明案件主要事实的证据。也就是说，间接证据通常只能证明案件的片段情况，必须同其他证据联系起来，互相印证，组成一个完整的证明体系，并需要借助于逻辑推论的方法，才能证明案件中的主要事实。

2. *直接证据、间接证据的表现形式*

（1）直接证据的表现形式

①直接证明案件主要事实的当事人的陈述；

②证明案件事实的证人证言，如现场目击者指认出当事人并陈述违法行为过程的证言；

③证明案件主要事实的书证；

④能够再现违法行为经过的视听资料，如公路上安装的监控录像，恰巧将某人违法挖掘公路的过程录下，依据录像又可以将某人辨认出来，该录像便可以成为直接证据；

⑤行政执法人员制作的并由当事人及见证人签名、盖章能够证明案件事实的现场笔录；

⑥能够直接证明是谁实施的行政违法行为的物证。

（2）间接证据的表现形式

一般说来，只能证明时间、地点、工具、手段、结果、动机等单一的事实要素和案件情节的证据，都是间接证据。

①违法行为产生的痕迹；

②当事人在现场遗留的物品痕迹；

③违法行为侵害的对象；

④违法行为的工具；

⑤证明违法行为目的、动机的有关言行和书证；
⑥解决案件专门性问题的鉴定结论；
⑦证明违法行为造成现场环境变化的证据；
⑧证明违法行为发生时间和地点的各种人证和物证。

3. 直接证据和间接证据的特点

（1）直接证据的特点

①直接证据具有直接性。直接证据对案件主要事实的证明不需要经过任何中间环节，也无须借助其他证据进行逻辑推理，可以直观地指明案件的主要事实。

②直接证据具有易失真性。直接证据大多表现为言词证据，如当事人的陈述、证人证言、书证等，容易受客观因素的影响，具有多变性、反复性，容易出现虚假或失真，稳定性也较差。直接证据还容易受人的主观因素的影响而有失实的可能，如当事人因与案件的处理结果有切身的利害关系而往往作出虚假的陈述；证人对案件事实的感知和记忆因生理状况的影响和限制而可能出现差错，证人还可能被收买、拉拢或受到威胁、欺骗，提供不真实的情况甚至故意作伪证。

③直接证据收集难度较大。在收集证据过程中，直接证据的数量少、来源窄、收集较为困难，甚至在一些案件中根本无法取得。

④直接证据的证明效力强于间接证据。但从行政执法实践来看，直接证据的范围极为狭窄，主要表现为证人证言、当事人的陈述及书证。物证中基本没有直接证据。

（2）间接证据的特点

①间接证据多是物证，其客观性、真实性相对较大，只要查证属实就可以作为定案的依据。间接证据是获得直接证据的线索，是审查和鉴别直接证据真实性的手段。在无法取得直接证据的情况下，可以运用一定的规则，以间接证据定案。

②间接证据具有相互依赖性。任何一个间接证据的证明意义，都是由间接证据与案件事实之间的客观联系以及与其他证据在证明过程中互相结合所决定的。任何一个间接证据，都只能从某一个侧面，证明案件中的某一个局部的情况或某些个别的情节，而不可能直接证明案件的主要事实，只有把一个又一个的间

接证据串联起来,组成完整的证明体系或证据链,才能对案件主要事实作出明确的结论。

③间接证据证明过程具有复杂性。能够证明案件非主要事实,如背景、情感、情况、环境等的证据和待证案件主要事实某个情节或片断的证据,往往种类繁多、形式多样。间接证据虽然比较容易收集和获取,但是其证明过程必须经过判断与推理,进行具体分析和综合分析,证明过程较复杂。

④间接证据证明方式具有推断性。任何一个间接证据,都只能证明案件的非主要事实或案件主要事实的某个情节或片断,而不能单独直接证明案件的主要事实。如果间接证据中有一个是不实的就会直接影响到案件的结果。只有把它们相互联系起来构成一个完整的证据体系,进而通过分析、推理,排除了一切合理的怀疑或其他可能性,才能证明或者推论出案件的主要事实。

(四)主要证据和一般证据

以行政执法证据在证明认定行政违法行为构成要件的事实中的作用为划分标准,可以将行政执法证据划分为主要证据与一般证据。《行政诉讼法》第五十四条第三款明确规定:具体行政行为主要证据不足的,法院判决撤销或者部分撤销,并可以判定被告重新作出具体行政行为。因此,衡量主要证据充足与否的标准是一个法律标准。行政机关据以作出行政行为的事实是否在法律上达到了主要证据充足,如果没有达到,就违反了法律对事实、对证据的要求,就是违法行政行为。

1. 主要证据与一般证据的概念

(1)主要证据的概念

主要证据又称主证,是对认定行政违法行为构成要件的事实起主要作用的证据。

(2)一般证据的概念

一般证据又称旁证或佐证,是对认定行政违法行为构成要件的事实起次要作用的证据。

2. 主要证据与一般证据的表现形式

(1)主要证据的表现形式

主要证据有多种表现形式,是能够对认定行政违法行为构成要件的事实起主要作用的各种证据。书证、物证、视听资料、证人证言、当事人的陈述、鉴定结论、勘验笔录和现场笔录,都属于主要证据。行政违法行为构成要件事实,又称主要事实,是指当事人实施违法行为的具体过程,包括作案时间、地点、目的、经过、手段、违法行为造成的后果等。

(2)一般证据的表现形式

一般证据有多种表现形式,是在对认定行政违法行为构成要件的事实中起次要作用的各种证据。书证、物证、视听资料、证人证言、当事人的陈述、鉴定结论、勘验笔录和现场笔录,都属于一般证据。也可以说,证明行政执法案件非主要事实的证据,都是一般证据,如涉及行政处罚裁量轻重、减免的证据。

3. 主要证据与一般证据的特点

(1)主要证据的特点

①主要证据具有证明案件主要事实的主要证明价值;

②主要证据基于自身的特殊性质,为了确保其真实性,需要其他证据予以补充、担保其证明力。

(2)一般证据的特点

①一般证据具有辅助性,在行政执法案件证明中有明确的作用,即增强主要证据的证明力;

②一般证据的证明对象与主要证据有一定程度的重叠性;

③一般证据可以是具有独立证明价值的各种证据,既可以是直接证据,也可以是间接证据。

(五)指控证据与辩解证据

以提供证据主体的不同及其证明的事实不同作为划分标准,可以把行政执法证据划分为指控证据与辩解证据。划分指控证据与辩解证据,有利于行政执法人员全面客观地收集和运用证据,防止主观片面,保护当事人的合法权益。

1. 指控证据与辩解证据的概念

(1)指控证据的概念

指控证据是指能够证明行政违法事实存在和违法行为是当事人实施的证据。

(2) 辩解证据的概念

辩解证据是指能够否定行政违法事实存在或者能够证明当事人未实施行政违法行为以及其他利于减轻或免除当事人法律责任的证据。

2. 指控证据与辩解证据的表现形式

(1) 指控证据的表现形式

①证明违法行为事实存在、当事人实施行政违法行为的各种证据,如现场遗留的各种痕迹、作案工具,目击证人的证言,当事人的供述;

②证明当事人有从重情节的各种证据。

(2) 辩解证据的表现形式

①证明违法行为不是事实存在、当事人未实施行政违法行为的各种证据,如当事人的辩解、目击者的证言等;

②证明当事人有从轻、减轻情节的各种证据;

③证明违法行为事实存在,但应当免除当事人行政法律责任的各种证据,如年龄确认材料、精神状态的鉴定,已过行政处罚时效期限的证据,当事人已死亡的证据等。

3. 指控证据与辩解证据的特点

(1) 指控证据的特点

①确实性。指控证据的确实性,是指证据能够证明当事人实施了行政违法行为,有违法行为事实发生;能够证明行政违法行为事实存在的各个方面,包括违法行为的时间、地点、条件、手段、动机、目的、作案经过和具体情节、危害后果等;能够证明当事人有无责任能力,是否达到责任年龄等。

②充分性。指控证据的充分性,是指证据不但是确实无疑的,而且还必须达到足够的量,形成一个完整的证据链。在这个链条中,不允许存在脱漏的环节,也不允许在指控证据中存在互相矛盾的现象,否则,就不能据以认定行政违法行为。

(2) 辩解证据的特点

辩解证据的特点是证明力较强。辩解证据无数量上的要求,不需要具有连贯性或组成完整的证据链。行政执法实践中,往往一个案件指控证据充分也未必就能证实行政违法行为;但只要有一两个过硬的辩解证据,就足以证明当事人不应受到行政处罚。如只要证据证明当事人不具有作案时间或者不具备作案条件,就可以否定其有行政违法行为,而并不需要更多的其他证据。可以说,任何辩解证据,只要同案件事实有关联,并且确实可靠,就能够从某一方面推倒对当事人的指控。

第四节 行政执法证据与行政诉讼证据的比较

一、行政执法证据与行政诉讼证据的同一性

行政执法证据与行政诉讼证据都属于证据的种类,从本质上讲,都是具有法律意义的证据,两者具有明显的同一性。

1. 两者基本属性相同

证据的基本属性是客观性、关联性、合法性。行政执法证据是行政执法机关认定违法事实、作出行政处罚的依据。行政执法是具体行政行为,是行政执法机关在国家行政管理领域,基于其行政执法职权所实施的,能够对公民、法人或其他组织的权利、义务产生影响的行为,是行使国家行政权的具体体现。为保证其正确行使行政执法权,行政执法机关所收集、运用的证据必须具有客观性、关联性,在这两点上,与行政诉讼证据的基本属性是完全一样的。如果行政执法机关所收集、运用的证据不具有客观性、关联性,就难以保证行政执法决定的正确性。至于行政执法证据的合法性,则可能在具备法定形式的具体要求上有所不同,但在行政执法证据应当依照法定程序收集的要求上,与行政诉讼证据的要求相同。行政执法机关不得违反法定程序收集行政执法证据。

2. 两者种类划分相同

《行政诉讼法》明确规定了七种证据,即书证、物证、视听资料、证人证言、当事人陈述、鉴定结论、勘验笔录和现场笔录。我国有些行政实体法对行政执法证据的形式作了类似规定,如交通部❶颁发的《交通行政处罚程序规定》第十五条

---

❶ 现已更名为交通运输部,余同。

规定:"交通管理部门必须对案件情况进行全面、客观、公正地调查,收集证据;必要时,依照法律、法规的规定,可以进行检查。证据包括书证、物证、视听资料、证人证言、当事人陈述、鉴定结论、勘验笔录和现场笔录。"结合我国行政实体法对行政执法证据形式规定的实践,借鉴外国行政程序法典的规定,中国法学会行政法研究会行政立法研究组起草的《中华人民共和国行政程序法(试拟稿)》将行政执法证据分为以下几种:书证、物证、视听资料和其他电子媒体资料、证人证言、当事人陈述、鉴定结论、勘验笔录、检查笔录、现场笔录、听证笔录和法律法规规定的其他笔录。因此,行政执法证据与行政诉讼证据在种类划分上具有同一性。

3.两者证明对象相同

同一个证据,既是行政执法证据,又是行政诉讼证据,既为行政执法机关使用,又为人民法院使用,其根本原因是行政执法证据与行政诉讼证据的证明对象具有同一性。行政诉讼审查的对象是被诉的具体行政行为,而被诉的具体行政行为是在行政执法程序中发生的。在行政程序中,行政执法机关要收集、认定证据,认定当事人是否违法,同时,证明自己所作的具体行政行为的合法性,并在此基础上作出行政执法决定。发生行政诉讼后,这些证据又会被人民法院用来证明具体行政行为的合法性,即人民法院通过审查该证据的真实性、合法性,反向推导出行政机关作出的具体行政行为是否合法。

二、行政执法证据与行政诉讼证据的区别

由于行政权与司法权的内容不同,其价值取向也有区别。行政程序主要追求效率性,而司法程序主要追求公正性。行政执法证据是行政主体在行政执法程序中为了作出具体行政行为,根据行政法律规范所设置的事实要素,而收集、运用证明特定相对人法律行为或事实的材料。而行政诉讼证据是在行政诉讼中能够证明具体行政行为是否合法的一切事实和材料。两者在性质、目的、范围、调查取证的阶段等方面有很大的区别。

第一,收集运用证据的职权性质不同。从性质上看,行政执法证据具有行政执行性,属于行政程序制度的内容;行政诉讼证据具有司法审查性,是司法制度

的重要组成部分。具体来说,行政执法证据的调查收集主体是行政机关,而行政诉讼证据的调查收集主体是法院。前者是行政机关运用行政权调查收集的事实和材料,后者主要是法院运用审判权调查收集的材料。行政执法证据主要是形成性证据,在行政机关作出具体行政行为之前,公民、法人或者其他组织之间不存在现实的行政法律关系。行政执法证据的作用正是为了证明公民、法人或其他法定的权利义务的真实性,证明行政法律关系各个构成要素的客观性。而行政诉讼证据主要是审查性证据,是对已经使用过的证据进行复查,以查明是否存在不合理或不合法的情况。由此可见,行政执法证据和行政诉讼证据是两种不同职权性质的证据。

第二,收集运用证据的目的不同。从目的上看,行政主体使用行政执法证据的目的是把国家法律、法规、规章正确地实施于相对人,也就是说之所以要调查、运用证据,是为了确保其作出的具体行政行为合法、适当。行政诉讼证据主要是为了确认行政机关作出的具体行政行为的合法性。行政相对人运用证据的目的也各不相同。行政相对人在行政执法程序中运用证据的目的是为了取得有利地位,比如取得行政许可证和营业执照或者免除某种义务。行政相对人运用行政诉讼证据的目的是为了胜诉。法院运用行政诉讼证据是为了查明案件事实,准确地作出裁判。

第三,收集使用证据的范围不同。行政执法证据仅限于作出行政决定,是实施行政行为的客观事实根据。例如,行政处罚证据仅限于作出行政处罚的客观事实根据,即能够证明应受行政处罚的违法行为案件的证据,而不包括行政处罚的适用过程及处罚决定文书等证据。但是在行政诉讼中,根据《行政诉讼法》第三十二条的规定:"被告对作出的具体行政行为负有举证责任,应当提供作出该具体行政行为的证据和所依据的规范性文件。"可见,行政诉讼证据不仅指相对一方当事人违法的证据(具体行政行为的事实依据),而且也包括作出具体行政行为的实体内容和程序过程及相关的法律文书,另外还包含了法律论据即规范性文件。可见,行政诉讼证据范围比行政执法证据范围要广泛得多。

第四,调查取证的阶段不同。行政执法证据的调查取证不仅只能发生在行政诉讼程序启动之前,而且只能严格限定在行政机关作出具体行政行为之前这一阶段。这是由行政合法性原则和"先取证、后裁决"的程序规定所决定的。而行政诉讼证据的调查取证虽发生在行政诉讼程序启动之后,但一般应界定在从法院立案到第一审诉讼程序庭审结束前这一阶段,二审法院在审查被诉行政行为合法性时,一般不重新调查、收集行政诉讼证据。

行政程序是指由行政行为的方式和步骤构成行政行为的过程。区分行政执法证据和行政诉讼证据,有助于行政程序价值的实现:一方面,保障行政相对人在行政执法中的知情权、参与权,维护行政相对人的合法权益;另一方面,有效制约和规范行政执法权,提高行政执法办案的质量,保障行政执法活动的合法性、公正性,提高行政执法机关在行政诉讼中的胜诉率。

参阅资料

上海公开审理"钓鱼执法"案
法院一审认定闵行区交通行政执法大队违法行政

本报上海11月19日电 今天下午,上海市闵行区人民法院对"钓鱼执法"事件当事人张晖诉闵行区城市交通行政执法大队一案公开开庭审理,并作出一审判决,确认交通执法大队行政处罚违法,由执法大队承担案件诉讼费50元。

2009年9月8日下午,张晖驾驶皖Q×××××福特轿车载客在闵行区北松路1358号被闵行区交通行政执法大队执法检查时查获。9月14日,张晖到区交通执法大队接受调查、处理。同日,区交通行政执法大队作出了NO.2200902973行政处罚决定。9月28日,张晖以该行政处罚决定"没有违法事实和法律依据,且程序违法"为由,向闵行区人民法院提起行政诉讼,要求撤销区交通执法大队作出的行政处罚决定。10月9日,法院依法立案受理。

10月26日,闵行区人民政府宣布,经调查查明,张晖驾车载客一案的行政执法行为取证方式不正当,导致认定事实不清,区交通执法大队在区建设和交通委员会责令下已撤销行政处罚行为。此后,张晖取回被处罚的1万元人民币,同时表示继续进行诉讼。

闵行区法院11月16日召集原告、被告双方交换证据。19日下午,法院开庭审理此案。法院审理后认为,被告闵行区交通行政执法大队具有查处擅自从事出租车经营行为的行政职责,在诉讼中应该对所作出具体行政行为的合法性承担举证责任。鉴于交通执法大队在庭审前已经自行撤销被诉的行政处罚决定,没有证据证明原告张晖存在非法运营的事实,法院遂认定交通执法大队违法行政。

目前,原告、被告双方均未表示是否上诉。

人民陪审员参加了此案审理。人大代表、政协委员、法院特邀监督员、媒体记者、市民等80余人旁听了该案的庭审(图1-11)。

(资料来源:《人民法院报》2009年11月20日第一版)

图1-11 上海公开审理"钓鱼执法"案庭审现场

第二章

证明责任

证明责任,又称举证责任,是诉讼法学中最重要的一个法律问题。它是根据"法律预先规定的,在事实真伪不明的情况下,由谁承担败诉风险的制度。"我国的刑事诉讼法、民事诉讼法、行政诉讼法对证明责任均有明确规定。将证明责任的概念运用到行政执法案件中,对于增强行政执法人员收集证据的责任心,提高行政执法案件办理水平,防止或避免在相关行政诉讼中因主要证据不足引起败诉,具有十分重要的意义。

第一节 证明责任概述

一、证明责任的概念

《行政诉讼法》中对举证责任是这样规定的:"被告对作出的具体行政行为负有举证责任,应当提供作出该具体行政行为的证据和所依据的规范性文件。"最高人民法院1999年11月24日通过的《关于执行〈中华人民共和国行政诉讼法〉若干问题的解释》第二十六条也有类似的规定,并进一步规定,"被告不提供或者无正当理由逾期提供的,应当认定该具体行政行为没有证据、依据。"由此可见,在行政诉讼法上,所谓证明责任,是指被告因要件事实不清而依法应承担的诉讼风险责任。此定义可从以下四个方面进行理解:

1. 证明责任的对象为要件事实,即对于行政法律构成要件之生活事实。
2. 证明责任的条件是要件事实未被证明,即法庭未对要件事实的真实性形成确信。唯有要件事实真伪不明,才能引起证明责任的适用。

3.证明责任的性质是法定的行政诉讼风险责任,即因行政诉讼证据的不足而承担的不利法律后果。

4.证明责任的承担主体是行政诉讼中的被告,包括行政机关、法律法规授权的组织,法院不是证明责任的承担主体。

参照行政诉讼法和有关司法解释的规定,我们认为,行政执法证据证明责任,是行政执法机关对行政执法案件事实提供证据,并承担相应法律后果的责任。

二、证明责任的特征

行政执法证据证明责任,具有如下特征:

1.行政执法证据证明责任发生在行政执法活动中。行政执法是指行政机关和法律、法规授权的组织在行政管理活动中行使行政职权,依照法定职权和法定程序,将法律、法规和规章直接应用于个人或组织,使国家行政管理职能得以实现的活动。

2.行政执法证据证明责任主要承担者是行政执法机关,包括行政机关和法律法规授权的组织。

3.行政执法证据证明责任是行政执法机关根据法律规定应收集相关证据而未收集时,依法应承担的对己不利的后果,是一种法律风险责任。

第二节 证明责任的分配

行政执法机关实施行政执法行为时,应当有充分的事实材料证明其行政执法行为的合法性。基于以下主要原因,证明责任主要由行政主体承担。

1.行政执法行为的一个基本规则是先取证后裁决,即行政主体在作出行政裁决前应当充分收集证据,然后根据事实、对照法律作出裁决,而不能在毫无证据的情况下,对公民、法人或其他组织作出行政行为。

2.行政执法行为是行政执法机关依职权的活动,行政执法机关处于主动地位,其实施行政执法行为时一般无须征得公民、法人或其他组织的同意;而作为行政执法相对人的公民、法人或其他组织,大多数是实施了违反行政管理秩序行为的当事人,处于被动地位。正是考虑到行政执法机关和行政执法相对人这种法律地位的不平等性,为了防止公权力滥用,保护公民、法人或者其他组织的合法权益,这种行政执法案件的证明责任必然主要由行政执法机关承担。

3.在行政执法案件中,一些证据需要借助一定的知识、技术手段、资料乃至设备才能取得,行政相对人很难或者无法收集到证据,即使收集到证据也很难保存。如超限运输对道路是否造成损害、损害的程度多大等,这些都是行政相对人无法或不易证明的。

但上述论述并不表明,在行政执法机关所办理的所有行政案件中,举证责任全部由行政执法机关承担,行政相对人在不同的行政法律关系中同样要承担一定的证明责任。因为,一般来说,对行政执法案件的当事人的行政处罚要轻于刑事处罚,为了保障和监督行政执法机关有效实施行政管理,维护公共利益和社会秩序,法律、法规往往要求公民、法人或者其他组织配合调查、提供有关资料。

一、行政执法机关的证明责任

行执法机关的证明责任主要有以下两种情况:

1.行政执法机关对其实施的行政执法行为负有证明责任。《行政处罚法》第三十六条规定,行政机关发现公民、法人或者其他组织有依法应当给予行政处罚的行为的,必须全面、客观、公正地调查、收集有关证据;必要时,依照法律、法规的规定,可以进行检查。该法第四十二条规定,"行政机关作出责令停产停业、吊销许可证或者执照、较大数额罚款等行政处罚决定之前,应当告知当事人有要求举行听证的权利;当事人要求听证的,行政机关应当组织听证。""举行听证时,调查人员提出当事人违法的事实、证据和行政处罚建议"。这两条规定可以看作是我国法律对行政执法案件证明责任的规定。在一般情况下,行政执法机关在实施行政执法行为时,应负有完全的证明责任,应当主动、积极地调查、收集证据,既要收集对相对人不利的证据,同时也应当收集对相对人有利的证据,力求查明案件的客观事实真相,使调查收集的证据充分满足行政执法行为的法定事实要件和程序要件,在此基础上才可作出相应的行政行为。该法第三十条还规定,"公民、法人或者其他组织违反行政管理秩序的行为,依法应当给予行政处罚的,行政机关必须查明事实;违法事实不清的,不得给予行政处罚。"由此可见,我国法律借鉴了刑法中的"无罪推定"原则,证明公民、法人或者其他组织违法的责任由行政执法机关承担,行政执法机关不能确定案件事实的,不得实施行政处罚。

2. 在依申请的行政许可、登记案件中,相对人对其主张负有举证责任,行政许可机关负有调查核实的证明责任。《中华人民共和国行政许可法》(以下简称《行政许可法》)第三十一条规定:"行政机关不得要求申请人提交与其申请的行政许可事项无关的技术资料和其他材料。"该法第三十四条还规定,"行政机关应当对申请人提交的申请材料进行审查","根据法定条件和程序,需要对申请材料的实质内容进行核实的,行政机关应当指派两名以上工作人员进行核查。"该法第三十六条规定,"行政机关对行政许可申请进行审查时,发现行政许可事项直接关系他人重大利益的,应当告知该利害关系人。申请人、利害关系人有权进行陈述和申辩。行政机关应当听取申请人、利害关系人的意见。"该法第四十六条规定,"法律、法规、规章规定实施行政许可应当听证的事项,或者行政机关认为需要听证的其他涉及公共利益的重大行政许可事项,行政机关应当向社会公告,并举行听证。"该法第四十八条明确规定,"举行听证时,审查该行政许可申请的工作人员应当提供审查意见的证据、理由,申请人、利害关系人可以提出证据,并进行申辩和质证。"由此可见,当事人如不能充分履行其举证责任,所提交证据不足以证明其已满足法定的事实和程序要件,则行政许可机关不必主动调查取证,由相对人自己承担不利的法律后果。如当事人已充分履行了举证责任,则由行政许可机关负责调查、核实,确认相对人提交的证据无误后,作出相应的许可、登记行为。

二、行政相对人的证明责任

行政相对人的证明责任主要有以下两种:

1. 当事人有配合行政执法机关进行调查,提供证据的权利和义务。《行政处罚法》第三十二条规定,"当事人有权进行陈述和申辩。行政机关必须充分听取当事人的意见,对当事人提出的事实、理由和证据,应当进行复核;当事人提出的事实、理由或者证据成立的,行政机关应当采纳。行政机关不得因当事人申辩而加重处罚。"该法第三十七条还规定,"当事人或者有关人员应当如实回答询问,并协助调查或者检查,不得阻挠。"

2.在行政执法案件中,当事人应对其积极主张的事实进行证明。如《行政处罚法》第四十二条第(四)项规定,"听证由行政机关指定的非本案调查人员主持;当事人认为主持人与本案有直接利害关系的,有权申请回避。"如果当事人根据这一规定申请听证主持人回避,就应当提出有关证据证明主持人与本案有直接利害关系。又如《行政许可法》第三十一条规定:"申请人申请行政许可,应当如实向行政机关提交有关材料和反映真实情况,并对其申请材料实质内容的真实性负责。"根据这一规定,行政许可申请人在申请行政许可时应提交有关材料和反映真实情况,并对其申请材料实质内容的真实性负责。

三、证明责任的法律后果

证明责任的法律后果,是承担证明责任的主体未履行或未全面履行证明责任将承担的其认定或主张不能成立的风险。行政执法机关应当严格遵循"先取证后决定"的顺序原则,在作出行政执法行为前,应当有确实、充分的证据,缺乏证据的支持或主要证据不足,不能实施行政执法行为。

1.行政执法案件中,行政执法机关未履行或未全面履行证明责任,造成案件事实不明,不得认定违法事实成立,不得作出行政处罚决定。行政许可申请人未就自己的主张提供证据的,行政执法机关对其主张不予以采纳。行政执法机关违背这些规则认定案件事实,将构成认定事实违法。《行政处罚法》第四条规定,"实施行政处罚必须以事实为依据",该法第三十八条第(三)项规定,"违法事实不能成立的,不得给予行政处罚"。该法第三十九条规定,行政处罚决定书应当载明"违反法律、法规或者规章的事实和证据"。

2.行政复议案件中,作为被申请的行政执法机关未履行或未全面履行证明责任,造成主要证据不足的,行政复议机关应决定撤销。《行政复议法》第二十八条第一款第(三)项第1目规定,主要事实不清、证据不足的,行政复议机关"决定撤销、变更或者确认该具体行政行为违法"。

3.行政诉讼案件中,作为被告的行政执法机关未履行或未全面履行证明责任,造成主要证据不足的,人民法院应判决撤销。《行政诉讼法》第五十四条第(二)项第1目规定,人民法院经过审理,"主要证据不足的","判决撤销或者部分撤销,并可以判决被告重新作出具体行政行为"。

第三章

证明对象和证明标准

第一节 证明对象

证明对象是证据制度的首要问题。只有明确了证明对象,才能进一步明确由谁负责提供证据加以证明(举证责任)、如何进行证明(证明规则)、证明到何种程度(证明标准)。也只有明确了证明对象,取证、举证、质证和认证等一系列证明活动才能有的放矢地进行。

一、证明对象的概念和特征

1. 证明对象的概念

证明对象,又称待证事实或者要证事实,是指行政执法机关需要运用证据予以证明的行政执法案件事实。

由于行政执法机关办理行政执法案件,主要是针对公民、法人或者其他组织某一违反行政管理秩序的行为是否应当给予行政处罚,或者某一行政许可申请是否符合法定的条件等情况,因此,凡与之相关的事实,就成为行政执法的证明对象。

2. 证明对象的特征

行政执法证明对象具有以下特征:

(1)证明对象是与案件有关,并且对正确处理案件有影响的事实。与案件有关的事实构成案件处理的事实基础。与案件无关的事实不具有证明意义,不能成为证明对象。

（2）证明对象具有证明的必要性。某些事实如属于众所周知的事实或者已为法律确认的事实，为保证行政执法的效率，没有必要运用证据进行证明。

（3）证明对象是必须以证据进行证明的事实，否则就不能成为证明对象。

（4）证明对象与证明责任、证明标准紧密联系。凡是列入证明对象的事实，有证明责任的主体必须提出证据予以证明，且提供的证据必须达到要求的证明标准，否则，就可能是事实不清或者证据不足，就会导致行政执法不合法、不公正。

二、确定证明对象的作用

由于证明活动是围绕证明对象展开的，证明对象限定着证明的范围，所以，确定诉讼案件的证明对象具有十分重要的作用。

1. 明确收集行政执法证据的范围

由于行政执法案件事实常常十分纷繁复杂，行政执法机关要在证明活动中保持清醒的头脑，既不疏漏行政执法中必须查明的事实，也不与行政执法无关或枝节的问题进行纠缠，就必须明确证明对象，以确定收集行政执法证据的范围。

2. 确定行政执法相对人提供证据或质证的范围

行政相对人、利害关系人自身及其身边发生着许多事实，其中有许多和行政机关所执行的法律事实具有相关性。在证明对象规范下，行政相对人、利害关系人关于涉及行政机关执行法律的事实证明不再会宽泛无边。证明对象为人们划定了举证、提供证据的范围界限，为具体的行政执法规制了前进的方向。

3. 指引行政执法机关正确审查、核实证据

对证据进行结论性审查，应围绕证明对象进行，对那些与证明对象无关的材料皆可抛弃。由于证据审查只需关注特定的证明对象的内容是否得到了有效证明，就有助于提高认识的准确性，提高行政执法的效率。

三、证明对象的范围

在行政执法案件中，关于案件事实的认定，是对案件性质作出判断，并对案件作出决定的基础。案件事实的认定是否有充分的依据，直接关系到作出的行

政执法决定的基础是否存在,理由是否成立,由此作出的判断(如案件的性质)是否正确,以及据以适用的法律是否正确。因此,从外延看,案件事实包括实体性事实、程序性事实以及证据事实(图3-1)。

图3-1 案件事实分类图

（一）实体性事实

实体性事实,是由行政实体法规定的,行政执法机关作出行政决定必须查清并予以证实的事实。它是行政证明对象的主要组成部分,实体性事实的查明与证实是实现行政实体公正的保障。

实体性事实作为证明对象一般由各具体实体法律规范规定,如《中华人民共和国公路法》(以下简称《公路法》)、《中华人民共和国道路运输条例》(以下简称《道路运输条例》)、《中华人民共和国港口法》(以下简称《港口法》)、《中华人民共和国航道管理条例》(以下简称《航道管理条例》)、《中华人民共和国水路运输管理条例》(以下简称《水路运输管理条例》)、《中华人民共和国国际海运条例》、《中华人民共和国海上交通安全法》(以下简称《海上交通安全法》)、《中华人民共和国内河交通安全管理条例》(以下简称《内河交通安全管理条例》)等规定的各种违反交通运输管理秩序的案件事实。从类型上看,实体性事实包括主体事实、行为事实、结果事实和情节事实等。

主体事实是主体是否具备资格、是否是该主体作出的行为等事实。《道路运输条例》第六十七条规定,"违反本条例的规定,客运经营者、货运经营者、道路运输相关业务经营者非法转让、出租道路运输许可证件的,由县级以上道路运输管理机构责令停止违法行为,收缴有关证件,处2 000元以上1万元以下的罚款;有违法所得的,没收违法所得。"这里规定的"客运经营者、货运经营者、道路运输相关业务经营者"即属于主体事实。

行为事实是主体是否实施了法律肯定或者否定行为的事实。《公路法》第七十六条规定,"有下列违法行为之一的,由交通主管部门责令停止违法行为,可以处三万元以下的罚款:(一)违反本法第四十四条第一款规定,擅自占用、挖掘公路的;(二)违反本法第四十五条规定,未经同意或者未按照公路工程技术标准的要求修建桥梁、渡槽或者架设、埋设管线、电缆等设施的;(三)违反本法第四十七条规定,从事危及公路安全的作业的;(四)违反本法第四十八条规定,铁轮车、履带车和其他可能损害路面的机具擅自在公路上行驶的;(五)违反本法第五十条规定,车辆超限使用汽车渡船或者在公路上擅自超限行驶的;(六)违反本法第五十二条、第五十六条规定,损坏、移动、涂改公路附属设施或者损坏、挪动建筑控制区的标桩、界桩,可能危及公路安全的。"这里规定的"违法行为"即属于行为事实。

结果事实是主体行为所造成结果的案件事实,如是否造成了损害、损害结果是否严重、是否给社会利益造成了重大损害等。《内河交通安全管理条例》第八十条规定:"违反本条例的规定,船舶、浮动设施的所有人或者经营人指使、强令船员违章操作的,由海事管理机构给予警告,处1万元以上5万元以下的罚款,并可以责令停航或者停止作业;造成重大伤亡事故或者严重后果的,依照刑法关于重大责任事故罪或者其他罪的规定,依法追究刑事责任。"这里所说的"造成重大伤亡事故或者严重后果",即属于结果事实。

情节事实是指是否有法律规定的各种情节的事实。如《行政处罚法》第二十七条规定:"当事人有下列情形之一的,应当依法从轻或者减轻行政处罚:(一)主动消除或者减轻违法行为危害后果的;(二)受他人胁迫有违法行为的;(三)配合行政机关查处违法行为有立功表现的;(四)其他依法从轻或者减轻行政处罚的。违法行为轻微并及时纠正,没有造成危害后果的,不予行政处罚。"这里规定的从轻处罚的情节即属于情节事实。《内河交通安全管理条例》第六十八条规定,"违反本条例的规定,船舶在内河航行时,有下列情形之一的,由海事管理机构责令改正,处5 000元以上5万元以下的罚款;情节严重的,禁止船舶进出港口或者责令停航,并可以对责任船员给予暂扣适任证书或者其他适任证件3个月至6个月的处罚:(一)未按照规定悬挂国旗,标明船名、船籍港、载重线的;(二)未向海事管理机构办理船舶进出港签证手续的;(三)未按照规定申请引航的;(四)擅自进出内河港口,强行通过交通管制区、通航密集区、航行条件受限制区域或者禁航区的;(五)载运或者拖带超重、超长、超高、超宽、半潜的物体,未申请或者未按照核定的航路、时间航行的。"这里所说的"情节严重"也属于情节事实。

(二)程序性事实

行政程序性事实是指与行政执法决定有关的程序性问题的事实,包括行政程序的形式是否符合要求的规定,行政程序步骤是否完成、是否遵守行政程序顺序的规定,行政程序是否遵守时限的规定等事实。程序性事实也是重要的证明对象,因为行政执法活动通过程序来保障实体性事实。行政程序性事实主要包括行政程序形式事实、行政程序步骤事实、行政程序顺序事实、行政程序时限事实。

行政程序形式事实包括当事人申请材料提交形式、行政决定形式、听证形式、调查案件事实形式等。

行政程序步骤事实包括是否提出申请、是否通知、是否听取陈述和申辩、是否告知权利和事实依据、是否对当事人提供的证据进行审查和核实、是否提出回避申请及是否审查等。

行政程序顺序事实是指行政程序是否符合法律规范要求的事实。

行政程序时限事实是指行政执法主体和行政程序参与人是否遵守法定的时限的事实,包括是否按期提出申请、是否在规定的时限内提出证据材料、是否在法定的时间内作出决定等。

具体到交通运输行政执法机关办理行政案件的程序性事实而言,它包括:是否属于交通运输行政执法机关管辖范围;具体行政执法人数是否符合法律的规定;具体办案人员是否依法表明身份;当事人的权利是否得到告知;当事人的权利行使情况,交通运输行政执法及机关对当事人行使权利的回应;从立案到结案的一系列文书手续是否齐全;送达是否依法进行等等。以现场实施行政处罚为例,《交通行政处罚行为规范》第三条规定,违法事实确凿并有法定依据,对公民处以五十元以下、对法人或者其他组织处以一千元以下罚款或者警告的行政处罚的,可以适用简易程序,当场作出行政处罚决定。第四条规定,"交通行政执法人员适用简易程序当场作出行政处罚的,应当按照以下步骤实施:(一)向当事人出示交通行政执法证并查明对方身份;(二)制作检查、询问笔录,收集必要的证据;(三)告知当事人违法事实、处罚理由和依据;(四)告知当事人享有的权利与义务;(五)听取当事人的陈述和申辩并进行复核,当事人提出的事实、理由和证据成立的,应当采纳;(六)制作统一编号的《行政(当场)处罚决定书》并当场交付当事人,并告知当事人可以依法申请行政复议或提起行政诉讼;(七)当事人在《行政(当场)处罚决定书》上签字;(八)作出当场处罚决定之日起 5 日内,将《行政(当场)处罚决定书》副本提交所属交通行政执法机关备案。"这一规定就是程序性事实。

(三)证据事实

《交通行政处罚行为规范》第十二条规定,"证据包括以下几种:(一)书证;(二)物证;(三)视听资料;(四)证人证言;(五)当事人的陈述;(六)鉴定结论;(七)勘验笔录、现场笔录。"从这一规定看,案件事实最明显的特征在于,案件事实是不以人的意志为转移的客观存在,但是,任何违法行为总是在一定的时间、地点,采用一定的方法实施的,必然会留下各种物品、痕迹或者反映现象,这就在客观上形成了一系列与行政执法案件有关联的证据事实。

这些证据事实,从内容上看,是与案件有关的事实;从形式上看,表现为法律确认的七种形式;从证据关系看,具有能够证明案件真实情况的作用。

证据事实具有客观性、关联性和待证性。待证性是指那些与案件事实有客观联系的事实,只有通过依照法定程序收集、审查属实,纳入调查质证程序之后的证据事实,才能成为作出行政执法案件决定的证据。因此,有关法律规定,证据必须经过查证属实,才能成为定案的根据。如《行政诉讼法》第三十一条规定,"证据经法庭审查属实,才能作为定案的根据。"同样,行政执法证据,也必须经过行政执法机关审查属实,才能作为处理行政执法案件的根据。与案件事实有客观联系的事实,在没有依照法定程序收集、审查属实,纳入调查程序之前,处于自然状态,对于证明案件的真实情况,只有可能性,还不能成为作出行政执法决定的证据。在依照法定程序收集、审查属实并纳入调查认证之后,对于证明案件事实情况的可能性,才能变成现实性。

(四)不需要证明的情形

证明对象是需要用证据证明、对案件的处理有意义的事实。但是在行政执法的证明活动中,有些对案件处理有意义,却又不需要用证据证明的案件事实被称为不需要证明的事实。

无需证明的证明对象,我国行政方面的立法中并没有明确规定。《行政诉讼证据规定》第六十八条规定,"下列事实法庭可以直接认定:(一)众所周知的事实;(二)自然规律及定理;(三)按照法律规定推定的事实;(四)已经依法证明的事实;(五)根据日常生活经验法则推定的事实。前款(一)、(三)、(四)、(五)项,当事人有相反证据足以推翻的除外。"行政执法机关在办理行政执法案件过程中可以借鉴最高人民法院的这一规定。在行政执法机关办理行政执法案件过程中,无需证明的证明对象包括以下几个方面。

1. 众所周知的事实

众所周知的事实是指在一定的时间和地域范围内具有通常知识经验的人都知道的事实。例如重大的历史事件、社会事件,一定地域范围内的生活习俗、日常生活常识、重大的自然灾害等。在通常情况下,行政执法机关的地域管辖范围是相对确定的。行政执法相对人、利害关系人、行政执法人都生活在一个社会环境中,了解着同样的自然和社会情况,行政机关及其执法人员对此类事实可以直接认定。对此,行政相对人、利害关系人一般来讲不会提出异议。但是,事实为人们所知晓的时空范围具有相对性,众所周知的事实只能在特定的地域范围内和特定的时间范围内为人们所知晓。因此,行政执法机关认定众所周知的事实,除考虑行政执法机关地域管辖范围的公众普遍了解外,还应以特定时空范围内具有通常知识和通常生活经验的一般社会成员的普遍了解为标准。

2. 自然规律及科学定理

行政执法机关在行政执法中针对的事实,可能会涉及自然规律和科学定理。所谓自然规律是指自然界一切事物发展过程中的本质联系和必然趋势;科学定理是从公理出发演绎出来的真实命题。自然规律及科学定理是经过科学研究证明的,为自然科学界普遍接受的原理和原则,具有客观性和真实性。当自然规律及定理为人们普遍了解时,可以作为众所周知的事实被行政执法机关认定,如四季更替、物体的热胀冷缩等。

3. 按照法律规定推定事实

按照法律规定推定的事实是指,根据法律的具体规定,以某一事实的存在为基础,直接推定出另一事实的存在。实际上,这种推定的事实,不一定就是事实,它只是法律意义上的一种假定。行政执法机关行使职权,在对公民、法人或者其他组织的权利义务产生影响时,按照行政法治的理论要求,应当收集充分的证据。但是,由于客观情况或者是行政效率的需要,在有些情况下,法律赋予行政执法机关这种法律意义上推定的权力。根据法律规定,行政执法机关进行推定,不需要调查收集推定事实是否成立的证据,执法机关可以直接根据基础事实依法作出具体行政行为。

法律设定推定制度,为行政机关行使职权提供了很大的便利,减少了许多情况下可能是非常复杂的调查取证,可以有效提高行政效率,降低行政成本。但是推定与客观真实之间毕竟有差异存在的可能性,推定对行政相对人权利、义务也会有重大影响。因此,推定的适用应特别谨慎。在行政执法中,应当在法律明确规定推定的时候才能够应用。

4. 已经依法证明的事实

已经依法证明的事实主要包括已生效的法院裁判所确认的事实,已生效的仲裁机构的裁决所确认的事实,已为有效的公证文书所证明的事实,国家机关公报的事实,已经发生法律效力并超过提出行政救济时效的具体行政行为认定的事实等。上述已经依法证明的事实,执法机关在执法中可以直接认定而无需调查取得证据予以证明。但是,行政机关调查取得的证据或行政相对人提供的证据足以推翻的,行政机关不能直接认定,而应根据行政执法证据去认定事实。

5. 根据日常生活经验法则推定的事实

根据日常生活经验法则推定的事实是指,根据日常生活经验法则从某一已知事实推论出另一未知的事实。事实推定从本质上说,更近于证明,近似于用证据来证明。这种证据通常证明一种情况、一种状态。这种情况和状态根据日常生活经验可以用来推定另一个事实的存在与否。根据日常生活经验法则推定事实,必须要有严格的限制:第一,待证事实必须是无法用直接证据证明的事实,只能借助间接证据推断待证事实;第二,事实推定的基础事实的真实性已经得到法律上的确认;第三,基础事实和推定事实之间有必然的逻辑联系;第四,在行政机关充分调查、收集证据或行政相对人、利害关系人充分行使提供证据权利的情况下,不存在否定事实推定的相反证据。事实推定与法律推定不同。在存在事实推定可能的情况下,不要求行政执法证据审查人员必须适用法律推定,事实推定的根据是日常生活经验法则;而法律推定在法律规定的基础事实出现时,行政执法机关必须适用法律推定,法律推定的根据是法律的明确规定。

事实推定的根据是日常生活经验法则。由于日常生活经验法则被作为论证的默示前提,行政相对人、利害关系人、行政执法人员等行政执法参与者往往有着共同的生活方式、生活环境和习惯,其日常生活经验法则也是共同的。在此种情况下,依据日常生活经验法则推定的事实,各方争议不大。但如果行政执法参与者来自于不同生活区域、工作行业,各自有着自己独有的生活圈子时,他们可能存在着不同于普通人的日常生活工作方式。从而形成他们独有的日常生活经验法则。

第二节 证明标准

证明标准与证明对象一样,都是行政执法程序中非常关键的部分。它们共同决定了证明活动发展的方向和目标。其中,证明对象规范的是哪些内容需要证明,证明标准解决的是证明活动的结果状态需要达到什么样的标准。证明标准不仅直接影响着行政执法证明活动的展开,而且还直接决定着行政执法的最终结果。

一、证明标准的概念和特征

1. 证明标准的概念

证明标准是证据法中的基本部分,又称证明要求,指证明主体为了实现其证明目的,在证据的质和量上应达到的程度。通俗地说,证明标准就是衡量证据充分、确实与否的尺度。

一般来说,为了避免滥用行政裁量权,保证行政执法公正,并使行政执法结果具有可预测性,应当事先以法律的有关标准加以规定。有关证据只有达到规定的证明程度,才能符合证明案件事实的标准。这个证明程度,就是行政执法证明标准。通常认为,证明标准是指由法律规定,利用证据对案件事实加以证明所达到的程度。它是行政执法机关查明行政案件事实是否符合客观真实的标准,具体包括行政执法证据所应达到的质和量两方面的要求。

2. 证明标准的特点

证明标准具有以下四个方面的特点。

第一,证明标准具有确定性。行政执法是行政执法机关依照职权进行的活动,因此,在行政执法活动中,应由行政执法机关判断证明是否达到标准。

第二,证明标准具有主客观统一性。客观真实只能是行政执法证明追求的必然目标,但却不能成为事实认定的证明标准。证明标准是一种包含客观内容的主观判断。这种主观判断是以行政执法机关已取得的证据为基础的,其中包含了一定的客观内容。

第三,证明标准具有多样性。在行政执法中,根据案件的性质不同,使用的证据标准也不相同。对行政相对人的权益影响较大的行政执法案件,如吊销许可证、数额较大的罚款等,使用排除合理怀疑标准;对行政相对人的权益影响较小的行政执法案件,如处以数额较小的罚款、警告等,使用高度盖然性标准;更多的情况是介于两者之间,即使用明显优势证明标准。

第四,行政证明标准是由法定性。法律规定的证明标准是行政执法机关认定案件事实的尺度。它是行政执法机关查明行政案件事实必须达到的强制性标准。

二、证明标准基本原理

在证据学上,关于证明标准的理论有许多,这里主要介绍以下几个基本原理。

1. 排除合理怀疑标准

排除合理怀疑标准是证明程序中要求最高的一种证明标准,主要用于刑事诉讼。排除合理怀疑标准是指,案件主要事实均应有证据证明,且证据之间及证据与案件事实之间没有矛盾,或者虽有矛盾但能够合理地排除。这里的"怀疑"是一种两可或多可的意识状态,具有正常理智的人、一般的人在选择其中一种时不能排除其他种的可能性和可行性。"合理"是指怀疑需有理由而非纯粹出于想像或幻想。合理怀疑是指根据普遍接受的人类常识和经验而被认为有合理的可能性或者盖然性的怀疑,它不是随便怀疑,只能是有理由的怀疑。排除合理怀疑标准又称案件事实清楚、证据确实充分标准,是刑事诉讼中适用的证明标准。

适用排除合理怀疑标准应当符合下列三项要求:

(1)据以定案的证据均已查证属实。这是对证据个体或者说"质"的要求。也就是说,作为定案根据的证据个体必须具备客观性、关联性和合法性。

(2)案件主要事实要有必要的证据予以证明。这是对证据全体或者说"量"的要求。如果一个证据能够证明待证事实或者诉讼主张成立,这个证据就是充分的;如果不能,则需要其他证据补强,直到证明待证事实和诉讼主张成立为止。

(3)证据之间及证据与案件事实之间没有矛盾,或者虽有矛盾但能够得到合理地排除。

在行政执法之中运用排除合理怀疑标准的案件,必须是对行政相对人人身或者财产权益有重大影响的行政案件。正因为行政行为对行政相对人的人身和财产权益有"重大影响",这种重大影响的权益接近于刑事诉讼法保护的公民的权益,所以获得了如同公民在刑事诉讼中的保护。根据我国行政法治的基本状况,我们认为,排除合理怀疑标准在行政执法活动中可以适用于下列情况:

(1)数额巨大的罚款;

(2)吊销许可证或执照、责令停产停业等行政处罚;

(3)涉及公共利益、行政相对人和利害关系人重大财产利益的行政征收、征用;

(4)其他关系到行政相对人人身权以及重大财产权的具体行政行为。

2.优势证明标准

优势证明标准,又称差别的盖然性标准,主要用于民事诉讼,是指法庭按照证明效力占优势的一方当事人提供的证据认定案件事实的证明标准。

适用优势证明标准应当符合下列三项要求:

(1)证据具有的"优势",要达到确信的程度。这里的"优势",并不是指证据本身的分量而是指证据质量的差额。所谓"占优势"是指,一方当事人提供的证据较其他当事人提供的证更具证明力,足以使人确信其主张的案件事实的真实存在或更具有真实存在的可能性,而不是微弱的差别和优势。

(2)对证据占"优势"、具有"差别"的判断,是对客观正确认识的结果,而不是对"盖然性"进行机械比较的结果。分清对立的案件事实的主要方面和次要方面,并且选择其中占主导地位的一方即矛盾的主要方面,这是"优势"或"差别"的本质所在。

(3)"优势"或者"差别"的多少,因案件的性质而异。案件性质越严重,诉讼结果越复杂,所需的"优势"或"差别"就越大。

将优势证据标准运用于行政执法案件之中,一般适用于涉及财产权或者人身权的行政裁决案件、行政合同案件等。这是因为,在不涉及行政相对人人身权和重大财产权,不涉及公共安全、人身健康、生命财产安全等情况下,行政机关行使职权在保护公民、法人和其他组织的合法权益与维护公共利益、公共秩序的双重职能上具有同样重要的地位。行政机关对行政事务实施有效的行政管理是实行这双重职能的有效途径。为此,行政机关实施行政管理作出具体行政行为在认定事实上就可以采取优势证据的证明标准。概括而言,优势证据标准适用于下列情况:

(1)行政机关裁决土地等自然资源权属纠纷、裁判民事争议,行政机关就行政相对人申请行政赔偿作出的具体行政行为。行政机关作出此类具体行政行为的行政执法类似于人民法院的民事诉讼活动,对于当事人对争议事实及有关因果关系的证据,行政机关应按优势证据标准认定事实。

(2)一般行政处罚和其他对行政相对人已有权利构成影响的具体行政行为。

3.明显优势证明标准

明显优势证明标准,又称清晰和令人信服的证明标准或清楚和有说明力的证明标准,是指法庭据以认定案件事实的证据,其证明效力必须具有明显的优势,足以使法庭确信该案件事实真实存在或具有真实存在的可能性。

适用明显优势证明标准应当符合下列两项要求:

第一,双方当事人提供的证据相比较,一方当事人提供的证据具有较大的优势。这就是说,在双方当事人对同一事实举出的证据相反,但却都无法否定对方证据的情况下,由法庭对双方当事人证据的证明效力进行比较和衡量。如果一方当事人提供的证据的证明效力明显较另一方具有较大的优势,则可以认为具有较大优势的证据更易获得法庭的支持。"较大的优势"意味着在行政案件中,在显明的客观事实无法查清或者根本不可能查清的情况下,法庭通过法定程序,依据非显明的事实对证据的证明效力作出合理判断。这里的"较大的优势"体现为一方当事人证明的案件事实的可能性与另一方当事人之间存在差异,一般要求主张事实的当事人提供的证据的证明力需要明显大于对方。

第二,该优势足以使法庭确信其主张的案件事实真实存在,或者更具有真实存在的可能性。这是对"优势"的具体要求。这里的"优势"必须使法庭确信有两种情形存在。第一种是其主张的案件事实真实存在。此处的"案件事实"一般是指"客观真实"或称"事实真实"。法庭在案件的审理中,首先应当查明确凿或显明的证据,并加以确定,进而依据确凿或显明的证据来揭示案件的事实真相。案件事实真实存在是司法证明的终极目标。第二种是"当事人提供的证据的优势更具有真实存在的可能性"。这里的"可能性"是指法庭根据当事人提供的证据,虽然尚未形成案件事实必定如此的确信,但在内心中形成了事实极有可能或者非常可能如此的判断。

将明显优势证据标准运用于行政执法案件之中,适用于除对行政相对人人身或者财产权益有重大影响的行政处罚、行政强制案件和涉及财产权或者人身权的行政裁决案件、行政合同案件等以外的行政执法案件,如数额较大的罚款和行政征收、暂扣有关证件等。

4.实质性的证据证明标准

实质性的证据证明标准是指行政执法主体进行行政执法、作出具体行政行为认定的事实要有实质性的证据支持。在实质性的证据证明标准下,行政执法主体认定的行政执法事实是行政执法主体在获得的证据(包括行政机关调查取得、行政相对人和利害关系人提供等)基础上依据逻辑推理得出的必然结论。在缺乏实质性证据的支持下,行政执法主体在认定事实基础上作出的具体行政行为将构成我国《行政诉讼法》、《行政复议法》所称的"主要证据不足"。作为具体行政行为认定事实依据的实质性证据或主要证据,必须是依法取得的,并且必须符合行政执法证据的资格要求。实质性的证据标准作为最低证明标准,适用于行政机关作出的所有具体行政行为。

5. 形式性证据证明标准

形式性证据证明标准是指只要证据在形式上符合法律规定,证明内容在表面上能够证明待证事实,行政机关不对内容进行实质性审查和核实即可认定行政执法的事实成立,并可依此事实作出具体行政行为。形式性证据证明标准主要适于行政机关作出的赋予行政相对人权利或资格的具体行政行为,且这种具体行政行为在后果上不涉及他人的权利和利益,并与国家安全、公共安全、人身健康、生命财产安全没有直接关系。此类行为包括某些行政许可(行政许可法规定的只要申请材料齐全、符合法定形式、不需要对申请资料的实质内容进行核实的行政许可)、行政奖励、行政物质帮助、免除行政相对人义务等。

参阅资料

证明标准的量化

由于证明标准不容易界定,所以美国有的学者以量化方式对优势证明标准、排除合理怀疑标准和合理可能性标准进行了形象的描述,即优势证明标准要求50%以上的盖然性,排除合理怀疑标准要有至少95%以上的盖然性,而明显优势证明标准,盖然性可大致确定为75%以上。这种对证明标准的量化,是基于对有效证据的证明程度的质和量的衡量,而不仅仅是指有效证据的数量。

三、证据标准在行政执法中的具体运用

《交通行政处罚行为规范》第二条第(一)项规定,交通行政主管部门、法律法规授权的交通管理机构在作出行政处罚决定时,应当做到"事实清楚,证据确凿"。这一规定即是关于交通运输行政执法证据标准的规定。

这一规定与有关法律的规定是一致的。《行政处罚法》第三十条规定,"公

民、法人或者其他组织违反行政管理秩序的行为,依法应当给予行政处罚的,行政机关必须查明事实;违法事实不清的,不得给予行政处罚。"《行政复议法》第二十八条第(一)项规定,"具体行政行为认定事实清楚,证据确凿,适用依据正确,程序合法,内容适当的,决定维持";该法第二十八条第(三)项第1目规定,"主要事实不清、证据不足的",行政复议机关"决定撤销、变更或者确认该具体行政行为违法"。《行政诉讼法》第五十四条第(一)项规定,"具体行政行为证据确凿,适用法律、法规正确,符合法定程序的,判决维持。"第五十四条第(二)项第1目规定,"主要证据不足的","判决撤销或者部分撤销,并可以判决被告重新作出具体行政行为"。

1. 事实清楚,证据确凿的内涵

(1) 事实清楚

事实清楚是指,行政执法案件事实发生的时间、地点、情节、主客观原因、后果必须真实、具体、准确,必须符合客观实际。事实清楚是正确处理案件的前提。它包含三层内容:一是所认定的事实必须符合客观实际,必须能真实地、客观地再现事物的本来面貌;二是必须能够反映行政执法案件事实发生、发展的全过程,包括违法行为发生的时间、地点、情节、手段、主客观原因、造成的后果等;三是案件事实必须能够准确地反映当事人违法行为的性质和种类。

(2) 证据确凿

证据确凿是指,认定的案件事实都有确实、充分的证据加以证明。证据确凿是正确处理案件的基础。它包含四层内容:一是证据必须真实,经得起现实和历史的检验;二是证据必须与案件有内在的联系,证据与案件事实相符;三是证据具有一定的数量,并形成一个相互印证的证明体系,足以证明案件事实,能使得出的结论是唯一的;四是证据之间相互协调,不存在矛盾。

事实清楚,证据确凿是互相依存,互为条件的有机的统一体,"事实清楚"必须以相当证据证明为前提,证据确凿必须以证明事实清楚为目的。事实清楚,证据确凿是对行政执法证据质和量的基本要求。

2. 事实清楚,证据确凿的具体运用

如何正确判断"事实清楚,证据确凿"? 行政执法实践中,因案而异,一般来

说主要从四个方面去掌握:

第一,收集证据不能盲目,而要注意紧紧围绕着案件事实进行。与案件事实无关的证据,可以排除在严格证明范围之外。

第二,案件事实的每个环节都有相应的证据证明,不能有所遗漏。只有证据确实、充分,才能对"事实清楚"作出正确的判定。如果证据不确实、不充分,就必须进一步调查取证,不允许进行主观臆断,不允许草率得出结论。

第三,据以定案的每一个证据,都应经查证确是客观存在的事实,并且证据与案件事实之间确实存在着客观联系。

第四,证据之间、证据与案件事实之间的矛盾均已合理排除,并足以排除其他可能性。

只有达到上述的四个要求,才可以说"事实清楚,证据确凿";反之,只要其中一个方面达不到要求,则视作事实不清、证据不足。

事实清楚,证据确凿是行政执法证据标准的基本要求,但它本身并不是一个确定的标准,它因违反行政管理秩序的行为具体类型、行政处罚涉及相对人权益影响程度不同,而有所不同。一般来说,对行政执法相对人权益影响越大,证明标准就越高;对行政执法相对人权益影响越小,证明标准就越较低。换句话说,行政执法证明标准的确定,应当与案件的性质和行为的社会危害程度、当事人权益大小成正比。案件的性质和行为的社会危害程度较重、涉及当事人较大权益的,证明标准就高;反之,案件的性质和行为的社会危害程度较轻、涉及当事人较小权益的,证明标准就低。

(1)当场处罚行政案件中的证明标准

《行政处罚法》第三十三条规定,"违法事实确凿并有法定依据,对公民处以五十元以下、对法人或者其他组织处以一千元以下罚款或者警告的行政处罚的,可以当场作出行政处罚决定。"这一规定既是对当场处罚简易程序适用范围的规定,也是对当场行政处罚案件证据标准的规定。根据这一规定,当场处罚必须符合"违法事实确凿"的证据标准。

所谓"违法事实确凿"是指,确实存在应受行政处罚的违法行为,并且有确凿的证据加以证明,同时具有排他性。因此,"违法事实确凿"与"事实清楚,证据确凿"的含义是基本相同的。但是,其具体要求还是有所不同:一是在违法事实的认定上,只需要证明主要案件事实存在,并不要求进一步查清全部案件事实;二是在证据的收集、运用上,只需要有确实的证据证明案件事实,并不需要收集、运用所有证据。因此,这一证明标准,类似于优势证据标准。这主要是考虑到当场处罚仅仅是轻微的行政处罚,对当事人的权益影响不大,同时考虑到行政执法机关收集证据所需要的社会成本,因此,不能要求行政执法机关对现场处罚收集证据提出过高要求。一般情况下,如果行政执法人员忠于职守,不滥用职权,由于亲眼看到违法事实,对事实认定不会发生错误。在当场处罚案件中,确定优势证据标准,能够较好地保障行政机关正确认定案件事实。如果当事人对当场作出的行政处罚决定不服,可以依照《行政处罚法》第三十五条的规定,依法申请行政复议或者提起行政诉讼。如果规定过高的证明标准,会增加行政执法机关查证的难度,影响行政执法效率,也失去了设定当场处罚这一制度的意义。

(2)普通处罚行政案件中的证明标准

《行政处罚法》第三十条规定,"公民、法人或者其他组织违反行政管理秩序的行为,依法应当给予行政处罚的,行政机关必须查明事实;违法事实不清的,不得给予行政处罚。"《行政处罚法》第三十六条规定,"除本法第三十三条规定的可以当场作出的行政处罚外,行政机关发现公民、法人或者其他组织有依法应当给予行政处罚的行为的,必须全面、客观、公正地调查、收集有关证据;必要时,依照法律、法规的规定,可以进行检查。"这一规定既是对行政处罚一般程序适用范围规定,也是对普通处罚行政案件证据标准的规定。根据这一规定,普通处罚行政必须符合"事实清楚,证据确凿、充分"的证据标准。

根据这一标准,办理普通处罚行政案件应当达到以下要求:一是在违法事实的认定上,需要证明案件事实确实存在;二是在证据的收集、运用上,需要有确凿、充分的证据证明案件事实。证据确凿是指每个证据都必须真实,具有证明力;证据充分是指证据必须达到一定的量,足以认定违法事实。因此,这一证明标准,类似于排除合理怀疑证据标准。

对于执法人员未亲自见到或感知的违法事实,或者一些虽然亲自见到或感知的但不适用当场处罚的违法事实,执法人员可能通过证据能够正确认识,但也有可能不能认识或认识不清。而在行政处罚的程序中,即使通过调查能够完全认识案件事实,但会对社会公益和效率造成较大损失的做法,不值得提倡。因此,对于非当场行政处罚的行政案件宜采用排除合理怀疑的标准。

行政处罚法除规定了行政机关有权收集证据外,还规定了当事人享有陈述权、申辩权和听证权。这些对于当事人而言无疑是保护自己合法权利的利器,同时当事人享有这些权利对于行政机关而言也很有意义。行政机关可以通过听取当事人的陈述、申辩和举行听证会等方式获得当事人自己收集到的证据,也可以获得当事人对于案件事实的看法。这无疑对行政机关对于案件事实的最后认定具有非常大的帮助,行政机关可以通过进一步的分析和调查,达到排除合理怀疑标准。人民法院审理非当场行政处罚案件,也应当适用排除合理怀疑这一标准。

四、行政程序证明标准与行政诉讼证明标准的相互关系

行政诉讼证明标准应当与行政程序证明标准基本一致。行政程序证明标准是行政程序中行政机关和行政相对人提供证据证明案件事实所要达到的程度。而就实体案件事实本身而言,行政诉讼与行政程序并无区别。也就是说,行政程序实体性证明对象和行政诉讼并无区别。行政诉讼与行政程序的证明对象都是案件事实,并且是同一个案件事实。在证明对象上两者是同一的,如都是行政相对人违法事实、申请人符合办法许可证的条件事实等,对于同一个案件事实,证明标准应当是一致的。如果行政诉讼证明标准与行政程序证明标准不一致,则会增加行政管理和行政诉讼的难度。即使对于程序性事实,行政诉讼证明标准应当与行政程序证明标准无差别,证明标准也应当是一致的。

行政诉讼是对行政行为进行审查的行为,审查的一方面是行政机关认定案件事实所依据的证据是否真实和认定案件事实是否达到认定标准。从行政诉讼这一司法审查制度的特点来看,行政诉讼证明标准应当与行政程序证明标准一致。行政处罚证明标准也应与行政诉讼证明标准的一致。

第四章

交通运输行政执法证据的收集

第一节　交通运输行政执法证据收集概述

一、交通运输行政执法证据收集的概念

交通运输行政执法证据的收集是指交通运输行政执法机关根据有关规定发现、采集、提取证据的活动。根据这一定义，可以从以下几个方面来理解：

第一，交通运输行政执法证据的收集由交通运输行政执法机构负责。

第二，交通运输行政执法证据的收集必须依照有关法律、法规、规章的规定进行。

第三，交通运输行政执法证据的收集包括发现、采集、提取证据。

二、交通运输行政执法证据收集的作用

行政执法证据的收集，对保障和监督行政机关有效实施行政管理，维护公共利益和社会秩序，保证法律的正确实施，保护公民、法人或者其他组织的合法权益，具有十分重要的意义。

1. 交通运输行政执法证据收集是查明案件事实的前提

只有行政执法相对人确实发生涉及法律的事实，交通运输行政执法机关才能依据具体的行政法律规范，实施行政管理，才能适用法律，作出具体行政行为。因此，交通运输行政执法机关在适用法律作出具体行政行为前，必须对行政执法相对人涉及的法律事实进行调查,收集与拟予作出的具体行政行为相关的证据。如我国的《行政处罚法》第三十六条规定,行政机关发现公民、法人或者其他组织有依法应当给予行政处罚行为的,必须全面、客观、公正地调查,收集有关证据;必要时,依照法律、法规的规定,可以进行检查。对此,我国《行政许可法》第二十九条、第三十条、第三十一条、第三十四条也作出规定:由行政许可申请人提供符合申请条件的材料;根据法定条件和程序,需要对申请材料的实质内容进行核实的,行政机关应当指派两名以上工作人员进行核查。因此,在行政执法活动中,行政执法证据的收集是行政执法机关运用证据、认定法律事实的基础工作。

2. 交通运输行政执法证据收集是正确适用法律的基础

从法律的规定上看,行政机关依照法律积极主动地要求行政执法相对人提供证据材料,积极主动地采取相应措施,运用各种方法,深入细致地调查研究法律规定的义务情况,是正确适用法律、保证法律顺利实施的必经阶段和基本条件。行政机关只有全面、深入、细致地收集证据,才能了解行政执法相对人遵守法律和履行法定义务的情况。

3. 交通运输行政执法证据收集是维护当事人合法权益的重要保证

在行政执法活动中,交通运输行政执法机关应当按照有关法律的规定收集证据,并保障当事人的知情权、陈述权、申辩权。《行政处罚法》第六条规定,"公民、法人或者其他组织对行政机关所给予的行政处罚,享有陈述权、申辩权。"该法第三十一条规定:"行政机关在作出行政处罚决定之前,应当告知当事人作出行政处罚决定的事实、理由及依据,并告知当事人依法享有的权利。"该法第三十二条还规定,"当事人有权进行陈述和申辩。行政机关必须充分听取当事人的意见,对当事人提出的事实、理由和证据,应当进行复核;当事人提出的事实、理由或者证据成立的,行政机关应当采纳。"

4. 交通运输行政执法证据收集是提高行政执法水平的基础

行政复议、行政诉讼是我国重要的监督制度。根据有关法律规定,作为行政复议被申请人、行政诉讼被告的行政执法机关具有举证责任。《行政复议法》第二十三条第(一)项规定:"被申请人应当自收到申请书副本或者申请笔录复印件之日起十日内,提出书面答复,并提交当初作出具体行政行为的证据、依据和其他有关材料。"《行政诉讼法》第三十二条规定,"被告对作出的具体行政行为负有举证责任,应当提供作出该具体行政行为的证据和所依据的规范性文件。"这两个法律还明确规定"主要证据不足",行政复议机关"决定撤销、变更或者确认该具体行政行为违法","人民法院应作出撤销具体行政行为的判决"。行政执法机关既要主动接受行政层级监督和司法监督,同时维护所作出的具体行政行为的合法性,就必须依法收集行政执法证据,确保认定事实清楚,适用法律、法规正确。

参阅资料

打击黑车非法营运何以有四难?

"一难":运管部门监管力量不足而执法任务繁重

目前,运输业户数、运输车辆数、从业人员数都增长得很快,加上数目同样庞大的各类非法营运"黑车",整个市场由不充分竞争状态过渡到了过度竞争状态。然而,运管部门的编制人员数量增长速度却要慢得多,加上许多地方的运管部门经费不足,出现了市场爆炸性增长、执法人员数量反而很少,执法设备相对落后、陈旧、不足的现象。即使每日全力整治也仅能对"黑车"非法营运起到一定的遏制作用。有时查扣了一批"黑车",没过几天,又出现一批新的"黑车"填补"市场空缺"。

"二难":运管部门执法环境差,执法阻力大

主要表现一:执法权威不足。一方面,几千年的传统观念使社会上一直存在着"只有警察执法才有正统性"的误解,运管部门属于行政执法机关,行使行政执法权,并不具备警察那样的执法地位。另一方面,道路运输监管的法规、规章、规定分别由国务院、交通运输部和地方政府制定,就权威性而言不及由人大立法形成的法律条文,加上全社会对违法(违章)运输的危害认识不足,许多人对打击"黑车"非法营运的正常性、必要性、合理性不以为然,甚至将其与乱规定、乱

作为、乱罚款、破坏经济社会发展等同。

主要表现二:"黑车"一旦被运管部门查扣,车主常常通过某些部门领导、企事业单位、行业团体、社会群体向执法人员施加压力。

主要表现三:运管部门取缔"黑车"非法营运过程中抗法事件层出不穷。直接原因是非法营运车主害怕高额罚款,倾向于对抗执法。此外,运管部门取缔"黑车"非法营运时有时会涉及一些行业团体、社会群体的利益,也有可能引发群体性事件。间接原因是一些地方部门、新闻媒体不熟悉道路运输法规、规章、规定,对"黑车"车主一味袒护。

"三难":运管部门执法手段单一,取证难度大

一是执法手段过于单一。《道路运输条例》虽然赋予了运管部门实施检查、暂扣车辆的权力,但由于方式、方法的规定简单、单一,因而对"黑车"车主、驾驶员没有强制力。执法过程中,一旦遇到对方拒检、逃逸、暴力抗法,执法人员几乎束手无策。

二是取证难度大。一方面,许多"黑车"车主、驾驶员已是"屡次犯案",在与执法人员的"斗法"中可以说是"经验丰富",一旦被查获则不开口、不承认、不签字,矢口否认非法营运的事实,企图蒙混过关。此时,乘客、货主又有可能碍于情面,或者怕遭到报复,或者抱着多一事不如少一事的想法,不太愿意配合执法人员的取证工作。另一方面,取证设备落后,掌握高科技手段不足,现场询问笔录难以奏效。

"四难":仅靠交通系统打击"黑车"非法运营孤掌难鸣

目前,许多地方为了克服打击"黑车"非法运营营运工作中的难点,纷纷整合交通系统的执法资源,或进行内部合并,或改变执法体制,实行多个职能部门联合执法。这些做法大大提高了打击"黑车"非法营运的工作效率和成效。

但是,这类做法的固有缺陷限制了执法效率和成效的进一步提升。一是此类整合涉及机构改革问题,市一级运管机构无法自主推进;二是交通系统执法人员仍是行政执法人员,对"黑车"车主、驾驶员始终不能形成足够的强制力,特别是对暴力抗法者震慑力不足;三是以此改革为基础建立的联合执法队伍在集中了原来的几个职能部门的人员的同时,也相应承担了这些职能部门的工作任务,

仅就打击"黑车"非法营运而言,在效率上反而不及专业执法队。

(资料来源:《运输经理世界》2007年第1期)

三、交通运输行政执法证据收集的范围

交通运输行政执法证据收集的范围因交通运输行政执法的具体情况和性质不同而有所区别。总的来说,凡是与交通运输行政执法存在一定联系、可以用于交通运输行政执法的客观事实都属于交通运输行政执法证据收集的范围。其范围大致如下:

1. 肯定行政执法相对人具备交通运输行政机关所执行法律中某一具体行政法律规范规定的事实条件的证据材料。

2. 否定行政执法相对人具备交通运输行政机关所执行法律中某一具体行政法律规范规定的事实条件的证据材料。

3. 与交通运输行政机关所执行法律相关的事实。

4. 其他与交通运输行政执法有关的证据材料。

参阅资料

整治黑车非法营运驾驶员抢夺证据阻挠执法

2008年11月9日晚,重庆市交通执法部门对辖区内的非法营运车辆进行突击整治。不料,在执法过程中,队员们却遭遇黑车驾驶员的百般阻挠,甚至抢夺证据。

晚9点半,在巴南区鱼洞镇滨江路老大桥路口,一辆"长安之星"面包车被执法人员拦截下来,接受检查。当记者摄像时,渝AB325×长安面包车驾驶员徐×用手去遮挡镜头,并说:"长安车都要涉嫌吗?你不用照,你不用照!我不是搞非法营运的,你不用给我照了!"并声称自己没有从事非法营运。不过,细心的执法人员却在他的车里发现了大量的证据。

重庆市交通行政执法总队巴南大队中队长陈××介绍说:"我们执法车子

把它拦下来后,车上有乘客,当时不知道具体情况,就把驾驶员和车上的人分离过后,我们就顺便在车子的前发动机盖上面发现了一个出租名片以及一个账本,账本上面记录了总共有4~5个人,点到点的一个价格的记录。"陈队长指着账本说上面写了地址,有江北到石桥铺,江北到汽博中心;北环70元,陈家坪60元,周平到滩子口走一趟,40元等记录。

就在执法人员给记者讲述经过的时候,驾驶员徐×趁人不备,竟从队员手中强行夺回印有"长安之星出租"醒目字样的名片。执法人员叫徐×把名片拿出来,对他说要配合调查,但他始终不肯拿出来。

20多分钟后,徐×还是不交出名片。无奈之下,执法队员只得报警,9点50分,警方赶到现场,事态才得以控制。

评析:在本案中,行政执法人员对渝AB325×长安面包车已经收集和可以收集的证据有:写有"长安之星"出租的名片(书证),记录运营情况的账本(书证),该车的牌号(物证),记者拍摄的录像(视听资料),还可以继续调查乘客(证人证言)和驾驶人(当事人陈述),并可对渝AB325×长安面包车采取证据登记保存。

(资料来源:改编自"视界网"2008年11月10日《整治黑车非法营运驾驶员抢夺证据阻挠执法》)

第二节 交通运输行政执法证据收集的原则、要求和方法

一、交通运输行政执法证据收集的基本原则

收集行政执法证据必须遵循一定的原则,确保所得到的证据从内容到形式不仅符合法律的要求,而且能够全面真实地反映案件事实。《行政处罚法》第三十六条规定,"行政机关发现公民、法人或者其他组织有依法应当给予行政处罚的行为的,必须全面、客观、公正地调查,收集有关证据。必要时,依照法律、法规的规定,可以进行检查。"《交通行政处罚行为规范》也有类似规定,该规范第十三条规定,"办案人员所收集的证据应当满足以下要求:(一)合法主体按照法定程序收集取得的事实,并且符合法律、法规、规章等关于证据的规定;(二)客观事实;(三)和所实施的具体行政行为有关联并对证明其违法行为具有实际意义

的事实。"根据以上有关规定,收集行政执法证据,应当遵循全面收集原则、客观收集原则、及时收集原则、合法收集原则四项基本原则(图4-1)。

图4-1 行政执法证据收集原则

1. 全面收集原则

全面收集证据,就是收集行政执法证据时,应当围绕证明案件事实确定调查范围,获取与案件有关的所有证据。这一原则的具体内容是:

第一,收集行政执法证据,必须尊重客观事实,按照客观事实的本来面目如实地加以收集,不能先入为主,带着条条框框去收集所需要的证据,也不能随意夸大或缩小,甚至歪曲或者捏造证据,使收集的证据不具有真实性。

第二,根据案件事实的构成确定收集范围,凡是能够证明行政案件真实情况的所有证据都要加以收集,不得遗漏有关证据。

第三,收集行政执法证据,既要重视收集言词证据也要重视收集实物证据。换句话说,案件查处中除当事人陈述、证人证言外,还注意收集相关物证及视听资料、勘验笔录等,不能只轻信当事人陈述,不注重现场痕迹、物证的收集和检测鉴定。

第四,收集行政执法证据,既要重视收集指控证据也要重视收集辩解证据。换句话说,就是既要收集对当事人不利的证据,也要收集对当事人有利的证据。

第五,收集行政执法证据,要采取多种方式,不能局限于法律文书和调查笔录,要注重把现代技术应用于证据材料收集工作之中,通过现场摄像、组织专家论证和鉴定等多种形式收集。

第六,收集行政执法证据,既要主动收集有关证据,也要接受当事人和证人提供的各种证据。

这样,才能从不同种类、正反两面、多种角度的证据入手,综合判断,真正了解行政执法相对人的情况,为进一步正确适用法律,合法准确地作出具体行政行为奠定基础。

2. 客观收集原则

客观收集证据,就是收集行政执法证据时,应当实事求是,不能凭主观想象,先入为主,更不能弄虚作假,歪曲事实真相。这一原则的具体内容是:

第一,收集行政执法证据,必须符合行政执法证据客观性要求,尊重客观事实。

第二,在调查取证时,不能先入为主,先主观地认为被调查事项应该是如何的,然后带着自己划定的框框去进行调查取证。

第三,客观收集并不是说行政执法机关可以不作分析,只机械地作证据收集,而是要求行政执法机关具体问题具体分析,根据不同案件了解案情,分析已知的证据,明确未知的证据,查找证据线索,发现、提取证据。

第四,客观收集原则还要求行政执法机关按照不同的证据用不同的方式去收集,收集到的证据要妥善保管,而不能弄虚作假,歪曲事实真相。对通过调查收集取得的书证、物证、视听资料等,一定要保持原样;对于勘验笔录,一定要忠于现场实际;对于证人的证言和行政执法相对人的陈述一定要如实记录;现场笔录必须是行政执法人员自己耳闻目睹、检验、检查案件事实且在案件发生的现场制作的笔录。

3. 及时收集原则

及时收集证据,就是收集行政执法证据必须迅速,注意工作时效。证据并不是一成不变的,无论是何种形式的证据,都可能会因自然条件的变化、人为因素的影响或其他原因,使证据灭失或者难以找寻。这给以后的调查取证工作带来困难,有时甚至是事关案件定性的重要证据根本无法取得,给执法工作带来被动。行政机关及其执法人员只有及时调查、收集证据,与案件有关的书证、物证等才容易取得,证人才便于寻找,当事人(行政执法相对人)的陈述才更为可靠。否则,拖拖拉拉,时过境迁,由于自然条件、社会条件的变化,人为因素的影响或其他原因,有些证据可能灭失或者难以寻找;证人可能证明并非完全是自己了解的情况；当事人可能为一己私利，为逃避法定义务或行政处罚，弄虚作假，毁灭证据、伪造证据，且因为时间较长而不容易被发现。这一原则的具体内容是：

第一，发现案件后，应尽快到达案发现场，立即着手开始收集证据，以免发生证据灭失，失去收集证据的机会。

第二，在证据可能灭失或以后难以取得的情况下，可以采取先行登记保存措施来保存证据。

第三，在调查取证中发现了新证人必须及时询问，发现新物证、书证要立即收集；利用新发现的证据及时再次地询问当事人；对当事人提供的证据和进行的转述、申辩还要及时地进行调查、核实等。

第四，在法律、法规、规章规定有取证时限的情况下，行政执法机关应当在规定的时限内完成行政执法证据的收集。

4. 合法收集原则

依法收集证据，就是行政执法证据的收集必须符合有关法律、法规和规章的规定，不得以非法的方法收集证据。这一原则的具体内容是：

第一，行政执法证据的收集主体应当合法，即负责收集行政执法证据的行政执法人员应当具有相应的主体资格。不具备法定主体资格的，不得收集行政执法证据。

第二，收集行政执法证据的程序应当合法，即行政执法机关取得证据，必须符合有关法律、法规和规章规定的程序。违反有关规定取得的证据，不得作为定案的根据。

第三，收集行政执法证据的形式应当合法，即作为证明当事人行政违法的根据性材料应当符合有关法律、法规和规章规定的形式。作为证明行政执法案件真实情况的根据性材料形式上必须符合法律要求，否则，就不可以作为行政执法证据。

参阅资料

非法营运的取证

在对违法行为的查处中，证据是查处违法案件定性的依据，是行政主体与当事人双方关注的焦点。取证工作是查处行政违法案件的关键环节。然而"取证难,难取证",已成为行政执法部门面临的一个"共点、难点、焦点"的问题。尤其交通运政管理部门在行业管理中遇到的动态违法行为较多较难取证,而其他行政执法部门执法时遇到的静态违法行为较多,因此如何对稍纵即逝的违法行为进行取证,证据取得完善与否至关重要。下面笔者对射阳县交通运政管理处在运输市场监管中的一个案例取证情况进行分析。

一、案情简介

2005年1月3日上午,射阳县合德镇刘某驾驶一辆松花江牌微型客车在去县城的途中随车上客5人。县交通运政管理处稽查队员在例行检查时发现了该车的违法行为,执法人员现场录像了该车的初步情况,并对刘某及乘客分别作了询问笔录。根据现场调查的情况,执法人员以该车无道路运输营运证,擅自从事道路运输经营为由向刘某开具交通行政执法强制措施凭证,并依据《中华人民共和国道路运输条例》第六十三条规定:"道路运输管理机构的工作人员在实施道路运输监督检查过程中,对没有车辆营运证又无法当场提供其他有效证明的车辆予以暂扣的,应当妥善保管,不得使用,不得收取或者变相收取保管费用。"暂扣了该车。后经该处执法人员补充调查,认定该车未经道路运输经营许可擅自从事非法营运的违法事实存在。

二、案件的调查和处理

该处执法人员在调查时,注意把车主与乘客分开进行询问,下面是询问笔录中执法人员与车主的部分对话,节录如下:

问:你今天到什么地方去,车上几位同志?你是否熟悉,在什么地方上的车?

答:我今天到合德办事,车上一共有5人,其中3人到海河,从大兴上的车,另2人是途中上的车,到合德镇,5人我都不熟悉。

问:5位同志你都不熟悉,那你为何带他们,是否有取酬的目的?

答:和他们没有谈钱,也没有收钱。

问:是吗?你是在做好事了?

答:(沉默)………谈钱了但没有收。

问:那你购车的目的是什么?

答:我家里开个粮油门市,平时搞批发送送小百货,闲时搞运输送送客。

问:几年来你车送客挣了多少钱?

答:到目前为止车本也未收回,估计挣了壹仟元左右吧。

问:你车上的车票是怎么回事,票号为 0067024~0067037,0067101~0067200 金额有多少钱,共有多少张?

答:这是有的乘客要车票报销,我从熟人处要的。拾元壹张,共有壹佰壹拾肆张,计壹仟壹佰肆拾元整。

执法人员根据与车主的谈话笔录,已初步掌握了刘某无道路运输营运证,擅自从事道路运输经营的违法证据,同时,乘客的笔录也顺利完成,证实当事人无证经营的事实,具备了立案条件。后当事人进行陈述和申辩,因家庭困难,夫妻离婚,系初次违法,当事人又认识到违法行为的错误性,经该处案件会办领导小组集体会办,鉴于刘某上述情况,符合《中华人民共和国行政处罚法》第二十七条规定:"当事人有下列情形之一的,应当依法从轻或者减轻行政处罚:(一)主动消除或者减轻违法行为危害后果的;(四)其他依法从轻或者减轻行政处罚的。"同时也从人性化执法的角度出发,依据《中华人民共和国道路运输条例》第六十四条:"违反本条例的规定,未取得道路运输经营许可,擅自从事道路运输经营的,由县级以上道路运输管理机构责令停止经营;有违法所得的,没收违法所得,处违法所得2倍以上10倍以下的罚款;没有违法所得或者违法所得不足2万元的,处3万元以上10万元以下的罚款;构成犯罪的,依法追究刑事责任。"该处对当事人刘某作出处以8千元的行政处罚决定。

三、案件分析

这件案例,笔者认为在对车主的询问笔录制作及问话上有一定的水平和技巧,既规范,又打破笔录制作常规,值得我们执法工作者借鉴,可以在执法中进行推广。

1.执法人员在对车主刘某制作询问笔录时,发现刘某非常戒备,不配合执法人员调查。该案执法人员及时改变策略,通过先与车主聊天的方式,缓和其戒备心理,然后从闲聊中,巧妙切入正题,挖出证据,最后完成初步笔录。

2.笔录中,执法人员先和车主谈车辆的基本情况,然后绕圈子"巧"问车上几位同志,车主是否熟悉,执法人员没有提乘客这个敏感的字眼,而是用"同志"两字,可谓用心良苦。当车主答不认识,而且5位"同志"分别去两个地方,其中3位"同志"去的地点是海河,路途较远的情况时,就直入关键问题"你是否熟悉5位同志,不熟悉那你为何带他们,是否有取酬的目的?"这一问打乱了车主的阵脚,最终车主承认了与乘客谈好运费的违法经营事实。

3. 执法人员了解了其他一些细节上的问题,又对乘客作了两份笔录,这样形成了完整的证据链,为案件的后期调查及准确定性提供了有力的材料。后经调查,认定该案未经道路运输经营许可,擅自从事非法营运的违法事实存在。

该案的成功之处有以下几点:

1. 掌握全局。执法人员在检查过程中能掌控全局,处处主动,同时在调查违法行为时,对车主和乘客进行分开制作询问笔录,避免车主与乘客有串供、对抗等行为,使调查工作无法开展。

2. 文书制作合乎要求。执法人员在制作笔录时,发现车主有抵触情绪,且不配合调查的情况时,能够及时改变问话方式,通过与车主聊天,缓解车主的情绪。在文书笔录制作上,言简意赅、紧扣主题。废话不问,与本案无关的内容,不予记录,紧扣要点。

3. 问话方式灵活。执法人员在调查的过程中,改变程式化,严肃性的问话方式,而是通过闲聊,在问话中渐渐进入主题,并且步步紧逼,环环相扣,使车主无话狡辩,最后终于承认了其违法经营的行为。

(资料来源:摘自"中国交通执法"网站《浅谈对违法行为的查处如何取证》)

参阅资料

通过暗查取得证据是否合法?

一、案情介绍

2006年4月27日,当事人王某驾驶浙AG××××桑塔纳轿车,在杭州市西湖区载客2人,收取50元运费,将其送到了某中学。某道路运输管理处执法人员对此过程进行全程录像,并对乘客制作了《询问笔录》,因王某无法当场提供车辆营运证及其他有效证件,认为其涉嫌未取得相应许可从事出租车客运经营。该处根据4月27日录像取得的视听资料、《询问笔录》,认定王某违反《浙江省道路运输管理条例》第十二条的规定,未取得相应经营许可从事出租车客运经营,根据该条例第五十八条的规定,作出罚款的行政处罚决定。

二、本案分析

1. 案件焦点

本案通过录像暗查方式取得的证据是否合法。

2. 学理知识

根据《最高人民法院关于行政诉讼证据若干问题的规定》(以下简称《行政诉讼证据规定》)第五十七条,以下材料不得作为定案依据的证据:

(1)严重违反法定程序收集的证据材料;

(2)以偷拍、偷录、窃听等手段获取侵害他人合法权益的证据材料;

(3)以利诱、欺诈、胁迫、暴力等不正当手段获取的证据材料;

……

(9)不具备合法性和真实性的其他证据材料。

第五十八条 以违反法律禁止性规定或者侵犯他人合法权益的方法取得的证据,不能作为认定案件事实的依据。

3. 本案争议与分歧意见

第一种意见:认为本案通过录像暗查方式取得的证据,涉嫌偷拍,合法性有待商榷,不能作为定案证据。

第二种意见:认为本案通过录像暗查方式取得的证据,合法有效。执法人员录制的证明王某违法行为的证据,未侵犯王某的合法权益,合法有效。另外,公安交警部门采取在公路、道路口安装摄像探头的方式,录制驾驶员超速、变更车道等违法行为,并据此作出相关的处罚决定。

4. 本案分析

结合上述学理知识,通过录像等暗查方式取得的证据是否合法有效,主要在于:如何界定合法权益和执法人员的录像行为是否侵犯他人合法权益。

根据《行政诉讼证据规定》的规定,"合法权益"主要是指当事人的个人隐私权。本案中,当事人未经许可从事出租车客运经营的行为,不但不涉及个人隐私,反而涉嫌违反道路运输行政法规,因此不属于合法权益;另外,该处作为道路运输市场监管主体,承担查处违法行为的职责,在具体执法中,采取录像等方式固定证据,是必要的、合法的。

因此,本案通过录像暗查方式取得的证据有效,可以认定王某违反《浙江省道路运输管理条例》第十二条的规定,未取得相应经营许可从事出租车客运经营,根据该条例第五十八条的规定,作出行政处罚决定。

(资料来源:《道路运输行政执法理论与实践》撰写组,《运输经理世界》2008年第9期)

参阅资料

上海"钓鱼执法"案

一、案情简介

2009年9月8日下午1点左右,上海圣戈班集团中国磨料磨具公司市场经理张某驾驶皖Q256××灰色长安福特轿车去单位。张某在元江路口等候红灯时,遇到一位30多岁的穿白色T恤的男子,该男子捂住腹部,声称"肚子不舒服,打不到出租车",恳求张某带他一段路。张某"先是拒绝,后来心一软就让该男子上了车"。7分钟后,该男子完全没有了胃疼的样子,并主动提出"我给你10块钱"。张某说,"我是私人车,你胃疼才带你的,不要你的钱"。该男子后来再次提出要给钱,也被张某拒绝。当车开至北松公路转弯处,该男子说开过了,让张某倒车。张某往回倒了一些,刚一停车,该男子伸手抢拔车钥匙,张某立即抓住钥匙,大声问道:"你要干什么?"

就在这时,车外突然冒出七八个身穿黄绿色制服的男子,一拥而上将张某从车上拖下来并强行拿走车钥匙,将张某推搡至一辆停在北松路1358号大院内的金杯面包车里,拿出一份事先准备好的调查书(临时填上了原告车牌号)叫张某签字。张某拒绝签字,问对方是什么人?其中一人出示了证件却遮住证件上的名字,告诉张某他们是城市交通执法大队的。城市交通执法大队认为张某涉嫌擅自从事出租车业务,给张某开具《暂扣、扣押物品凭证》《调查处理通知书》,

将车辆扣押,告知张某收到调查处理通知书 10 天后的 15 个工作日内到闵行区城市交通行政执法大队接受调查处理。

9 月 14 日,张某来到闵行区城市交通执法大队,闵行区城市交通行政执法大队制作了《询问笔录》,向张某开具了《行政处罚事先告知书》并告知其陈述、申辩权利。张某尽管认为自己没有违法,但在闵行区城市交通行政执法大队不签字就不让拿车的胁迫下,未经认真核对,就签写了"我放弃陈述申辩"并签名。闵行区城市交通行政执法大队根据《询问笔录》,作出了 NO.2200902973 号《行政处罚决定书》,处以一万罚款。当天,张某缴纳了 1 万元罚款,取回被扣押一周的长安福特轿车。

二、处理结果

张某事后得知,该事件是闵行区城市交通行政执法大队故意设计陷阱,雇佣社会不良人员冒充有病乘客利用驾驶人同情心搭载其汽车,以便诬陷驾驶人非法运营,闵行区城市交通行政执法大队以此为由对原告处以高额罚款,其雇佣的社会不良人员也会因此而获得奖金。同年 9 月 28 日,张某以该行政处罚决定"没有违法事实和法律依据,且程序违法"为由,向闵行区人民法院提起行政诉讼,要求"依法判决撤销闵行区城市交通行政执法大队作出的 NO.2200902973 号行政处罚决定"。

同年 10 月 9 日,闵行区法院立案受理此案,引起众多媒体广泛关注,也引起了闵行区人民政府高度重视,专门成立了由区建交委和区监察局组成的联合调查组进行调查。10 月 26 日,闵行区人民政府宣布,经调查查明,张某驾车载客一案的行政执法行为取证方式不正当,导致认定事实不清。同日,闵行区建交委责令区城市交通执法大队撤销 NO.2200902973 号《行政处罚决定书》,区城市交通执法大队随之作出撤销该《行政处罚决定书》。

此后,张某取回被处罚的 1 万元人民币,同时表示继续进行诉讼。同年 11 月 19 日下午,闵行区法院公开开庭审理此案。法院审理后认为,被告闵行区城市交通行政执法大队具有查处擅自从事出租车经营行为的行政职责,在诉讼中应该对作出具体行政行为的合法性承担举证责任。鉴于闵行区城市交通执法大队在庭审前已经自行撤销被诉的行政处罚决定,没有证据证明原告张某存在非法运营的事实,作出一审判决,确认闵行区城市交通执法大队行政处罚违法,案件诉讼费50元由闵行区城市交通执法大队承担。

三、评析

《行政处罚法》第三十条规定,"公民、法人或者其他组织违反行政管理秩序的行为,依法应当给予行政处罚的,行政机关必须查明事实;违法事实不清的,不得给予行政处罚。"该法第三十六条还规定,"除本法第三十三条规定的可以当场作出的行政处罚外,行政机关发现公民、法人或者其他组织有依法应当给予行政处罚的行为的,必须全面、客观、公正地调查,收集有关证据;必要时,依照法律、法规的规定,可以进行检查。"在本案中,引起关注的焦点是取证方式和违法事实认定。这是闵行区建交委责令区城市交通执法大队撤销NO.2200902973号《行政处罚决定书》的主要理由,也是闵行区法院确认闵行区城市交通执法大队行政处罚违法的主要理由。10月26日,闵行区人民政府宣布,经调查查明,张某驾车载客一案的行政执法行为取证方式不正当,导致认定事实不清。11月19日,闵行区法院公开开庭审理此案,鉴于闵行区城市交通执法大队在庭审前已经自行撤销被诉的行政处罚决定,没有证据证明原告张某存在非法运营的事实,作出一审判决,确认闵行区城市交通执法大队行政处罚违法。通览全案,本案之所以被认定为"取证方式不正当",被确认为"行政处罚违法",关键是在取证上违法了《行政处罚法》规定的"收集有关证据"必须遵循全面、客观、合法的原则。具体分析如下。

1. 取证违反客观原则。根据《最高人民法院关于行政诉讼证据若干问题的规定》第五十六条的规定,"法庭应当根据案件的具体情况,从以下方面审查证据的真实性:(一)证据形成的原因;(二)发现证据时的客观环境;(三)证据是否为原件、原物,复制件、复制品与原件、原物是否相符;(四)提供证据的人或者证人与当事人是否具有利害关系;(五)影响证据真实性的其他因素。"

《询问笔录》是本案的关键证据。在本案中,当事人张某虽然在《询问笔录》上签了名,但认为自己没有违法,在城市交通执法大队"不签字就不能取车"的胁迫下签名,并且未经认真核对,还签写了"我放弃陈述申辩"。《行政处罚法》第三十七条规定,行政机关在调查或者进行检查时,"当事人或者有关人员应当如实回答询问,并协助调查或者检查,不得阻挠。询问或者检查应当制作笔录。"根据《行政诉讼证据规定》第五十七条第(三)项的规定,"以利诱、欺诈、胁迫、暴力等不正当手段获取的证据材料","不能作为定案依据"。

本案中另一证据是乘客与驾驶人的谈话录音。谈话录音是乘客白衣男子偷录的。当时,该男子捂住腹部,声称"肚子不舒服"打不到出租车,恳求张某带他一段路。张某"先是拒绝,后来心一软就让该男子上了车"。7分钟后,该男子完全没有了胃疼的样子,并主动提出,"我给你10块钱"。张某说,"我是私人车,你胃疼才带你的,不要你的钱"。该男子后来再次提出要给钱,也被张某拒绝。从谈话录音的形成过程看,谈话录音不仅是乘客白衣男子偷录,还是乘客白衣男子以利诱、欺诈的手段获取的。根据《最高人民法院关于行政诉讼证据若干问题的规定》第五十七条第(二)、(三)项的规定,"以偷拍、偷录、窃听等手段获取侵害他人合法权益的证据材料","以利诱、欺诈、胁迫、暴力等不正当手段获取的证据材料","不能作为定案依据"。

2. 取证违反全面原则。从案件性质看,本案属于非法运营案件。处理这类案件,应当收集的证据包括:《询问笔录》、《证人证言》、《现场笔录》、视听资料(当事人照相、乘客照相、车辆照相等)、车费、《车辆营运证》(复制)、《车辆行驶证》等。在本案中,闵行区城市交通执法大队收集的证据有当事人《询问笔录》、驾驶人张某与乘客白衣男子在车上的谈话录音。因此取证不全面,进而导致案件事实不清。

在本案中,应当注意收集两个重要证据:现场笔录、证人证言。《行政诉讼证据规定》第十五条规定,"根据行政诉讼法第三十一条第一款第(七)项的规定,被告向人民法院提供的现场笔录,应当载明时间、地点和事件等内容,并由执法人员和当事人签名。当事人拒绝签名或者不能签名的,应当注明原因。有其他人在现场的,可由其他人签名。法律、法规和规章对现场笔录的制作形式另有规定的,从其规定。"第六十三条第(二)项规定,"鉴定结论、现场笔录、勘验笔录、档案材料以及经过公证或者登记的书证优于其他书证、视听资料和证人证言"。即使这两个证据是真实的,其证明效力也不如《现场笔录》等证据。

在本案中,乘客白衣男子的证言非常重要,但未收集。根据《行政诉讼证据规定》第十条第(四)项规定,"被告提供的被诉具体行政行为所依据的询问、陈述、谈话类笔录,应当有行政执法人员、被询问人、陈述人、谈话人签名或者盖章"。考虑到乘客白衣男子的特殊身份,对其证言的使用应当慎重,需要与其他有关证据综合考虑。声称"肚子不舒服"打不到出租车,求张某带他一段路。当车开至北松公路转弯处,该男子说开过了,让张某倒车,张某往回倒了一些,刚一停车,该男子伸手抢拔车钥匙,紧接着城市交通行政执法大队出现在现场。该事件是闵行区城市交通行政执法大队故意设计陷阱,雇佣他人冒充犯病乘客利用驾驶人同情心搭载汽车,以便以此为由对驾驶人处以高额罚款,其雇佣人员因此而获得奖金。这说明提供证据的人与当事人具有利害关系。根据《行政诉讼证据规定》第七十一条第(二)项的规定,"与一方当事人有不利关系的证人所作的对该当事人不利的证言","不能单独作为定案依据"。

3.取证违反合法原则。根据《行政诉讼证据规定》第五十五条的规定,"法庭应当根据案件的具体情况,从以下方面审查证据的合法性:(一)证据是否符合法定形式;(二)证据的取得是否符合法律、法规、司法解释和规章的要求;(三)是否有影响证据效力的其他违法情形。"

《行政处罚法》第三十一条规定,"行政机关在作出行政处罚决定之前,应当告知当事人作出行政处罚决定的事实、理由及依据,并告知当事人依法享有的权利。"该法第三十二条规定,"当事人有权进行陈述和申辩。行政机关必须充分听取当事人的意见,对当事人提出的事实、理由和证据,应当进行复核;当事人提出的事实、理由或者证据成立的,行政机关应当采纳。"第四十一条还规定,"行政机关及其执法人员在作出行政处罚决定之前,不依照本法第三十一条、第三十二条的规定向当事人告知给予行政处罚的事实、理由和依据,或者拒绝听取当事人的陈述、申辩,行政处罚决定不能成立;当事人放弃陈述或者申辩权利的除外。"在本案中,城市交通执法大队"查获"案件后,开具了《行政处罚事先告知书》、《调查处理通知书》等,但在制作《询问笔录》的过程中未严格遵守《行政处罚法》的有关规定,未充分听取当事人的意见,未对当事人提出的事实、理由和证据进行复核,当事人张某虽然在《询问笔录》上签了名,但认为自己没有违法,在城市交通执法大队"不签字就不能取车"的胁迫下签名,并且未经认真核对,还签写了"我放弃陈述申辩"。因此,城市交通执法大队属于"违反法定程序收集的证据"。《行政诉讼证据规定》第五十七条第(一)项规定,"严重违反法定程序收集的证据材料","不能作为定案依据"。第五十八条还规定,"以违反法律禁止性规定或者侵犯他人合法权益的方法取得的证据,不能作为认定案件事实的依据。"第六十条第(二)项规定,"被告在行政程序中非法剥夺公民、法人或者其他组织依法享有的陈述、申辩或者听证权利所采用的证据","不能作为认定被诉具体行政行为合法的依据"。

二、交通运输行政执法证据收集的要求

交通运输行政执法证据收集,除了要遵循有关基本原则外,还要符合有关要求。

1. 坚持群众路线

作为行政执法相对人的公民、法人或者其他组织是一个与社会各方面发生联系和交往的社会主体。关于他们是否遵守法律、是否履行法定义务、是否具有获得某种权利的资格等种种情况,群众是其周围的人、与其发生社会交往的人,不仅了解而且能够提供有关情况。相信群众,依靠群众调查收集行政执法证据,可以确保行政执法活动的顺利进行。俗话讲,"群众的眼睛是雪亮的",只有相信群众,才能体现社会主义民主行政的性质;只有依靠群众,才能建立起行政执法证据的力量源泉。相信和依靠群众又是党和国家长期以来一直坚持的群众路线。只有相信群众,才能依靠群众;只有依靠群众,才能真正弄清行政案件的事实情况。

行政执法人员要依靠群众调查收集证据。依靠群众收集证据,要求行政执法人员应当做到三点:

其一,要深入群众、虚心听取群众的看法,取得群众的信任和支持。要做到这点,行政机关及其执法人员就必须在正常的行政管理和行政执法活动中严格依法办事,公平、公开地执法,遵循行政诚信原则,取信于民,不能等到需要群众时才想到群众。在一个群众对行政机关极不信任、干群关系尖锐对立的环境中,行政机关及其工作人员的各项工作包括行政执法证据的调查收集工作是不可能取得群众支持的。

其二,要不怕困难和风险。依靠群众,不怕辛劳,广泛调查访问,详尽地收集行政执法相对人在行政机关行政管理领域内与所执行法律有关的一切信息和证据,是行政执法者最起码的工作态度。行政机关的行政管理活动具有经常性和连续性特征,并不像司法机关办理的刑事、民事、行政案件那样具有偶发性和被动性。司法机关只有等待刑事案件发生或当事人向人民法院提起诉讼以后才可以行使职权进行调查收集证据。这种证据的收集,明显具有相对的滞后性。而行政执法证据的收集较之诉讼证据的收集则具有明显的超前性。因此,行政机关及其执法人员必须把收集调查行政执法相对人遵守法律、履行义务的信息和证据纳入日常工作当中,注意积极主动地进行行政执法证据收集。

其三,要广泛地开展法制宣传教育活动,要防患于未然,耐心细致地做好群众的思想工作,做好对行政执法相对人的日常管理工作,使行政执法相对人、广大群众及全社会自觉遵守法律。在一个自觉遵守法律的环境下,行政机关的执法工作量和调查取证任务将会大大减轻,广大群众也会积极、及时、如实地反映与行政机关所执行法律有关的各种情况。

2. 行政执法机关主动收集证据与行政执法相对人履行举证责任相结合

"先取证、后裁决"是行政法治的基本要求。行政机关进行行政执法、作出具体行政行为必须首先取得证据。在主要证据不足的情况下作出的具体行政行为,将会因为当事人对具体行政行为提起行政诉讼而被人民法院判决撤销。因此,调查取证是行政机关的法定职责,这也是由行政管理活动的发展规律所决定的行政职权主义的应有内容。行政机关积极主动地调查收集证据,并不妨碍行政执法相对人提供证据。行政执法相对人提供证据是自己的权利,但同时也是一种义务。在行政机关作出的依申请行政行为(如行政许可等具体行政行为),因为相对人想获得某种权利和利益,行政执法相对人就当然地承担了提供证据证明自己符合法定条件的义务,即行政执法相对人对依申请行政行为负举证责任。即使在这种情况下,行政机关根据法律仍有权要求相对人提供证据,如《行政许可法》第三十一条就是这样规定的。在行政机关依职权作出的具体行政行为(如行政处罚、行政征收等)中,调查取证是行政机关的职责,但行政执法相对人有提供证据的权利;行政机关也有权要求行政执法相对人提供证据,如我国《行政处罚法》

第三十二条、第四十二条的规定就包含了当事人有提供证据的权利。

由此可见,行政机关及其执法人员的调查收集证据和要求当事人履行举证责任相结合的原则,是我国行政执法证据收集的重要原则。确认这一原则,既能够充分调动行政执法相对人的积极性,保护行政执法相对人的合法权益,又能调动行政机关及其执法人员调查收集证据的主动性,以提高行政效率,保证法律的正确实施。

3. 行政执法证据的收集必须充分运用现代科技手段

现代科学技术的发展突飞猛进、日新月异,使人类社会得以繁荣、发展的同时,又可能带来一系列负面影响。行政执法相对人既可以利用高科技为自己谋利,为社会造福,也可以利用高科技逃避法律责任,为一己之利,损害他人、国家、社会公共利益,从事违法活动。同时,还必须看到,行政执法人员面对众多的行政管理相对人,常常在人力使用上显得捉襟见肘。这就要求执法人员必须懂得和善于利用高科技。如公安机关利用"电子警察"监控城市交通,取得违反交通安全法的交通参与人违法的证据;利用雷达测量车速,取得超速行驶违法行为的证据;利用互联网对整个互联网进行监控等。再如国土资源部门利用卫星对土地利用进行监控,发现违法占地及测算违法占地具体数量;环境保护部门对企业排污进行适时测量等。行政执法人员在许多情况下,都是某一方面的专业人士,交通运输行政管理的专业性也要求交通运输行政机关在所管理领域方面具有权威性,交通运输行政机关应当在其有关的专业方面具有一定的检验、检测能力。在行政机关及其执法人员不具备对某一具体问题的鉴定能力的情况下,应聘请法定鉴定部门鉴定。

4. 行政执法证据收集必须保守国家秘密、商业秘密、个人隐私

行政机关及其执法人员在行政管理和行政执法活动中,取得了公民、法人或者其他组织的许多信息,这些信息往往涉及公民、法人或其他组织的商业秘密和个人隐私,有些甚至还直接涉及国家秘密。对此,行政机关及其行政执法人员必须注意保密,必须按照我国保密法和有关保守秘密的规定行为。行政执法证据的收集是行政机关的一项重要执法活动,是正确适用法律进行行政执法、作出各种具体行政行为的前提。因此,行政执法证据的收集必须遵循正确的原则和要求。

三、收集交通运输行政执法证据的主要方法

行政执法证据的收集渠道也是多方面的,它因行政执法性质的不同而有所区别。一般来说有以下主要渠道,这些渠道从某种程度上讲就是行政机关为进行行政执法、作出具体行政行为而调查收集证据的方式。

1. 行政执法相对人、利害关系人主动提供证据

这主要是指行政执法相对人、利害关系人向行政机关提出自己的主张和要求,行政机关依申请作出的具体行政行为,如向行政机关申请行政许可证、利害关系人反对行政机关颁发许可证;行政执法相对人、利害关系人主动提供证据,还包括行政机关赋予行政执法相对人权利或利益的行为,如行政奖励等也主要由行政执法相对人提交证据。

2. 行政机关要求行政执法相对人、利害关系人提供证据

它主要包括:行政机关针对行政执法相对人要求获得权利或利益而作出的具体行政行为,在行政机关认为当事人提交的证据不能满足需要时,有权要求行政执法相对人提交有关证据材料。某些行政机关作出要求行政执法相对人履行义务的具体行政行为,如果法律、法规要求行政执法相对人提供证据材料,行政执法相对人应按规定提供,行政机关依法可以规定提交的具体要求。

3. 行政执法机关主动收集证据材料

这种渠道适用于各种行政执法。其主要方法是:通过行政检查、行政调查等收集书证、物证;询问当事人、证人;进行现场勘验;制作现场笔录;鉴定、检查;制作视听资料;从其他国家机关、企事业单位、公民处调取书证等证据资料;收集行政机关自己制作的书证等。

参阅资料

交警等部门取得的证据,能否作为实施行政处罚的证据?

(来信)目前,道路客运市场不同程度地存在非法运输的现象,但道路运输

管理机构在打击非法运输时,又存在着取证难的问题,这影响了打击非法客运的效果。请问,如交警、稽征等部门对非法客运经营已收取了相关证据,道路运输管理机构能否作为实施行政罚的依据?

(解答)《行政处罚法》规定,实施行政处罚必须以事实为依据,与违法行为的事实、性质、情节以及社会危害程度相当。因此,实施行政处罚必须重证据,必须查明事实,必须以证据说话,违法事实不清的,不得给予行政处罚。但是,《行政处罚法》并未规定证据的收集一定由行政处罚实施机关现场取得。依照法律、行政法规的有关规定,任何单位和个人都有收集违法行为证据并举报违法行为的权利。对违法行为证据确凿的,行政机关可以依法实施行政处罚。

对于来信中反映的交警、稽征等有关部门提供的有关当事人非法从事道路运输经营活动的证据,道路运输管理机构经过核实无误的,应当依照《中华人民共和国道路运输条例》及相关配套规章的规定,按照法定程序,依法对违法经营者进行查处,并实施相应的行政处罚。也就是说,道路运输管理机构可以使用交警、稽征等部门提供的证据。

(资料来源:摘自《道路运输行政执法疑难问题解答》,人民交通出版社,2007年)

第三节 交通运输行政执法各类证据的收集

一、物证的收集

物证的收集是指,行政执法人员发现、提取、固定和保存物证的专门活动。物证以其客观存在而具有稳定性和不可替代性,只要某一客观存在的物证与行政执法相联系并对证明行政执法事实有着实际意义,行政机关及其执法人员就应当及时调查获得并妥善固定保存。

(一)物证的收集方法

根据有关法律、法规和规章及司法解释的要求,收集物证的方法可归纳为以下几种。

1. 检查

检查是行政执法人员在特定场所进行的专门调查活动。检查必须依照法定程序进行。《行政处罚法》第三十七条规定,"行政机关在调查或者进行检查时,执法人员不得少于两人,并应当向当事人或者有关人员出示证件。当事人或者有关人员应当如实回答询问,并协助调查或者检查,不得阻挠。询问或者检查应当制作笔录。"《交通行政执法检查行为规范》第二条规定,"实施交通行政执法检查,执法人员不得少于两人,并持有交通行政执法证。"第四条规定,"交通行政执法人员在执法检查时,不得检查与执法活动无关的物品。检查完成后,对检查所涉及的物品要尽可能复位。"根据《交通行政处罚行为规范》第十七条的规定,对有违法嫌疑的物品或者场所进行检查时,应当有当事人或者第三人在场,并制作《检查笔录》,载明时间、地点、事件等内容,由办案人员、当事人、第三人签名或者盖章。必要时,可以采取拍照、录像等方式记录现场情况。

2. 勘验

勘验是行政执法人员在调查过程中,对与案件有关的场所、物品等进行察看和检验,以发现、收集、核实证据的活动。根据《交通行政处罚行为规范》第十七条的规定,对有违法嫌疑的物品或者场所进行勘验时,应当有当事人或者第三人在场,并制作《勘验笔录》,载明时间、地点、事件等内容,由办案人员、当事人、第三人签名或者盖章。必要时,可以采取拍照、录像等方式记录现场情况。

3. 抽样取证

抽样取证是指行政执法机关根据案情需要,为了提请有关部门给予检验、鉴定以取得检验(鉴定)报告证据或者提取物证,依据科学的方法,抽取具有代表性的一定量的物品作为证据的活动。《行政处罚法》第三十七条规定,"行政机关在收集证据时,可以采取抽样取证的方法"。《交通行政处罚行为规范》第十八条规定,"交通行政执法机关抽样取证时,应当有当事人在场,办案人员应当制作《抽样取证凭证》,对样品加贴封条,开具物品清单,由办案人员和当事人在封条和相关记录上签名或者盖章。""法律、法规、规章或者国家有关规定对抽样机构或者方式有规定的,交通行政执法机关应当委托相关机构或者按规定方式抽取样品。"

抽样取证主要针对以下几种物证:

第一，物证数量较大的。有时由于物证的物品数量非常多,行政执法主体没有必要、也不可能对全部物品进行收集保存。

第二，物证形态不便于大量保存的。有些物证不是典型的固体或者不便于长期保存,如损害公路路面的化工原料、废物等。对这类物证,全部提取与部分提取区别不大,行政执法主体及其执法人员就要采取抽样提取的方法。

第三，证据持有人要求自行保留证据,且提取部分证据已经具有充分的证明力的。

4.先行登记保存

在本教材相关章节介绍,这里不再赘述。

5.当事人提供

当事人向行政执法主体及其执法人员提供物证应以提供原物为原则,当事人不能提供原物的,可以提供与原物核对无误的复制件或者证明该物证的照片、录像等其他证据。原物为数量较多的种类物的,提供其中的一部分。在物证不能移动或不便移动的情况下,可以提供物证所在位置,由行政执法人员进行取证。

上述几种物证取得的方法,可以单独采用一种,也可以同时采用多种。

(二)物证收集的要求

根据《交通行政处罚行为规范》第十五条的规定,参照《行政诉讼证据规定》的有关规定,结合交通运输行政执法实践,对物证的收集应当把握以下几个方面的要求。

1.行政案件定案的物证应当为原物。提供原物确有困难的,可以提供与原物核对无误的复制件或者证明该物证的照片、录像等其他证据。拍照时要反映出现场方位、物证全貌、物证重点部位和主要特征等,并要将照片附卷。

2.行政执法机关收集物证,应当制作笔录。

(1)通过检查、勘验发现的物证,必须注明勘验、检验等固定物证的方式、时间、地点;然后按照勘验、检验的技术规程进行,在检查笔录、勘验笔录中反映物证的主要特征(名称、型号、规格、数量、重量、质量、颜色、新旧程度和缺损特征等)、来源及其处理情况。勘验、检验的参加人员(包括参加勘验的执法人员、当

第四章
交通运输行政执法证据的收集

事人、见证人)应当在勘验报告相应的部分签字盖章。

(2)通过抽样取得物证,应由具有抽样资格的人员依技术操作规范和技术规程的要求,按照规定的方法、数量、频次进行。抽取样品的数量以能够认定该物品的品质特征为限;抽取样品的程序除要求通知当事人或者样品持有人到场外,最好还应当有见证人在场。受通知人不到场时,必须邀请见证人到场。抽样取证,必须开具抽样取证的证据清单。抽样取证证据清单由行政执法人员和当事人、被抽样物品持有人或者见证人签名。当事人、抽样物品持有人拒绝签名的,行政执法人员应当在抽样取证证据清单上注明。抽样取证清单由行政执法人员和当事人、被抽样物品的持有人各执一份。样品抽取后,行政执法主体应及时进行检验。经检验,需要作为证据留存使用的,应及时采取登记保存措施。不属于证据或不需要留作证据的,应当及时返还剩余的样品。样品有减损的,除法律、法规有特别规定外,应当予以补偿。

(3)通过先行登记保存获得物证,必须依法由行政机关负责人批准,并在法定时间内(行政处罚法规定在违法案件中对物品的登记、保存的时间为七日)作出处理。查封、扣押或者登记、保存应开具物证清单,由执法人员和当事人在清单上签名,双方各执一份。

(4)行政执法机关向当事人、见证人等直接提取物证,应由当事人、物证持有人或见证人在有关笔录上签名盖章。

3.原物为数量较多的种类物的,提供其中的一部分。

4.物证不是原物的,应当对不能取得的原因、复制过程或者原物存放的地点予以说明,并由复制件、照片和录像的制作人以及物证持有人核实无误后签名或签章。

二、书证的收集

书证的收集是指,行政执法人员发现、提取和保存书证的专门活动。

(一)书证的收集方法

书证(图 4-2)的收集方法,应当视行政执法案件的性质而有所不同:

1.当事人提交

行政执法机关要求当事人或当事人主动提交的书证,应当出具书面收据,写明数量和具体名称及其收到的日期。

2. 检查

行政执法机关在行政执法检查中,发现与行政执法案件相关的书证,可以依职权收集。

图 4-2　书证示例

3. 本单位调取

行政执法机关还可以从本单位档案中调取收集书证。

4. 外单位调取

外单位调取是指从其他国家机关、企事业单位调取书证。

（二）书证收集的要求

根据《交通行政处罚行为规范》第十五条的规定,参照《行政诉讼证据规定》的有关规定,结合交通运输行政执法实践,对书证的收集,应当把握以下几个方面的内容:

第一,行政案件定案的书证应当为原件。原本、正本、副本都属于原件。

第二,收集原件确有困难的,可以对原件进行复印、节录、拍照。原件遗失、损毁不能提取的,可以提取原件的复印件、摘录件或照片,并对不能提取的原因、复印过程或者原件存放地点予以说明,并由复印、照片制作人以及书证持有人核对无误后签名或签章。单位保管的书证的复印件,应当经该单位核对无误并加盖其印章,个人保管的书证的复印件,应当由保管人核对无误并加盖其印章。

第三,收集外文书证,应当附有中文译本。委托翻译机构翻译的,翻译文本应当由翻译机构加盖印章;委托个人翻译的,翻译文本应当由该翻译人员签名或签章。

第四,行政执法机关收集书证,应当制作笔录。通过检查、勘验发现的书证,应当在检查、勘验笔录中反映其特征、来源及其处理情况,由当事人、物证持有人或见证人在有关笔录上签名盖章。

三、视听资料的收集

(一)视听资料的收集方式

1. 由行政执法相对人或利害关系人,有关的公民、法人或者其他组织主动向行政机关及其执法人员提供视听资料证据

向有关单位和个人收集、调取视听资料证据必须出具《调取证据通知书》和《调取证据清单》一式两份,一份交被调取单位和个人保存,一份存卷备查。

2. 行政执法人员制作视听资料

行政执法机关自己制作视听资料证据,主要发生于行政机关将技术先进的仪器、设备用于行政执法的监督、检查过程中。比如安装监视器材,一旦发现需要对被检查者进行行政执法时,就可以使用此证据,必要时再进行其他方面的调查取证,作出具体行政行为。有时,行政执法机关制作音像证据是在行政执法过程中根据调查取证的需要,将某些证据用视听资料的方式表现出来。如对当事人、利害关系人、证人询问时,在制作询问笔录的同时制作的录音、录像等;在调查收集物证的同时制作的视听资料等。

3. 行政执法机关通过调查取得的视听资料

行政机关在执法过程中通过行政检查手段或深入的调查研究,发现当事人、利害关系人、有关单位和个人拥有与行政执法有关的视听资料后,可以通过说服的方式让视听资料持有人提供视听资料和有关证据。调查取得的视听资料应当制作笔录和清单,一式两份,一份交被提取人保存,一份留卷备查。笔录应当记明被收集的视听资料发现经过、原存放地点、数量、特征、主要内容、视听资料来源,有关人员应在笔录上签名。

(二)视听资料收集的原则要求

根据《交通行政处罚行为规范》第十五条、第十六条的规定,参照《行政诉讼证据规定》的有关规定,结合交通运输行政执法实践,对视听资料的收集,应当把握以下几个方面的内容:

1. 行政案件定案的视听资料应当为原始载体。收集原始载体确有困难的,可以收集复制件,并注明制作方法、制作时间、制作人等情况,并对不能提取原始载体的原因或者原始载体存放地点予以说明,由复制人以及原始载体持有人核对无误后签名或签章。单位保管的原始载体的复印件,应当经该单位核对无误并加盖其印章;个人保管的原始载体的复印件,应当由保管人核对无误并加盖其印章。

2. 根据工作需要,在不损害视听资料原始载体的条件下,可以对其进行复制。对视听资料中与案件无关的内容进行删减,应当在复制件上进行。

3. 声像资料应当附有该声像内容的文字记录。收集外文视听资料,应当附有中文译本。委托翻译机构翻译的,其翻译文本应当由翻译机构加盖印章;委托个人翻译的,翻译文本应当由该翻译人员签名或签章。

4. 行政执法机关收集视听资料,应当制作笔录,详细记录收集过程,收集对象的名称、制作方法、规格、类别、文件格式、文件长度、证明对象、制作时间、地点、收集人、制作人。

5. 通过检查、勘验发现的视听资料,应当在检查、勘验笔录中反映其特征、来源及其处理情况,由当事人、物证持有人或见证人在有关笔录上签名盖章和签署日期。

(三)行政执法人员制作视听资料

行政执法人员制作视听资料包括录音、录像、电子数据等。这里重点介绍现场录像制作。现场录像制作与现场照相有许多相似的地方,如拍摄的原则要求、实施步骤、基本方法等,可参见公共安全行业标准《现场照相、录像要求规则》(GA/T 117—2005)和本教材现场照相的有关内容。因技术方法不同,两者也有一些不同之处,介绍如下。

1. 录像设备与材料

(1)摄像机、录像机。不论是摄录一体式摄像机还是分体式摄、录像机,均可用于案件、事件现场录像。一般来说,摄像机、录像机应选用体积小、重量轻、清晰度高、色彩还原好、声音还原质量高、照度要求低的机型。摄、录像机的水平清晰度不低于350电视线,信噪比优于50dB,最低照度应满足5lx。摄像机、录像机使用原配电池或交流适配器,也可使用与原配电池电压相同、功率适宜的电源。所备电池的数量应保证供电3h以上。

(2)记录材料。记录材料应使用清晰度高、色彩还原效果好、质量可靠的存储介质(包括磁带、光盘、硬盘等)。使用数字硬盘存储图像和声音时,硬盘须有足够的存储空间。

(3)三角架。三角架应使用能与摄像机匹配、牢固可靠、旋转方便、升降灵活的三角架。

(4)照明设备。应备有两只碘钨灯和不少于50m长的防水电源线及备用保险丝;并备有照射3m外物体时,其照明亮度超过摄像机最低照度要求的直流新闻灯。

(5)近摄镜。应备有与摄像机镜头口径匹配,成像清晰,像差小的近摄镜。

(6)滤光镜。应备有偏振镜和密度不同的红、黄、蓝、绿等滤光镜。

(7)附属设备。录像附属设备应备有射频线、视频线、音频线、反光、遮光器具,简易电工工具及比例尺。

2.现场录像的原则要求

现场录像的原则要求与现场照相是一致的,即拍摄应当及时、全面、客观、准确,也有一些特殊要求。

(1)现场拍摄时,对不同场景、内容的画面转换组接应拍摄过渡镜头。如无编辑条件,拍摄时应尽可能依照一定顺序,拍摄成直观明了的现场素材片。

(2)现场拍摄的画面,应明确主题、突出主体。拍摄摇、移到重要场景或部位时,应做短暂停留。对其他勘验人员要求拍摄的画面镜头,如不明白拍摄意图和所要表现的主题内容时,应主动问明。

(3)现场拍摄应合理使用推、拉、摇、移等技巧,镜头转换场景时要有不少于5s的起幅和落幅时间。画面运动速度应符合通常的习惯,不宜太快或太慢。

①推,指被摄对象的位置不变,摄像机逐渐接近被摄对象(或镜头焦距由短

变长),使被摄物体由远及近,由小变大。

②拉,指被摄对象的位置不变,摄像机逐渐远离被摄对象(或镜头焦距由长变短),使被摄物体由近及远,由大变小。

③摇,指只变化摄像机镜头的角度,从一个方向向另一个方向对景物进行拍摄。

④移,拍摄时横向移动摄像机,对静止或运行中的景物进行拍摄。

(4)现场录像,尤其现场概貌、现场重要部位录像,应尽量避免将勘验人员和勘查器材、车辆等摄入画面,应避免录入无关声音。

(5)现场录像时,应以清晰、准确地反映被拍摄内容的主题为目的,合理地选择光源种类和光照角度。使用灯光照明时,要防止反光和不良阴影破坏画面主题内容。

3.现场录像拍摄的具体方法

(1)现场方位拍摄。拍摄现场方位时取景范围要大,拍摄位置要高,要尽量显示出现场与周围环境的关系以及一些永久的特殊标志,要合理选择景别,突出表现现场。

(2)现场概貌拍摄。拍摄现场概貌应以反映现场的整体状态及其特点为重点,应尽可能以较少的镜头连续完整地反映现场概貌。

(3)现场重点部位拍摄。现场拍摄重点部位时,应以清楚反映现场重点部位的状况、特点及其与周围痕迹物证的关系为重点,确定拍摄距离和角度。录像时以中、近景或特写记录,画面运动速度应平缓。

(4)现场细目拍摄。拍摄现场细目要认真取景构图,合理利用画面。摄像时,应使用固定画面以特写记录,画面的稳定时间应在10s以上。被摄主体应占画面的三分之一以上,如物体太小时可使用近摄装置进行拍摄。拍摄痕迹、损伤时,要反映出痕迹、损伤的形态、特征与所在位置。取景范围太小时,可用扩大拍照范围的补充画面或推拉镜头的方法对痕迹、损伤进行定位。现场同类型痕迹、物证较多时应当编号,并将编码摄入画面。凡是反映痕迹、物证形态与特征的照片,必须进行测量拍摄。比例尺一般应放置于画面、特征下方或居中部位,与被拍物的主要特征在同一平面上。现场细目录像的用光,应根据被摄对象的形体、表面形态、颜色和所要反映的主题内容等,合理选择光源种类、光强度和光照角度。

(四)行政执法中的同步录音录像

近年来,由于科技和经济的发展,行政执法机关在行政执法中广泛使用录音录像以固定证据,起到了良好的效果。同步录音录像是行政执法机关在行政执法过程中,以同步录音录像方式记录行政执法活动。它所形成的是以录音磁带、录像带、电子计算机硬盘、光盘等为载体的,以用于行政执法为目的的视听资料。在行政执法实践中,同步录音录像记录的行政执法活动包括:当事人陈述和辩解、询问证人、现场勘验和检查等。

行政执法机关在制作询问笔录的同时,通过同步录音录像固定证据,如发生行政复议、行政诉讼,一旦当事人、证人翻供,可以出示录音录像以证明其在行政执法过程中所作的陈述或证言的自然性、合法性、真实性。由于同步录音录像存在着客观性、动态直接性,所以,行政执法实践中,行政执法机关也逐步利用其记录其他的行政执法活动,如证据登记保存、现场勘检、检查,以固定行政执法行为和相关的物证。

同步录音录像必须反映行政执法行为本身的合法性和同步录音录像技术上的客观性。同步录音录像必须反映行政执法行为本身的合法性的含义是:被同步录音录像反映的行政执法行为包括询问当事人、询问证人、现场勘验、检查、证据登记保存。《行政处罚法》规定了这些行政执法行为实施程序,因此,在同步录音录像时,必须要将行政执法机关实施有关行政执法行为的合法程序表现出来。同步录音录像技术上的客观性的含义是:它必须要全面体现出询问当事人、询问证人、现场勘验、检查、证据登记保存等现场的全部和需要专门特别表现的局部,并且要克服录音录像本身所固有的画面局限性、清晰度差的问题。

考虑到询问当事人、询问证人时,同步录音录像的技术要求基本相同,下面以询问当事人同步录音录像为例,对同步录音录像在实施时的规范形式和具体问题做逐一分析。

对询问当事人进行同步录音录像时,必须从录音录像设备的设置上保证画面的客观性,使用上考虑与行政执法的联系性。具体要求如下:

1.担任询问录音录像任务的专业技术人员应提前到达询问场所,选择录摄位置,安装设备,调整录音摄像设备内置时间与实时时间一致。录音录像位置以不影响询问为原则。

2.询问录音录像应与询问人员的询问活动同时开始,并由询问人员告知当事人使用了询问同步录音录像。

3.询问录音录像拍摄时应将录音摄像设备的内置时间同时记录下来。

4.询问录音录像应前后连贯。录音录像所记载的时间能够与询问笔录记载的时间相一致。在录制过程中,不论询问的情况如何,中途不得停机,以保证录音录像的连续与完整。如有条件,可以采取双机录摄。两个摄像头的安置要求位置上相互补充、全面反映整个询问过程;其次,一个摄像头的录像范围应当包括正面反映当事人的正面和局部,因此它应当以变焦镜头最为理想,另一个摄像头反映的范围应当包括能反映当事人的背部和询问人的正面。只有一台摄录一体机进行录像时,摄像范围是两个询问人员和当事人。

5.对询问进行录音录像时,应以拍摄当事人的正侧面半身画面为主。他的面部应当是摄像机的集中反映对象,当事人在询问中要求起立并移动时,镜头应尽可能对其移动加以跟踪并反映其面部表情和躯体势态。

6.当事人描述有关重要情节时,应始终录摄其描述过程,不得移动录音摄像设备录摄其他场景,保证声画一致。

7.对询问当事人进行同步录音录像,录音录像应录摄至当事人看完询问笔录并签字后为止。

8.录音录像必须是当事人陈述和辩解的真实记录,能生动形象地再现询问的情景,不能补拍或加工,不能插入其他画面,不得编辑,不能进行任意删改。

9.询问同步录音录像结束后,担任询问同步录音录像的技术人员应制作审讯过程录像文字记录一式三份。数字硬盘存储时应刻录成光盘或转录成录像带。询问过程同步录音录像文字记录包括:录摄地点、起止时间、中止时间和原因,当事人离开录摄范围的时间和原因,所拍录像带的总时间及盘数,询问人以及当事人的基本情况,以及录音录像制作者的签字。

(五)计算机数据证据的收集

计算机数据证据,是视听资料的一种具体形态,又称为"计算机证据"、"网络证据"、"数字证据"、"电子证据"等;是指以电子为形式,用以证明案件事实的根据性材料。如电子文件、电子邮件、电子聊天记录、数据库、信息卡等。在交通运输行政执法中,电子数据证据包括:①财务会计核算、处理应用软件、运行环境及网络系统;②用于运输经营的电子文件或运输经营报表,录入或扫描进计算机系统的各种凭证、报表;③其他载明或保存会计核算数据硬盘、光盘、磁带、U盘及其他存储设备。

《行政诉讼证据规定》第十二条规定,"根据行政诉讼法第三十一条第一款第(三)项的规定,当事人向人民法院提供计算机数据或者录音、录像等视听资料的,应当符合下列要求:(一)提供有关资料的原始载体。提供原始载体确有困难的,可以提供复制件;(二)注明制作方法、制作时间、制作人和证明对象等;(三)声音资料应当附有该声音内容的文字记录。"第六十四条"以有形载体固定或者显示的电子数据交换、电子邮件以及其他数据资料,其制作情况和真实性经对方当事人确认,或者以公证等其他有效方式予以证明的,与原件具有同等的证明效力。"《交通行政处罚行为规范》第十六条规定,"对于视听资料、计算机数据,办案人员应当收集有关资料的原始载体。收集原始载体有困难的,可以收集复制件,并注明制作方法、制作时间、制作人等情况。声像资料应当附有该声像内容的文字记录。"根据《行政诉讼证据规定》和《交通行政处罚行为规范》的有关规定,收集计算机数据证据可以采取以下方法:

1. 打印

直接将有关内容打印在纸张上,再按照提取书证的方法予以保管、固定,并注明打印的时间、数据信息在计算机中的位置(如存放于哪个文件夹中等)和取证人员等内容。通过打印在纸张上形成书面文件是最普遍、最常用,也是最有效的方式之一。通过打印输出形成证据时,应注意以下几点:①打印的内容须是初始生成的。原件的形成是将制作人最初形成的文字、图表、声音、图像等通过计算机直接打印出来的文字或图片,或者该原件的形成是在制作人最初形成的基础上通过计算机正常程序直接运行得到的;②打印时,取证人员必须现场监督过程,防止在打印过程中修改、删除文件;③打印的内容,应经当事人签章确认。

2. 拍照、摄像

如果该证据具有视听资料的证据意义,可以采用拍照、摄像的方法进行证据的提取和固定,以便全面、充分地反映证据的证明作用。同时对取证全程进行拍照、摄像,还具有增强证明力的作用。通过录像、照相等方式收集与固定计算机数据证据时,应注意以下几点:①拍照、摄像的内容包括原件、程序的运行状态、程序运行生成的结果;②在没有打印机的情况下,可以显示到屏幕上并以录像或照相加以固定。

3. 拷贝

将计算机文件拷贝到软盘、移动硬盘、光盘中。拷贝之后,应当首先进行病毒检测,及时杀毒,然后打开文件检查拷贝的质量,防止因保存方式不当等原因而导致的拷贝不成功或感染病毒。在取证的同时应取得备份证据,然后将其中备份证据的存储介质封存,由当事人注明"该数据出自我单位电脑中,未经修改,数据真实",写明"年、月、日",盖章封存。行政执法人员将封存的电子数据存储介质带回单位保存。基于电子数据易于复制或拷贝的特点,应注意以下几点:①取证人员应当自备计算机;②拷贝的内容应当是原件;③由于拷贝后难以区分是否经过删改,因此,拷贝时,可以将相应数据形成图片等相对难以修改的形式加以拷贝,并将内容直接拷贝在第三方可以记录操作过程的服务器。

4. 证据登记保存

在计算机数据证据可能灭失或以后难以取得的情况下,经行政执法机关负责人批准,可以先行登记保存,并应当在七日内及时作出处理决定,在此期间,当事人或者有关人员不得销毁或者转移证据。计算机数据证据登记保存时,必须注意:①证据登记保存应当严格符合法定程序,必须在调查取证程序阶段进行,而且其前提是:证据可能灭失或者以后难以取得,并应向当事人出具行政机关负责人签字的证据登记保存清单;②采取证据登记保存措施后,必须在七日内作出处理决定,若逾期,证据登记保存措施自行解除;③证据登记保全应在确保正确取得涉案证据的前提下,尽量不影响当事人生产经营的正常进行。

无论采取哪种取证方式,在固定证据后,应当现场制作检查笔录。检查笔录主要记载电子证据的收集和固定情况。包括:①案由;②参加取证的人员姓名及职务;③取证的简要过程,主要包括检查时间、检查地点及检查顺序等;④取证过程中出现的问题及解决方法,对解密、数据测试等过程也应当作出详细的记录;⑤取证方式及取证份数;⑥参与取证的人员签名。

由于电子证据不如传统证据那样容易固定,因此从技术上讲,这些数据与实现其他特定工作目的的正常计算机数据没有任何区别。根据《行政诉讼证据规定》和《交通行政处罚行为规范》的有关规定,收集计算机数据证据,应注意把握以下原则。

1. 快速搜集

由于计算机数据证据容易受到人为的删除或篡改,使其失去原始证据的证明力,因此应当尽快完成搜集工作。在取证过程中,保护目标计算机系统,避免发生任何的改变、伤害、数据破坏或病毒感染,并保证"证据的连续性",即在证据被作为法律认定案件事实的参考时,必须确保其从最初的获取状态到被作为认定事实依据期间无任何变化,亦即其没有受到任何破坏和删改。

2. 专家参与

计算机数据证据具有高技术依赖性,因此在收集计算机数据证据时,必须有计算机网络专家或技术人员在场,并严格依照程序提取。负责取证工作的这些技术人员要具有绝对可靠的技术知识和绝对可靠的政治素质。同时,要具备严谨的工作作风和职业道德,且应当与案件无利害关系。

3. 全面检查

应当对目标操作系统中的所有文件进行检查,包括现存的可能隐藏违法证据的系统文件、一般性文件、已经被删除但仍存在于磁盘上即还没有被新文件覆盖的文件、隐藏文件、受到密码保护的文件和加密文件等。同时,要保证静态取证和动态取证同步进行。静态取证,即案件发生后因违法行为可能造成的数据变动或系统变化而对目标系统进行的静态分析和提取。随着计算机违法技术手段的提高,这种静态取证方式是无法满足取证要求的。动态取证是利用入侵检测等网络安全工具的配合,进行数据动态跟踪的取证方式。这种取证方式更加系统、记录完整、灵活多样,并具有智能性等优点。

4. 及时备份

由于计算机数据证据容易受到磁场干扰、病毒破坏并有可能受到人为的篡改,因此获取到证据后,要及时制作其副本,并做好副本制作记录。数字技术具有完全一致性的复制特点,制作好的副本与电子证据的原件具有完全一致性。由此可见,副本的证明力不会因为是备份这一事实而受到任何影响。

5. 及时鉴定

计算机数据证据由于具有很强的技术特性,对那些被提取后不可以立即作为行政执法证据使用的,要由法定的鉴定机构进行检验认定并出具法定鉴定结论,才具有证明案件事实的证明力。所以,提取到有效的计算机数据证据后,应当及时送检鉴定,以确定其是否具有证明案件事实的法律地位。

6. 确保当事人的有关益权

由于计算机数据证据中经常涉及当事人的个人隐私、商业秘密等,行政执法人员在搜集计算机数据证据时,应当特别注意保护当事人的合法权益。

参阅资料

运管扮乘客取证成被告　　执法时拍摄录像成争议

交通运管部门采取派人跟车暗中拍摄的形式搜集证据,对非法营运车辆进行了行政处罚,然而却被告上了法庭。法庭上,车主指出,能够采用暗中拍摄手段的只有具有刑事侦查权的机关,其他任何机关都无权行使,被告取证形式不合法。2007年8月2日,徐州市泉山区法院作出判决,维持处罚决定。

执法人员假扮乘客取证

2007年4月2日,徐州运管处接到举报,称汽车客运南站周边一些私家车在从事非法揽客营运。为此,运管处决定对私家车非法揽客营运的行为依法进行查处。4月5日,运管处指派执法人员携带微型录像设备,以乘客身份进行取证。在徐州客运南站对面,执法人员发现一辆苏CV29××面包车正在揽客,经过调查,初步掌握了这是一辆没有取得道路运输经营许可、擅自从事道路运输营运的车辆。于是,执法人员以乘客身份搭乘苏CV29××面包车,对其涉嫌非法营运情况进行调查,并暗中进行全程跟踪拍摄。

受到处罚否认非法营运

2007年4月18日,徐州运管处作出《交通行政案件处罚决定书》,认定"胡某于2007年4月10日在徐州市七里沟迎宾大道旁,在未取得道路运输经营许可的情况下,擅自从事道路运输经营",对胡某作出罚款40 000元,并责令即日改正的处罚决定。而胡某认为自己没有从事非法营运,不服运管处的行政处罚决定,遂将徐州运管处告上了法庭。

2007年6月8日,徐州运管处提交书面答辩状称,该处接到举报,汽车客运南站周边一些私家车在从事非法揽客营运,4月5日指派执法人员携带录像设备,以乘客身份进行取证。在徐州客运南站对面,执法人员发现原告驾驶面包车非法揽客,在未取得道路运输经营许可的情况下,擅自从事道路运输经营,通过该次取证,掌握了原告违法从事营运活动的证据。

2007年4月10日,原告再次从事非法营运活动时,被该处执法人员当场查获,遂依法对其采取行政强制措施,暂扣其从事非法营运的车辆,并于4月13日通过邮递的方式,向原告发出交通行政案件违法通知书,告知其有权陈述、申辩和要求组织听证等项权利,但原告在规定期间内未行使。根据我国《道路运输条例》的规定,该处于4月18日作出交通行政处罚决定书。

徐州运管处认为,原告的诉讼请求缺乏事实和法律依据支持,被告的处罚决定并无不当,请求法庭依法判令驳回原告的诉讼请求,维持被告的行政处罚行为。

拍摄录像成争论焦点

2007年6月28日,徐州市泉山区法院公开开庭审理了胡某诉被告徐州市交通运输管理处交通行政处罚一案。

原告认为,4月5日执法人员的录像资料,取证形式不合法,即能够采用这种暗中拍摄手段的只有具有刑事侦查权的机关,其他任何机关都无权行使,因而被告应提供相应的法律依据,且被告只是法规授权的组织,没有授权其采取这种形式可以对公民进行调查;其次是内容不真实,暗访录像中有其他对象,文字记录有语言混同之嫌,录像不是针对原告一个人,而是碰到谁就录谁,不能作为定案依据;再者,该录像与本案没有关联性,处罚决定没有涉及该项内容,原告可以不予质证,处罚决定书只认定4月10日的违法行为,现在又出示4月5日的证据,此证据与4月10日的处罚没有关联性。

原告认为,原告无违法行为,即使被告证据是真实的,也只能认为原告是有意思表示,无具体违法行为不应该受到处罚,行政处罚决定不应该对原告的思想进行处罚。原告4月10日在车站收了别人10元钱,此事情目前也无法认定,且根据《行政处罚法》第三十八条第二项规定,情节轻微的不应进行处罚。即使10元属于违法所得,按照有关法律规定,没收违法所得10元,处违法所得2~10倍罚款,也只是100元而不应当是40 000元。

针对原告的上述观点,被告辩称,对单方录制的材料,根据最高院的有关规定,只要没有经过修改可以作为证据使用,而且江苏省交通厅在文件中明确规定,可以携带录音设备进行录音录像。原告称录像中有其他人,认为有语言混同问题,可以要求鉴定。原告称处罚决定书没有涉及4月5日的违法行为,认为只是有意思表示,而实际上原告在实施违法行为时说的这些话,不仅仅只是意思表示,且录像材料中表明2005年原告购买车辆后就一直从事营运活动。询问笔录中没有当事人的签字,原告当庭也承认,但为逃避责任才拒绝在笔录上签字的。

法庭判决维持处罚决定

法庭经审理认为,依据我国《道路运输条例》第七条规定,被告运管处基于法律授权,具有实施道路运输管理工作的法定职权。据被告所举录像资料、询问笔录、录音资料显示,原告胡某在未取得道路运输经营许可的情况下,擅自从事道路运输经营行为。4月5日的录像资料不仅证明原告当天收取车费的事实,而且能够证明原告已多次从事道路运输经营行为,并对其从事非法营运是明知的。4月10日收取10元车费的事实,原告在行政程序和庭审中均予以认可。

关于原告要求被告返还车辆的诉讼请求,依据我国《道路运输条例》第六十三条规定,被告有权暂扣车辆。依据《江苏省道路运输市场管理条例》第二十九条第二款规定"客货运输经营者接受处理的,应当当日放行车辆",暂扣车辆、中止车辆运行的目的不仅是调查取证的需要,更是为了保障道路运输安全,维护人身安全和财产安全,故消除道路运输安全隐患、当事人履行行政处罚决定后,执法机关予以返还暂扣车辆,符合立法本意。

本案原告未接受处理、履行行政处罚决定,被告继续暂扣并不违反法律规定,故原告要求被告返还车辆的诉讼请求,依法不予支持。

2007年8月2日,法庭作出了维持被告徐州市交通运输管理处作出《交通行政案件处罚决定书》和驳回原告要求返还暂扣车辆的诉讼请求的一审判决。

8月20日,一审宣判后,原告不服判决,在法定期限内提出上诉。目前,本案仍在二审之中。

江苏道多律师事务所吴律师表示:在查处黑车案件中,正面取证的难度很大,有的证据往往是稍纵即逝,所以要利用现代化取证手段迅速拍下现场情况。特别是在黑车上发现的具有广告性质的名片、汽车运输补充客票、收支记账本、自制线路标志牌以及黑货车上常发现的运输凭证、结账收据等要及时拍下来。黑车上的旅客有时不愿意下车配合执法人员做询问笔录,也可以由一名执法人员询问其情况,由另一名执法人员拍摄谈话内容,作为定案证据。在采集视听证据时,应该保持所取证据的全面性、连贯性,尽可能地反映查处整个案件的全过程,避免剪辑嫌疑。

(资料来源:《江南时报》2007年10月20日)

四、证人证言的收集

1. 证人证言的收集方式

在行政执法案件中,证人证言具有极为重要的作用。证人证言,一般是口头证词。必要时可以要求证人提供书面证词。

(1)询问证人,可以到证人的所在单位和住处进行,但是必须出示行政执法机关的证明文件。在必要的时候,也可以通知证人到行政执法机关提供证言。

(2)询问证人,应当个别进行。证人包括知道案件情况的单位和个人。

(3)在询问前应事先告知证人协助调查或如实回答询问的法律规定以及故意作伪证的法律责任。

(4)询问证人,应当制作《询问笔录》。《询问笔录》包括以下内容:
①写明证人的姓名、年龄、性别、职业、住址等基本情况;
②证人的签名,不能签名的,应当以盖章等方式证明;
③注明出具日期;

④附有居民身份证复印件等证明证人身份的文件。

(5)询问证人,可以同时采用录音、录像的记录方式。

(6)证人证言可以经过质证完成。质证是指在行政执法机关听证主持人的主持下,对当事人及行政执法机关调查人员提出的证据就其真实性、合法性、关联性以及证明力的有无、大小予以说明和质辩的活动或过程。质证应当制作笔录,并由当事人核对后签名或者盖章。未经质证的证据,不能作为认定案件事实的依据。

2. 证人证言收集的要求

根据《交通行政处罚行为规范》第十四条、第二十六条的规定,参照《行政诉讼证据规定》的有关规定,结合交通运输行政执法实践,对证人证言的收集,应当把握以下几个方面的要求:

(1)询问证人,行政执法人员不得少于两人,并应在正式询问前向证人出示执法的有关证件。

(2)证人是未成年人时,行政机关执法人员必须通知其监护人或者其教师到场。确实无法通知或者通知后未到场的,应当记录在案。

(3)证人是聋哑人时,应当有通晓聋哑手势的人参加,并在询问笔录上注明被询问人的聋哑情况以及翻译人的姓名、住址、工作单位和职业。

(4)制作《询问笔录》应当字迹清楚、详细具体、忠实原话,并交证人核对。对阅读有困难的,应当向他宣读。如果记载有遗漏或者差错,应当补充或者改正,并让证人在更正或者补充部分捺指印,以证明是自己真实的意思表示。

(5)证人认为笔录没有错误的,由证人在笔录上逐页签名或者盖章;如果拒绝签名或者盖章的,应当在笔录上注明。行政执法人员也应当在笔录上签名。

(6)严禁以威胁、引诱、欺骗以及其他非法方法收集证人证言。以非法手段(方法)收集的证人证言不能作为定案的根据。

(7)询问证人涉及国家秘密、商业秘密和个人隐私的,交通运输行政执法机关和办案人员应当保守秘密。

五、当事人陈述的收集

1. 当事人陈述的收集方式

在行政执法案件中,当事人陈述具有极为重要的作用。当事人陈述,一般是口头陈述,必要时可以要求当事人提供书面陈述。

(1)询问当事人,可以在当事人的所在单位和住处进行,但是必须出示行政执法机关的证明文件。在必要的时候,也可以通知当事人到行政执法机关提供证言。除了当事人所在单位、住处及行政执法机关场所以外,不得在其他任何场所让当事人提供陈述。

(2)办案人员询问当事人,应当个别进行。

询问当事人必须围绕案件事实基本构成要素进行,即何事、何人、何时、何地、何情、何物、何因、何果。

①何事:是指什么性质的案件,如车辆超限行驶、非法占用航道等。

②何人:是指案件当事人,包括公民、法人或其他组织。

③何时:是指案件发生的时间,包括案发初始时间、持续时间等。

④何地:是指案件发生的地点,包括违法行为发生地、违法行为经过地、违法结果发生地等,如 G102 线 K8+500。

⑤何情:是指案件发生情形,包括案发生的方式和过程等。

⑥何物:是指案件有关的物体,如车辆、船舶、公路、航道、港口、证件等。

⑦何因:是指案件发生的原因,包括客观原因和主观原因。

⑧何果:是指案件的结果,包括危害程度和具体后果等。

(3)询问应当制作《询问笔录》。《询问笔录》主要包括以下内容:

①写明当事人的姓名、年龄、性别、职业、住址等基本情况;

②案件主要事实和情节;

③当事人的签名;不能签名的,应当以盖章等方式证明;

④注明出具日期;

⑤附有居民身份证复印件等证明当事人身份的文件。

(4)询问当事人,可以同时采用录音、录像的记录方式。

2. 当事人陈述收集的要求

根据《交通行政处罚行为规范》第十四条、第二十六条的规定,参照《行政诉讼证据规定》的有关规定,结合交通运输行政执法实践,对当事人陈述的收集,应当把握以下几个方面的要求:

(1)询问当事人,行政执法人员不得少于两人,并应在正式询问前向被询问人出示执法的有关证件。

(2)当事人是未成年人时,行政机关执法人员必须通知其监护人或者其教师到场。确实无法通知或者通知后未到场的,应当记录在案。

(3)当事人是聋哑人时,应当有通晓聋哑手势的人参加,并在询问笔录上注明被询问人的聋哑情况以及翻译人的姓名、住址、工作单位和职业。

(4)告知当事人必须如实陈诉。当事人是行政违法案件处理活动的中心人物,了解案情的真实情况,但案件的处理与其有直接的利害关系,当事人为了自己的利益可能在陈诉时趋利避害或扩大、缩小甚至弯曲事实。询问时,应告知当事人必须如实陈诉,这是当事人应有的权利和义务,因不如实陈诉而引起的法律后果由其承担。

(5)不得以暗示的方式询问。暗示可能会影响当事人的心理状态,而作出询问人想要得到的结论,使被暗示者所反映的情况与实际情况严重脱离。为了证明自己判断正确或其他目的,使用暗示方式询问当事人,得到与执法者要求相一致的结论,会影响回答问题的真实性。

(6)不得用否定或肯定的语气诱导询问。如果执法人员用肯定尤其是用否定的语气诱导询问当事人,则会影响回答问题的真实性。如询问有关无证经营案件时,不能这样询问"路上又上了一位乘客,是吗?"而应当这样询问"路上是否还有乘客上车",较合适。

(7)不得用有歧义的词或形容词询问。由于人们工作、生活经历的不同,文化层次的不同,对同一句话理解大不相同。因此,询问时对语言把握很重要。若用有歧义的词询问当事人,则易使当事人引起误解,回答的结果很难与实际相符。

(8)不得以威胁、欺骗以及其他非法方法收集当事人陈述。以非法手段(方法)收集的当事人陈述不能作为定案的根据。

(9)不可轻易下结论。询问是调查取证的一个方面。要弄清案件事实,必须掌握确凿、充分的证据。因此,询问时不可轻易下结论,否则,易使人觉得主观武断,如写错结论则不易纠正。

(10)制作《询问笔录》应当字迹清楚、详细具体、忠实原话,并交当事人核对。对阅读有困难的,应当向他宣读。如果记载有遗漏或者差错,应当补充或者改正,并让当事人在更正或者补充部分捺指印,以证明是自己真实意思的表示。

(11)当事人认为笔录没有错误的,由当事人在笔录上逐页签名或者盖章;如果拒绝签名或者盖章的,应当在笔录上注明。行政执法人员也应当在笔录上签名。

(12)询问当事人涉及国家秘密、商业秘密和个人隐私的内容时,交通运输行政执法机关和办案人员应当保守秘密。

六、鉴定结论的收集

鉴定结论所解决的问题是行政执法中涉及的专门性问题,这些问题需要鉴定人员利用专门知识来加以解决。

1. 鉴定结论的收集方法

鉴定结论作为证据,可以由行政执法所针对的相对人(当事人)、利害关系人主动提供给行政机关,由行政机关经过审查决定是否为行政执法所采用。行政执法主体在行政执法过程中遇到的专门问题认为需要进行科学鉴定的,或者认为当事人、利害关系人提供的鉴定结论不能采用需要重新鉴定的,均可依法定程序交由法定鉴定部门的鉴定人员进行科学鉴定。鉴定结论的收集包括当事人、利害关系人主动提供的鉴定结论,但主要是行政执法主体在行政执法过程中对遇到的专门性问题以及指定、聘用鉴定人员或委托法定鉴定部门的鉴定人员进行的科学鉴定。

2. 作出鉴定结论的要求

根据《交通行政处罚行为规范》第十九条的规定,参照《行政诉讼证据规定》的有关规定,结合交通运输行政执法实践,对证人证言的收集,应当把握以下几个方面的要求:

(1)为了查明案情,解决案件中某些专门性的问题,应当进行鉴定。

(2)需要进行鉴定的,应当经行政执法机关的负责人批准,出具载明委托鉴定事项及相关材料的《委托鉴定书》,委托具有法定鉴定资格的鉴定机构进行鉴定;没有法定鉴定机构的,可以委托其他具备鉴定条件的机构进行鉴定。

(3)行政执法机关应当为鉴定人进行鉴定提供必要条件,及时向鉴定人送交有关检材和对比样本等原始材料,介绍与鉴定有关的情况,并且明确提出要求鉴定解决的问题,但是不得暗示或者强迫鉴定人作出某种鉴定结论。

(4)鉴定人进行鉴定后,鉴定机构应当出具《鉴定意见书》,载明委托人和委托鉴定的事项、向鉴定部门提交的相关材料、鉴定的依据和使用的科学技术手段、鉴定部门和鉴定人鉴定资格的说明、鉴定结论。通过分析获得的鉴定结论,应当说明分析过程。

(5)鉴定结论,应有鉴定人的签名和鉴定部门的盖章。几个鉴定人意见有分歧的,应当在鉴定结论上写明分歧的内容和理由,并且分别签名或者盖章。

(6)对于鉴定结论,办案人员应当进行审查。必要的时候,经行政执法机关的负责人批准,可以补充鉴定或者重新鉴定。重新鉴定,应当另行指派或者聘请鉴定人。

七、勘验笔录、现场笔录的收集

勘验笔录、现场笔录属于一种证据类型。现场勘验、检查的任务是,发现、固定、提取与行政违法有关的痕迹、物证及其他信息,存储现场信息资料,判断案件性质,分析行政违法行为过程,确定调查取证方向和范围,为查清行政执法案件事实提供线索和证据。行政违法行为现场勘验、检查的内容包括:现场保护、现场实地勘验检查、现场访问、现场搜索与追踪、现场实验、现场分析、现场处理、现场复验与复查等。

(一)现场勘验、检查的器材及工具

现场勘验、检查的器材及工具包括:

(1)测量仪器和绘图设备,包括卷尺或激光(超声波)测距仪等设备,比例尺、坡度仪、附着系数测定仪、摄影测量系统、绘图纸、绘图笔等。

(2)照相、摄像录音设备,包括彩色胶片照相机或数码照相机,数码照相机的照片分辨率应达到500万像素;摄像机、三脚架等。

(3)现场照明设备,包括绘图用照明灯,照相、摄像用照明灯。

第四章 交通运输行政执法证据的收集

(4)提取工具和器材,包括灰尘痕迹固定剂、长波紫外灯、物证通用标签等。

(5)反光交通警示标志牌、反光围栏、专用警戒带等现场保护器材。

(6)其他器材,包括文件夹、笔录纸、不干胶、放大镜、铅笔、玉石笔、钢丝钳、指南针、印泥等。

(二)现场勘验、检查的步骤

现场勘验、检查按照以下工作步骤进行:

(1)了解案件发生、发现和现场保护情况。

(2)巡视现场,划定勘验、检查范围。

(3)按照"先静后动,先下后上;先重点后一般,先固定后提取"的原则,根据现场实际情况确定勘验、检查流程。

(4)初步勘验、检查现场,固定和记录现场原始状况。

(5)详细勘验、检查现场,发现、固定、记录和提取痕迹、物证。

(6)记录现场勘验、检查情况。

(三)勘验笔录的收集方法

勘验笔录的记录手段一般以文字记录为主,但也有用画图、照片、模型等手段,并辅之以录音、录像等方法进行记录的。无论在现场勘验中使用何种科技手段,对勘验所见与案件有关的情况均应记录在卷。这里重点介绍文字记录、现场绘图、现场照相三种方法。

1. 文字记录

勘验笔录的文字记录具体内容分为前言、叙事、结尾三个部分。

前言部分包括:

(1)接到报案情况。接到报案的时间,案件发生或者发现的时间、地点,报案人、当事人的姓名、职业、住址以及他们叙述的案件发生、发现的情况。

(2)保护现场情况。现场保护人员的姓名、职业,到达现场的时间和采取了何种保护措施以及保护过程中发现的情况。

(3)参加现场勘验人员的情况。现场勘验指挥人员和参加现场勘验人员的姓名、职务,见证人的姓名、职业和住址。

(4)勘验工作开始和结束的时间,勘验的顺序以及当时的气候和光线条件。

(5)现场勘验的日期和起止时间,当时的气候、光线、温度等情况。

叙事部分包括:

(1)现场地理状况。现场所在地的具体位置及其周围环境。

(2)现场具体状态。现场中心及有关场所的情况,现场变动和变化的情况以及反常现象,现场的遗留物和痕迹的情况。

(3)现场勘验方法与结果。勘验的顺序、勘验的重点部位和对象,运用的科技手段和方法,发现的痕迹、物品及其种类、大小、形状及其他特征和数量。

结尾部分包括:

(1)现场拍照的内容和数量。

(2)绘制现场图的时间、方位、种类和数量。现场图应写明名称、图例及说明事项,并由绘图人签名。

(3)勘验人员、当事人、见证人签名。在场人无论是当事人还是利害关系人、见证人,均应当在勘验笔录上签名或盖章,拒绝签名或者盖章的,应当在笔录中说明情况。

2. 现场绘图

(1)现场绘图的种类

现场绘图是运用制图学的原理和方法,固定和反映现场情况的一种记录方法。

现场绘图按表现形式,可分为现场记录图、现场比例图、现场断面图、现场立面图、现场分析图(图4-3)。

现场记录图,是勘查案件现场时,对现场环境、事故、形态、有关车辆、人员、物体、痕迹的位置及其相互关系所作的图形记录。现场记录图以平面图为主。需要表示局部情况时,可引出局部放大图,必要时也可绘制立面图或断面图。

现场比例图,是为了更形象、准确地表现现场物体、痕迹,根据现场记录图和其他勘查记录材料,按规范图形符号和一定比例重新绘制的现场全部或局部的平面图形。现场比例图以现场记录图、现场勘查记录所载的数据为基础和依据,以现场记录图中的基准点和基准线为基准,以俯视图表示,使用相应的图形符号,将现场所绘制的图形及数据比较严格的按比例绘制。现场比例图作为证据是现场记录图的补充和说明。现场比例图数据出现疑义时,以现场记录图和勘查记录数据为准。

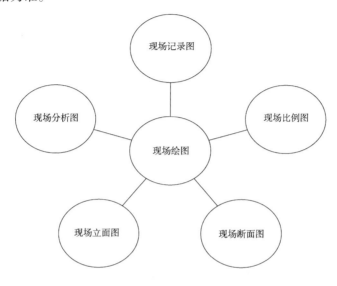

图4-3 现场绘图按表现形式的分类

现场断面图,是表示案件现场某一横断面或纵断面某一位置上有关车辆、物体、痕迹相互关系的剖面视图。

现场立面图,是表示案件现场某一物体侧面有关痕迹、证据所在位置的局部视图。

现场分析图,是表示交通事故发生时,车辆、行人不同的运行轨迹和时序及冲突点位置的平面视图。

适用普通程序处理的各类行政执法案件均应绘制现场记录图。现场比例图、现场断面图、现场立面图、现场分析图可根据需要选择绘制。适用简易程序处理的行政执法案件,可不绘制现场图。

(2)现场绘图的图纸

现场绘图时应根据需要选择适当的规格图纸。现场绘图的图纸使用60~80克铜版纸。图纸幅面尺寸分为A型图用纸、B型图用纸。A型图用纸幅面尺寸采用国内通用的16开型纸(即长×宽为260mm×185mm)。B型图用纸幅面尺寸采用国内通用的8开型纸(即长×宽为370mm×260mm)。绘制比例图时应采用同一比例,有特殊情况的需注明。绘制现场比例图时优先采用1∶200比例,也可根据需要选择其他比例。如绘制较大范围的违法行为现场时,可拼接现场图。图框线宽度在1~1.5mm间选择。图内坐标线为浅黄色或浅红色实线印制或压制隐格线。坐标格尺在2~5mm间选择。

(3)现场定位方法

进入行政违法现场后,通常用道路方向确定现场走向,并选定道路里程碑、电线杆等永久性构造物作为现场的基准点。一般来说,现场定位方法主要有直角坐标定位法、三角坐标定位法、极坐标定位法和综合定位法等。

①直角坐标定位法

直角坐标定位法的操作方法如下:

a.选取基准点,并以沿道路方向为 x 轴,垂直道路方向为 y 轴建立坐标系统;

b.依次测量基准点到所有待测点的沿 x 轴和 y 轴方向的距离,作为其 x、y 方向的坐标,见图4-4。

②三角坐标定位法

一个基准点的三角定位法操作方法如下:

a.选取基准点,基准点应为明显易见的位置固定物;

b.从基准点作道路中心线的垂线,取垂足为第二参考点;

c.分别从基准点和第二参考点向待测点作直线并测量直线的长度,将待测点定位,见图4-5。

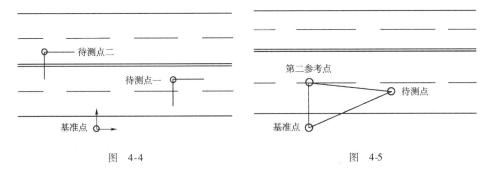

图 4-4　　　　　　　　　　图 4-5

两个基准点的三角定位法操作方法如下:

a. 选取两个基准点,基准点为相隔较远的、明显的位置固定物;

b. 分别从两个基准点向待测点作直线并测量其距离,见图4-6。

③极坐标定位法

极坐标定位法的操作方法如下:

a. 选取某固定物为极点;

b. 选取另一固定物为基准点并与极点连接,以此连接线作为极轴;

c. 测量待测点到极点的距离以及待测点与极点连接线与极轴的夹角,见图4-7。

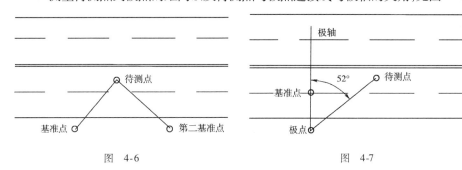

图 4-6　　　　　　　　　图 4-7

④综合定位法

综合定位法的操作方法如下:

a. 选取基准点;

b. 选取一条基准线,基准线一般为道路中心线或道路边缘线;

c. 从基准点向待测点作直线,再从待测点向基准线作垂线,测量所作直线和垂线的长度;

d. 当对某一待测点精确定位之后,可以用该点代替原基准点测量其附近的其他待测点,见图4-8。

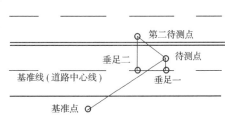

图 4-8

(4)现场绘图的方法和要求

①现场绘图的一般要求

现场绘图适用普通程序处理的行政违法现场,可以绘制现场记录图。适用简易程序处理的行政违法现场,可不绘制现场图。

现场记录图是记载和固定行政违法现场客观事实的证据材料,应全面、形象地表现行政违法现场客观情况。但一般案情简明的行政违法,在能够表现现场客观情况的前提下,可力求制图简便。现场记录图以平面图为主。需要表示局部情况时,可引出局部放大图,必要时可选择绘制现场比例图、现场断面图、现场立面图、现场分析图。绘制各类现场图需要做到客观、准确、清晰、形象,图栏各项内容填写齐备,数据完整,尺寸准确,标注清楚;用绘图笔或墨水笔绘制、书写。

行政违法现场记录图、现场比例图、现场分析以正投影俯视图形式表示,各类图形符号应按实际方向绘制。行政违法现场的方向,应按实际情况在现场图右上方用方向标标注;难以判断方向的,可用"←"或"→"直接标注在道路图例内,注明道路走向通往的地名。

②图线规格及图形符合

行政违法现场各种图形的名称、形式、代号以及在图上的一般应用可参照公共安全行业标准《道路交通事故现场图绘制》(GA 49—2009),有关内容如表4-1所示。图线宽度在0.25~2.0mm之间选择。在同一图中同类图形符号的图线应基本一致。

绘制现场图的图形符号可参照国家标准《总图制图标准》(GB/T 50103—2010)和《道路交通事故现场图形符号》(GB/T 11797—2005)的规定。《总图制图标准》和《道路交通事故现场图形符号》中未作规定的,可按实际情况绘制,但应在说明栏中注明。

③比例

现场绘图时应以近似比例进行绘制。绘制现场图的比例是指现场比例图中各要素和相互关系的线性尺寸与现场实际相应尺寸之比。绘制现场比例图时可优先采用1∶200比例,也可根据需要选择其他比例,并标注在图中比例栏内(表4-2)。绘制比例图时应采用同一比例,有特殊情况的需注明。

④图形符号的比例要求

a.机动车、非机动车图形符号;

b.道路形式、结构;

c.动态痕迹的长度,道路隔离带(桩);

d. 图中各主要要素间的图形符号。

行政违法现场绘图图线　　　　　　　　　　　表 4-1

名称		线　型	线宽	用　　途
实线	粗	———————	b	1. 新建建筑物 ±0.00 高度的可见轮廓线 2. 新建的铁路、管线
	中	———————	$0.3b$	1. 新建构筑物、道路、桥涵、边坡、围墙、露天堆场、运输设施、挡土墙的可见轮廓线 2. 场地、区域分界线、用地红线、建筑红线、尺寸起止符号、河道蓝线 3. 新建建筑物 ±0.00 高度以外的可见轮廓线
	细	———————	$0.25b$	1. 新建道路路肩、人行道、排水沟、树丛、草地、花坛的可见轮廓线 2. 原有包括保留和拟拆除的建筑物、构筑物、铁路、道路、桥涵、围墙的可见轮廓线 3. 坐标间线、图例线、尺寸线、尺寸界线、引出线、索引符号等
虚线	粗	- - - -	b	新建建筑物、构筑物的不可见轮廓线
	中	- - - -	$0.5b$	1. 计划扩建建筑物、构筑物、预留地、铁路、道路、桥涵、围墙、运输设施、管线的轮廓线 2. 洪水淹没线
	细	- - - -	$0.25b$	原有建筑物、构筑物、铁路、道路、桥涵、围墙的不可见轮廓线
单点长细线	粗	—·—·—	b	露天矿开采边界线
	中	—·—·—	$0.5b$	上方填挖区的零点线
	细	—·—·—	$0.25b$	分水线、中心线、对称线、定位轴线
粗双点长画线		—··—··—	b	地下开采区塌落界线
折断线		—⌇—	$0.5b$	断开界线
波浪线		～～～	$0.5b$	

注：应根据图样中所表示的不同重点，确定不同的粗细线型。例如，绘制总平面图时，新建建筑物采用粗实线，其他部分采用中线和细线；绘制管线综合图或铁路图时，管线、铁路采用粗实线。

行政违法现场绘图比例　　　　　　　　　　表 4-2

图　　名	比　　例
地理、交通位置图	1:25 000～1:200 000
总体规划、总体布置、区域位置图	1:2 000、1:5 000、1:10 000、1:25 000、1:50 000
总平面图、整向布置图、管线综合图、土方图、排水图、铁路、道路平面图、绿化平面图	1:500、1:1 000、1:2 000
铁路、道路纵断面图	垂直:1:100、1:200、1:500 水平:1:1 000、1:2 000、1:5 000
铁路、道路横断面图	1:50、1:100、1:200
场地断面图	1:100、1:200、1:500、1:1 000
详图	1:1、1:2、1:5、1:10、1:20、1:50、1:100、1:200

可不按比例绘制的图形符号：

a. 人体、牲畜；

b. 交通安全设施；

c. 动态痕迹的宽度；

d. 其他图形符号。

⑤尺寸数据与文字标注

现场数据以图上标注的尺寸数值和文字说明为准，与图形符号选用的比例、准确度无关。图形中的尺寸，以厘米（cm）为单位时可以不标注计量单位，如采用其他计量单位时，必须注明计量单位的名称或代号。现场丈量的尺寸一般只标注一次。需要修改时，应作好记录。

标注文字说明应当准确简练，一般可直接标注在图形符号上方或尺寸线上方，也可引出标注。

⑥尺寸线和尺寸界线

尺寸数字的标注方法参照《总图制图标准》（GB/T 50103—2010）的规定。

尺寸线用细实线绘制，其两端可为简明图形。在没有位置时也可用圆点或斜线代替。

尺寸界线用细实线绘制，一般从被测物体、痕迹的固定点引出，尺寸界线一般应与尺寸线垂直，必要时才允许倾斜。

⑦固定点与固定线的标注

行政违法现场绘图固定点与固定线的标注可参照公共安全行业标准《道路交通事故现场图绘制》(GA 49—2009),有关内容如表4-3所示。

行政违法现场绘图固定点与固定线　　　　表4-3

图形符号名称	固定点或固定线
机动车	同侧(侧翻时近地的一侧)前(中)后轴外侧轮胎轴心的投影点
仰翻机动车	近地靠路边车身的两个角
非机动车	同侧(侧翻时近地的一侧)前后轴轮胎轴心的投影点
人体	头顶部、足跟部
牲畜	头顶部、尾根部
路面障碍	两头的端点、占路最外端点(即最突出点)的投影点
安全设施	基部中心或边缘线
血迹	中心点
现状痕迹	起点、终点、中心线、变化点
基准点物体	向路边一侧最突出点
其他几何形物体	中心点

现场绘图时应注意绘制以下情况:

a. 基准点(选择现场一个或几个固定物)和基准线(选择一侧路缘或道路标线);

b. 道路全宽和各车道宽度、路肩宽度及性质;

c. 第一冲突点遗留在路面的痕迹及与其相关物体、痕迹间的关系数据;

d. 各被测物体、痕迹、尸体所在位置,距丈量基准线尺寸及相互间尺寸;

e. 3%以上的道路坡度、弯道的半径及超高,超车视距及停车视距;

f. 路口各相位的宽度及视线区。

绘制的现场记录图应反映出现场全貌。现场范围较大的可使用双折线压缩无关道路的画面。

现场记录图中各物体、痕迹、标志、标线、基准点、基准线等间距,一般使用尺寸线、尺寸数据标注或说明,必要时可使用尺寸界线。

现场图绘制完毕,必须在现场进行审核,检查有无基准点、基准线及第一冲突点;各被测物体及痕迹有无遗漏,测量数据是否准确,有无矛盾等。

现场记录图应在现场测绘完成。现场图可以是勘验笔录的一部分,也可以是独立的。如果现场图是独立的,应当注明绘制的时间、方位、绘制人姓名等内容。如果勘验活动只是勘验案件有关的现场,且仅仅绘制了现场图,应有简单的文字陈述,按照勘验笔录的要求写明勘验时间,并由当事人、利害关系人、见证人等在场人签名或盖章。在场人拒绝签名或盖章的,应予以说明。

计算机制图应用软件应符合《CAD 工程制图规则》(GB/T 18229—2000)的规定。计算机制图图形符号可参照《道路交通事故现场图形符号》(GB/T 11797—2005)的规定。

3. 现场照相

现场照相是用照相的方法,将行政执法案件发生的场所和与行政执法案件有关的痕迹、物品等,客观、准确、全面地固定、记录的专门技术手段。

现场照相是在普通摄影基础上,根据行政执法现场勘验的需要和要求发展起来的,既具有普通摄影的一般特性,又与普通摄影(新闻摄影、艺术摄影、广告摄影)有明显的区别。普通摄影是指使用某种专门设备将物体、景物、人物拍摄下来进行保存的过程。一般使用机械照相机或者数码照相机进行摄影。现场照相是按照现场勘验或现场检查的要求和规定,对违法行为发生的地点及与案件有关的一切事物,用照相纪实的方法固定现场的状况、痕迹物证,以及物与物之间的位置和相互之间的关系。现场照相不得有艺术夸张,无视认障碍,长镜头画面连续完整无剪辑,单镜头单幅画面无组合,照片图像视认性完整良好,影像清晰。受客观条件限制无法准确记录现场信息的,可在限制条件消除后及时进行补充照相。

(1)现场照相的设备

现场勘验是一项特殊的技术工作,现场照相在所需要的器材上有着特殊的要求。根据有关技术标准的要求,现场照相应具备以下设备材料:

①照相机:应选用坚固耐用,性能可靠的机械照相机、数码相机。配备广角至中焦的变焦镜头和具有微距功能的镜头。数码照相机、摄像机,照相机成像分辨率不低于2 272×1 704 像素(400 万像素),摄像机像素应在 100 万以上。

②近摄装置:近摄用镜头,应使用有微距功能的定焦或变焦镜头;近摄接圈和近摄皮腔或近摄调焦导轨,应能与相机匹配,拍照的倍率从1∶10～1∶1;应选择与相机镜头匹配、成像清晰、像差小的近摄镜。

③滤光镜:应备有密度不同的红、黄、蓝、绿系列滤光镜。还可配备红外、紫外、偏振、色温转换滤光镜。

④三角架:应升降方便,转动灵活,牢固可靠,便于携带。

⑤比例尺:应备有黑底白刻度、白底黑刻度和彩色比例尺、透明比例尺。比例标尺的长度一般为50mm,当痕迹长度大于5 000mm时,可用卷尺作为比例标尺。被摄物体为深色的,应当放置白底黑字比例标尺;被摄物体为浅色的,应当放置黑底白字比例标尺。

⑥照明设备:应备有两只以上的电子闪光灯,闪光灯指数应在28以上,并配备2～5m长的同步线或同步感应器。还应备有碘钨灯、现场勘查灯、小型聚光灯。

⑦附属设备:应备有快门线,暗房袋,痕迹物证编号签,简易背景幕,柔光、反光、遮光器具。偏远地区还应备有简易黑白冲洗器具。备用相机电池、闪光灯电池。

⑧感光材料:应备有全色片、盲色片、彩色负片等感光材料;还可准备其他专用感光材料。数码相机应备有足够容量的储存卡。

(2)现场照相的步骤

根据有关技术标准的要求,现场照相的实施步骤如下:

①了解案情:拍摄人员到达现场后,应与其他勘验人员一同了解案件发生、发现的时间、地点(包括周围的环境)和经过,现场原始状况、变动情况及保护措施,出入现场的人员及原因。

②拍摄固定:巡视现场的同时或详细勘验开始之前,应迅速准确地对现场概貌状况进行拍摄固定。

③现场构思:根据现场状况,明确现场拍摄的内容、重点;划分出主要画面和从属画面;构思主要画面的拍摄角度、范围以及各个画面的组合联系;勾画用照片或录像对整个现场表述的顺序和方法。

④拟定计划:当两人以上共同承担复杂现场的拍照或摄像时,应研究拟定拍摄计划,统筹安排拍摄内容的先后顺序,并明确各自具体任务和责任范围。

⑤拍摄顺序:现场照相要按规定顺序进行。

a. 先拍概貌,后拍中心、细目;

b. 先拍原始状况,主要是拍摄现场的概貌和重点部位,应反映出现场各物体形状,位置和相互间的关系,后拍移动和显现后情况;

c. 先拍易破坏消失的,后拍不易破坏消失的;

d. 先拍地表面,后拍其他部分;

e. 先拍急需拍摄内容,后拍可以缓拍的内容;

f. 先拍容易拍摄的内容,后拍较难拍摄的内容;

g. 现场方位的拍摄可根据情况灵活安排。

⑥查漏补缺:整个现场拍摄完毕后,应检查有无漏拍、错拍以及技术性失误。如有补拍必要需对现场全部或部分保留时,应及时向现场指挥人员提出。

(3)现场照相的方法

现场照相的方法包括现场方位照相、概览照相、中心照相、细目照相(图4-9)。

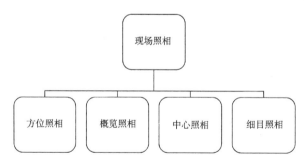

图4-9 现场照相的方法

①现场方位照相

现场方位照相是以整个现场和现场周围环境为拍摄对象,反映行政违法现场所处的位置及其与周围事物的关系的专门照相。

现场方位照相的目的是反映现场的位置和现场与周围环境的关系。凡是与行政违法行为有关的景物、环境、道路、桥梁、隧道、航道、港口、路标、里程桩、房屋、门牌以及其他明显而较永久的物体等。现场方位照相应当覆盖整个行政违法现场范围。具体拍照办法是：应把现场安排在画面视觉中心，以远景反映为宜，取景范围要大，拍摄位置要高，以能显示出现场环境特点的位置进行拍摄，用一张照片能反映出来的尽量用一张照片。若因地形条件限制，亦可使用广角镜头。若广角镜头也无法完整拍摄，可采用回转连续拍摄法或者直线连续拍摄法。

回转连续照相，是将相机固定在三角架上，从左至右或从右至左，水平横向转动镜头，把所需拍摄的现场分段拍摄下来，然后将照片拼接起来，反映出现场的全景。

直线连续照相，是相机焦平面和被拍摄物体平面平行、等距，沿着被拍物直线移动并将其分段连续分段拍摄，再拼接起来，反映出现场的全景。

这里需要注意以下几方面：一是拍摄连接片时，画面衔接处应避开现场重点部位，衔接处重叠部位应占整个画面的五分之一至四分之一左右；各画面的调焦距离应相等，用光、曝光应一致，各画面的拍照间隔时间不应过长。二是使用广角镜头不能超过28mm，否则变形太大。若遇到现场范围较大，中心现场所在位置不明显，应采用特写或如加特殊标记等方法，使人明白现场所处的方向和位置。比如要反映出查获非法运输车辆的地点处于周围大范围内什么位置、周围环境中有些什么显著的标志等。三是拍摄现场方位主要使用自然光。除必须外，现场方位照相、录像可在白天补拍。如需夜间拍照，可将相机固定后打开快门，用闪光灯进行游动曝光或使用闪光灯同步配光。

②现场概览照相

现场概览照相是以整个行政违法现场或现场中心地段为拍摄内容，反映现场的全貌以及现场有关物品、痕迹的位置及相互间关系的专门照相。

现场概览照相应以反映现场的整体状态及其特点为重点。在拍摄时应以整个现场或现场中心地段为拍摄内容，反映出现场的整个情况和现场各物体之间的关系，明确案件的性质、特点、目的和过程。对于现场的痕迹物证等，把它们的分布情况和彼此之间的联系反映出来，在拍摄中强调一个"全"字，现场的痕迹物证不能有遗漏。现场概览照相拍照方法是：在概览照相中，由于现场的大小不同，拍摄的范围也不一样，常用的有相向照相、十字交叉照相、多向位照相。各向位拍摄的概览照相,其成像中各物体间的相对位置应当基本一致,上一个视角的结束部分与下一个视角的开始部分应有联系。

相向照相是以现场中心相对的两个方面来拍摄,以能够反映出现场环境和主体附近的有关物证为原则。在拍摄中尽量使相机与被摄物体距离一致,使两张照片中反映出的物体大小相等,以便相互印证。

十字交叉照相,也称多向照相,是从现场的四面向现场的中心部位拍摄,使现场周围的景物能得到最完全的反映。尤其是在较宽阔的地段拍摄较为有利,能把现场被摄主体所处的位置及其与周围环境之间的关系最充分、最全面地反映出来。

多向位照相是以现场中心物体为基点,沿现场道路走向的多向位分别拍摄。其成像中各物体间的相对位置应当基本一致,上一个视角的结束部分与下一个视角的开始部分应有联系。

在进行现场概览照相时,应注意以下几方面:切忌主观片面,先入为主,现场的痕迹物品,首先必须全面、系统、客观真实地记录;然后根据需要取舍,要主次分明,注意反映出痕迹和物体的联系,在拍摄中还要防止变形。照相取景构图时,应把现场中心或重点部位置于画面的显要位置。尽量避免重要场景、物证互相遮挡、重叠,尽量使用小光圈,以延长景深,比如反映出非法运输车辆以及货物的全貌。

③现场中心照相

现场中心照相是在较近距离拍摄反映现场重要部位或中心地段的状况、特点以及与行政执法案件有关痕迹、物品与所在部位的专门照相,又称重点部位照相。

违法行为现场的重点部位可能是一处,也可能是多处。这就要求我们应根据现场的不同情况,抓住重点,比如要反映出车辆装载的货物、车辆号牌、运输人等。现场中心照相要注意正确选择拍摄位置,尽量使被摄物体不变形。照片要求影像清晰度高,真实感和质感要强。应使用标准镜头和小光圈,配光均匀,曝光准确。

④现场细目照相

细目照相是采用近距或微距对现场所发现的与行政执法案件有关的细小局部状况和各种痕迹、物品,以反映其形状、大小、特征等的专门照相,也称痕迹物证照相。

细目照相应反映出现场痕迹物证的形状、大小、特征以及它在物体上的定位。在拍摄现场痕迹物证中,如果只是为了记录物体和痕迹的形状,按照如何易于辨认的原则进行拍摄即可。如果是为进行技术鉴定用,那就必须严格按照比例照相的方法进行拍摄。为了使被摄物体不变形,在拍摄中应做到痕迹的平面、镜头平面和焦点平面三者平行,即照相机及镜头主光轴与被摄痕迹面相垂直。视角应当覆盖整个痕迹;一张照片无法覆盖的,可以分段拍摄。还要注意找准主要特征,千万不要将次要特征拍得很清楚,而忽略了主要特征。要做到这一点,还需要长期的实践积累,比如反映车辆的牌号照相。

(4)现场照相的要求

现场照相的任务是记录现场和提取现场物证。现场照相必须以客观事实为依据,以真实无误的记录为原则。参照公共安全行业标准《现场照相、录像要求规则》(GA/T 117—2005)和《现场照相方法规则》(GA/T 582—2005)、《交通事故勘验照相》(GA 50—2005),现场照相应当符合以下原则要求:

①现场拍摄应当客观、全面、准确、清晰地反映行政违法现场相关信息,其内容应当与行政违法现场勘查笔录的文字记载相一致。

②现场拍摄前拍摄人员应根据现场具体情况,对各画面的构成与衔接组合进行筹划构思,拍摄时应依照一定步骤和顺序,系统连贯、有条不紊地进行。

③现场拍摄人员应对现场所有场景、细目进行全面、细致地拍摄。对一时难以判定是否与案件有关的痕迹、物品也应按要求拍摄,清晰、准确记录现场方位、周围环境及原始状态,记录痕迹、物证所在部位、形状、大小及其相互之间的关系。

④现场照相,尤其现场概貌、现场重要部位照相、录像,应尽量避免将勘验人员和勘查器材、车辆摄入画面。

⑤现场照相时,应以清晰、准确地反映被拍摄内容的主题为目的,合理地选

择光源种类和光照角度。使用闪光灯、灯光照明时,要防止反光和不良阴影破坏画面主题内容。

⑥现场拍摄前应对被拍摄主体进行测光,重要场景、物证应系列曝光拍摄,以避免曝光失误。

⑦当相机速度低于三十分之一秒时应固定相机,并使用快门线或使用自拍延时装置释放快门。

⑧拍摄重要物证时应请见证人过目。受条件限制需提取后拍摄的物证、物品应先拍摄其所在位置和原始状况,提取时应办理手续。所提取的物品均应妥善包装、保管,避免损坏、丢失。

⑨当现场物证、物品所在的环境不利于拍摄其轮廓、形态特征时,可先拍摄其原始状况,经痕迹物证显现处理后可放置在适当的背景、光线条件下拍摄。当环境背景与画面主体亮度差太大时,摄像机应使用手动光圈,以避免主体亮度失调。

⑩现场勘验中,应在现场随时查看数码照片和现场拍摄效果,现场拍摄的胶卷应及时冲洗,如有失误应及时补拍。

(5)交通运输行政执法现场照相的方法运用和具体要求

从拍摄对象看,现场照相包括行政执法现场概貌照相、现场中心照相、痕迹照相、物品照相、车辆照相、当事人照相。

①现场环境概貌照相:运用方位照相、概览照相方式拍摄。拍摄的内容包括行政执法现场周围的地形、地貌,道路走向,路面状况,交通标志,现场所处位置,有关车辆、物体的位置、状态等,以反映行政执法现场的周围环境、现场中心位置和现场概貌。

②现场中心照相:运用中心照相方式拍摄。拍摄的内容包括行政执法的现场中心部位或重要局部。

③痕迹照相:运用中心照相、细目照相方式拍摄。拍摄的内容包括行政执法现场路面、车辆、物体上的各种有关痕迹,如现场物体分离痕迹、物体表面痕迹、路面痕迹以及现场遗留物等。拍摄痕迹时,应当放置比例尺。比例标尺放置在痕迹旁10mm以内,与痕迹处于同一平面,刻度一侧朝向痕迹,不得遮掩、妨碍

观察。

物体分离痕迹照相:拍摄分离物在原物体中的具体位置;分离端面的痕迹特征;原物体的基本状况及内部结构特征。

物体表面痕迹照相:拍摄痕迹在物体上具体位置;痕迹的形状、大小、深浅、颜色;造型客体与承受客体的比对照片;有必要采集细微痕迹进行检验认定的,可按照所需比例直接放大照相提取。

路面痕迹照相:拍摄痕迹在路面上特定位置和起止距离;痕迹形态、深浅和颜色;路面痕迹的造型客体及其与痕迹的相互位置。

④物品照相:运用中心照相和细目照相方式拍摄。拍摄内容包括现场遗留物的形状、大小及颜色等特征,并充分反映物品的质地。拍摄遗留物品在现场中的原始位置。需要反映物品的立体形状时,拍摄不得少于两个侧面。需要鉴定的,应拍摄本物体与原形照片。拍摄车辆与其他车辆、人员、物体的接触部位,车内死、伤者的分布状态、位置,车辆挡位、转向盘、仪表盘等。

⑤车辆照相:根据检验鉴定违法车辆的需要,运用中心照相和细目照相方式,拍摄违法车辆的号牌、车型、部件、零件等。分解检验的车辆及其部件、零件,应当拍摄完整的被检验车辆的损坏情况、形态、号牌、部件、零件及其所属部位。对分解的部件、零件可根据需要由表及里拍摄分解的各层次,表现出发生故障和损坏的情况。对直接造成交通事故的故障和损坏的机件,可根据需要拍摄该机件的完好与损坏的对比照。

⑥当事人照相:运用中心照相和细目照相的方式拍摄。对造成严重或特别严重后果,但未携带身份证明的当事人,拍摄全身或半身辨认照片。拍摄时,可将当事人安置在违法车辆的车牌或车门旁。

(6)现场照相的制作

现场拍摄完成之后,还要进行照片制作,包括照片冲洗、剪裁、编排、粘贴、标志和文字标注等。

①照片册封面与内页

照片册封面与内页的幅面尺寸为297mm×210mm(国际标准A4型纸,以下简称A4型纸)。印制封面时,名称使用2号宋体,其余文字用4号宋体。

现场照相相册封面(图 4-10)项目包括:

名称:交通运输行政违法现场照片。

时间:交通运输行政违法行为发生的年、月、日、时、分。

天气:交通运输行政违法行为发生时的气象状况。

地点:交通运输行政违法行为发生的道路位置的名称。

摄影:执行照相的人员姓名以及职务、行政执法证号。

摄影时间:执行拍摄时的年、月、日、时、分。(注:年份用四位阿拉伯数字,时间用 24 小时制填写。)

照片粘贴纸单页内页粘贴纸型、规格为 A4 型的使用不低于 200 克的铜版纸。

交通运输行政违法现场照片

时　　间:＿＿＿年＿＿月＿＿日＿＿时＿＿分
天　　气:＿＿＿＿＿＿＿＿＿＿＿＿＿＿
地　　点:＿＿＿＿＿＿＿＿＿＿＿＿＿＿
摄　　影:姓名＿＿＿＿＿行政执法证号＿＿＿＿＿
摄影时间:＿＿＿＿＿＿＿＿＿＿＿＿＿＿

图 4-10　现场照相相册封面样式图

②照片粘贴纸、幅面规格、式样、要求

照片粘贴纸采用联页折叠式,首页幅面尺寸为 260mm×185mm,联页幅面尺寸为 260mm×160mm;一般以 2 页或 4 页为一联。需要加长时可裱粘联页,但联页最多不得超过8页。

③照片规格

照片应使用光面相纸制作。照片尺寸规格：标准单幅照片尺寸为127mm×85mm±5mm；需要接片的，宽不超过85mm，长度根据需要制作。制作照片不留白边，不做花边。

④编排裱贴

现场照相应按现场勘验的程序和现场照相的内容程序将照片排列组合，以真实、系统、全面、客观地再现现场的全貌。

在编排中，要注意先后顺序、有主有次、步步深入、层层展开、承上启下、紧密结合，把现场的发生和过程前后响应、有头有尾、首尾相顾、合乎逻辑全面系统地反映出来。一套编排完整的现场照片，要使到过现场的人看了以后，觉得确实把现场的真实情况反映出来了；使没有到过现场的人看了照片以后也能一目了然。知道现场在什么地方、发生了什么样的情况、是什么性质的案件、造成了什么样的后果、现场上留下哪些痕迹物证、各物体痕迹在现场的位置和彼此之间的联系，从而对事故现场能有个概括了解。

现场照相一般应按照现场环境照片、痕迹勘验照片、车辆检验照片、当事人照片的顺序编排。也可根据需要按照案卷材料分类编排。

裱贴照片应当使用防霉、防腐的化学胶水。裱贴照片增加联页的，应当加隔防腐透明纸。

⑤照片标示

照片标示不覆盖重要痕迹、物证影相。

a. 直线标示：用直线划在照片上，顶端为所示物，下端伸出照片下沿5mm，由左向右依次编号，再按编号分别加文字或数据注释。必要时可用直角折线，但一条标引线不得超过两处折线。标引线不得相互交叉，线端指向准确，不得划在较小的被标引物上。线条标示使用红色或黑色，线条粗不超过1.5mm。

b. 框形标示：在局部照片处围划框形线，用箭头指向整体照片中的具体位置，框形线距局部照片边缘2mm。

c. 箭头标示：在照片具体部位用箭头表示人、车的行进方向，道路走向或其他需要标明、认定的物体。

d.符号标示:用各种符号表明照片中的具体物品的位置,另加文字或数据注释。符号标示使用红色或黑色,线条粗也不超过1.5mm。

⊙标示现场或现场中心所在部位。

△▲标示痕迹、物证所在部位。

↑↓标示方向或痕迹、物证。

○○○标示类型相同的多处痕迹。

①②③标示物体、物证、痕迹。

⑥文字说明

文字说明要简练,使用蓝、黑墨水书写,字迹清楚。打印贴附或书写文字说明在照片下方或右侧,距离照片边缘5～10mm。

(四)勘验笔录的收集要求

根据《交通行政处罚行为规范》第十七条的规定,参照《行政诉讼证据规定》、公共安全行业标准《交通事故痕迹物证勘验》(GA 41—2005)的有关规定,结合交通运输行政执法实践,对勘验笔录的收集,应符合及时、客观、细致、科学、全面、合法的基本要求,防止主观臆断。①及时。现场勘验的及时主要体现在:及时赶赴现场、针对紧急情况及时采取措施、及时部署开展各项勘查工作。②客观。现场勘验是一项脚踏实地的调查研究工作。由于每个案件都有其自身的特点,因此工作中就必须具体问题具体分析,从勘验、检查及访问调查的真实材料出发,防止先入为主、主观臆断。③细致。现场勘验中必须深入细致地对待每一个具体问题,不遗漏任何一个与案件有关的问题,不放过任何一个疑点,搞清每一个问题及其相互间的关系。④科学。现场勘验是一项重要的取证工作,必须强化科学技术的运用。⑤全面。现场访问工作要求访问对象和访问内容双全面,没有疏漏;现场勘验工作要求抓重点带一般,全面深入,不留死角;现场分析工作要求条理清楚,全面彻底,不留空白。⑥合法。现场勘查中必须提高法治意识,强调工作的合法性。

为此,在现场勘验过程中,还应当把握以下几个方面的具体要求:

(1)现场勘验、检查工作应由行政执法机关熟悉法律和具备现场勘验、检查

第四章 交通运输行政执法证据的收集

专业知识和专业技能的人员进行。

(2)勘验、检查人员必须是两人以上,并且必须持有执法证件。在勘验、检查现场前应当向当事人或者有关人员出示执法证件。

(3)对有违法嫌疑的物品或者场所进行勘验(检查)时,应当有当事人或者第三人在场。当事人、第三人拒不到场的,不影响勘验的进行。不过要注意应在通知书中记明,并在现场勘验、检查笔录中载明情况。对于确实无法通知当事人、第三人的勘验活动,应当记明笔录。

(4)勘验、检查活动遵守国家有关技术规范,按照规定的步骤和方法实施勘验、检查,如参照《交通事故痕迹物证勘验》(GA 41—2005)等。

(5)勘验、检查现场应制作全面反映现场客观情况的勘验、检查笔录。现场勘验、检查笔录的制作顺序应与现场勘验、检查的实施顺序一致。应该按照现场勘验、检查活动的先后顺序制作同期的现场勘验、检查笔录,将勘查人员所实施的每一步骤都详细地记录下来,以免重复或遗漏。

(6)现场勘验、检查的内容必须客观准确。内容的客观性应体现在行政执法人员借助人体感官和一定的技术方法、手段对现场状态进行勘查时所见的客观、真实地描述上,而不应是行政执法人员的某些主观臆想和猜测。内容的准确性主要是语言文字要规范、准确,要避免使用含糊不清的词语,描述的内容要尽可能明确具体。笔录内容的准确性还体现在笔录所记载的内容应与现场绘图、现场照相、现场录像所表现的内容前后一致,不应彼此矛盾。

(7)现场勘验、检查笔录要有逻辑性,简明扼要,重点突出。现场勘验、检查笔录的记载要有层次,按一定顺序记录现场各种物体的状态和产生的变化、变异情况,要具有一定的逻辑性。笔录的记载要有重点、详细得当,叙事方法简洁明了。笔录应突出的重点内容是现场中的关键部位、重要物体、现场变化部位的结构、位置、状态及空间位置关系等。

(8)勘验、检查笔录应当载明时间、地点、事件等内容,核对无误后由办案人员、当事人、第三人签名或者盖章。当事人拒绝签名或者不能签名的,应当注明原因。有其他人在现场的,可由其他人签名或盖章。

(9)必要时,可以采取拍照、录像等方式记录现场情况。

（五）交通运输行政执法案件中的现场勘验和检查

1. 超限运输现场勘验

根据《公路法》第五十条的规定，"超过公路、公路桥梁、公路隧道或者汽车渡船的限载、限高、限宽、限长标准的车辆，不得在有限定标准的公路、公路桥梁上或者公路隧道内行驶，不得使用汽车渡船。超过公路或者公路桥梁限载标准确需行驶的，必须经县级以上地方人民政府交通主管部门批准，并按要求采取有效的防护措施；运载不可解体的超限物品的，应当按照指定的时间、路线、时速行驶，并悬挂明显标志。"经国务院同意，原交通部等九部委自2004年6月起在全国集中开展车辆超限超载治理工作（以下简称"治超工作"），超限超载率大幅下降。但超限超载路政案件仍然时有发生，超限超载路政执法任务仍然十分艰巨。学习掌握超限运输现场勘验知识和技能，是进一步做好超限超载路政执法工作的重要基础。

发现超限运输车辆，首先要查看车辆通行证，对于无超限运输车辆通行证、行驶证或有证但与实际重量、尺寸等不相符的，主要从以下几个方面进行勘验、检查。

（1）对路面严重损害的现场勘验

严格按规定对车辆进行称重检测，不得以目测结果作为处罚依据。对超限行驶车辆进行检测（图4-11、图4-12），应当做到：

①提示或者引导车辆进入检测站点，检测时要维护好进出站点的交通秩序，防止车辆堵塞。

②对超载车辆进行检测，用称重仪计量车辆的轴载质量和车载质量，登记与车辆、车主、驾驶员等有关的基本信息，并向驾驶员或跟车货主出具检测单。

③对超限车辆进行测量，用卷尺测量车辆的长、宽、高等数据，绘制现场剖面图，并在剖面图上标注超限车辆的长、宽、高，登记与车辆、车主、驾驶员等有关的基本信息。

④对超载超限车辆进行拍照或录像。

⑤调查车辆进入公路的地点，核实车辆通行卡记载起讫点，计算车辆在公路上的行驶距离。

第四章 交通运输行政执法证据的收集

图4-11 浙江省超限运输检测系统

⑥勘验公路、桥梁、隧道损失情况。

⑦对当事人、证人进行调查,并制作询问笔录、调查笔录。

对桥梁损害的现场勘验应注意以下几点:

①采用绘图、照相、录像等进行取证,应当反映车辆和桥梁的位置。

②确定桥梁材料与构造的类型,如钢筋混凝土桥、预应力混凝土桥、钢桥、简支梁桥、连续梁桥、悬臂梁桥等,并在现场勘验笔录中注明。

③确定损坏桥梁构造的部件,如:

a. 桥面铺装:是否有坑槽、开裂、车辙、松散、不平、桥头跳车等。

b. 防撞护栏:是否有松动、撞坏、锈蚀和变形等。

c. 伸缩缝:是否有损坏、脱落、淤塞、填料凹凸、跳车、漏水等。

图4-12 违章车辆拍摄图

d. 排水设施:桥面横坡、纵坡是否顺适、有无积水;泄水管有无损坏、堵塞,泄水能力是否适应需要;防水层工作是否正常,有无渗水现象等。

e. 上部桥梁结构:主梁支点、跨中处有无开裂,最大裂缝值为多少;梁体表面有无空洞、蜂窝、麻面、剥落、露筋;有无局部渗水。

f. 支座:位移是否正常,是否有脱空、变形。

g. 桥墩:墩身是否开裂、局部外鼓、表面剥落、空洞、露筋等;是否有变形、倾斜、沉降、冲刷、滑移等。

h. 桥台:台身是否开裂、破损;台背填土是否有裂缝挤压等。

i. 锥坡:是否有破损、沉陷、开裂、冲刷、滑移等。

j. 调治结构物:是否正常发挥作用,有无损坏、水毁等。

④确定损坏桥梁构造的程度,对损坏的部位进行测量。

⑤聘请鉴定机构对损坏桥梁进行鉴定。

公路路政执法人员在执法活动中确需拦车时,应以确保安全为原则,严格遵守拦车的程序,并符合下列要求:

①根据公路条件和交通状况,选择安全和不妨碍通行的地点进行拦车,以免引发交通堵塞;

②按要求设置警示标志牌,确定专人负责安全警戒;

③拦车时做好安全防护措施,遇有违法行为人拒绝停车接受处理的,不得站在违法车辆前面强行拦截,或者采取脚踏车辆踏板、将头伸进车辆驾驶室、强行扒蹬车辆等方式责令驾驶人停车;

④遇有违法行为人驾车逃跑的,不得驾驶机动车追缉,可记下车号以便事后追究其法律责任,或者以通知前方公路路政执法人员截查等方法进行处理。

2. 路面污染现场勘验

路面污染是路政执法中又一常见多发案件类型,主要是油类及其他化学物质泄漏污染和泥土、沙石及其他散落物抛撒路面的污染。路面污染现场勘验主要从以下几个方面进行:

(1)设置现场安全警示。到达现场后,对所出现污染的现场周围摆放锥形标等警示标志,对过往车辆予以警示。一般根据污染范围确定摆放锥形标数量,摆放的位置最好在路肩或超车道左边线内,不占用车道,保证过往车辆顺畅通行。

(2)拍照、录像。进入污染现场后,首先用相机拍摄污染情况:①路面污染全貌;②污染现场中心情况。

(3)检查并作现场勘验笔录(4-13)。采用丈量等办法测量污染的位置、形态和面积,还要测量其中心部位距公路中心线或公路边缘线的距离,绘制现场图时要标明污染物的类别和路面种类。

图4-13 路面污染现场勘验

①化学物质污染现场勘验时,要确定路面的性质,如沥青混凝土路面、水泥混凝土路面,还要确定污染物的种类,如柴油、汽油、机油、硫酸、硝酸、液态氯等。在此基础上确定对路面的损害程度。

②散落物污染现场勘验时,要确定路面的性质,如沥青混凝土路面、水泥混凝土路面,还要查明散落物的种类,如泥土、沙石、玻璃、生活垃圾等(图4-14、图4-15)。

(4)寻找当事人,并对其进行询问,制作询问笔录。

(5)寻找证人,并对其进行询问,制作询问笔录。

(6)要求当事人、证人提供有关书证和物证,如危险物品运输证、危险货物运输经营许可证等。

(7)制作现场勘验笔录,包括污染路段桩号、污染情况(污染面积)等。

图 4-14

图 4-15

参阅资料

淮河大桥油污路面

淮河大桥位于江苏121省道,建于1977年12月,全长1 922.9米,桥面行车道宽9米,是我国目前最大的公路、油管两用桥梁。2010年4月14日下午3时10分,淮河大桥桥下输油管突然破裂,原油迅速向大桥桥面喷射,污染路面达4 800平方米,导致道路交通中断。接到报案后,江苏省盱眙公路站迅速启用道路安全紧急预案,路政、养护人员火速赶赴事发现场,协助交警控制过往桥面的车辆,封闭交通,实行管制,疏导分流车辆行人,并积极配合输油管道责任主体单位,采取相应措施,抢修管道(图4-16)。

(资料来源:中国公路养护网,2010年4月16日)

图4-16　淮河大桥油污路面抢修

3. 公路附属设施损害现场勘验

公路附属设施损害主要是因车辆碰撞或刮擦防撞护栏,使防撞护栏变形、产生洞孔或断裂。

公路附属设施损害现场勘验主要从以下几个方面进行:

(1)设置现场安全警示。到达现场后,对所出现损坏的现场周围摆放锥形标等警示标志,对过往车辆予以警示。一般根据路损范围确定摆放锥形标数量,摆放的位置最好在路肩或超车道左边线内,不占用车道,保证过往车辆顺畅通行。

(2)拍照、录像。到达防撞护栏路损现场时,首先用照相机拍摄路损情况:①整个防撞护栏损坏全貌;②近距离特写最大损坏程度;③立柱损坏情况。

(3)检查并作现场勘验笔录。采用目测和丈量等办法测量损害的位置、形态和面积,绘制现场图。

①对于横向损害,应测量上下端离地面和左右端至护栏一端的距离。

②对于纵向损害,应测量上下两端至护栏一端的距离,以及损害的起点距离地面的高度。

③对于护栏刮擦形成的片状、条状损害,应测量损害的长度、宽度、刮擦的深度以及损害中心距离地面的高度,测量损害起点、中点至护栏一端的距离。

④对于变形、弯曲、断裂等损害,应测量被损害的整个物件。

(4)制作现场勘验笔录,包括路损路段桩号、损坏情况(损害数量和程度)等。

参阅资料

货车撞坏护栏逃逸

本报讯 本月10日,一大货车撞坏高速公路护栏后逃逸,路政工作人员寻迹追踪,终将肇事逃逸车辆查获,为国家挽回经济损失45 000余元。

10日6时10分左右,润扬大桥路政支队镇溧大队工作人员,在巡逻至扬溧高速K127+500m处时,发现道路右侧护栏被大面积撞坏,肇事车辆已经逃离现场。经过现场勘查分析,他们初步推断肇事逃逸的是辆大货车,同时发现逃逸车辆的轮胎因撞击已经破损,且在离开的路面上留下了一道特殊的轮胎痕迹。工作人员驾车顺着痕迹追至宁杭高速溧阳西收费站出口处,立即发现路边一汽车修理厂里有辆货车在进行维修,路政人员勘查后判定为逃逸嫌疑车辆,可货车驾驶员拒绝承认。路政人员在其出示的高速公路通行费票据上获知,该车曾经经过扬溧高速,且一路留下的轮胎痕迹与事故现场的一致。至此,货车驾驶员只得承认自己因驾驶不当撞上护栏的事实。

据悉,由于路政人员追查及时、处置得当、调查取证到位,为国家挽回经济损失 45 000 余元。

（资料来源：《京江晚报》2008 年 7 月 13 日第 004 版）

4. 非法建筑现场勘验

非法建筑是指公路建筑控制区内非法建筑物、构筑物等设施。公路建筑控制区的范围因公路的技术等级和行政等级不同而不同，以有关法律、法规和规章规定的距离为准。《公路法》第五十六条规定，"除公路防护、养护需要的以外，禁止在公路两侧的建筑控制区内修建建筑物和地面构筑物；需要在建筑控制区内埋设管线、电缆等设施的，应当事先经县级以上地方人民政府交通主管部门批准。前款规定的建筑控制区的范围，由县级以上地方人民政府按照保障公路运行安全和节约用地的原则，依照国务院的规定划定。"《浙江省公路路政管理条例》第四十四条规定，"公路两侧建筑控制区是指公路两侧边沟外缘（高速公路隔离栅栏）向外一定距离内，除公路防护、养护需要外，禁止修建建筑物和地面构筑物的范围。""建筑控制区的具体范围：国道不少于二十米、省道不少于十五米、县道不少于十米、乡道不少于五米，其中高速公路不少于三十米、互通立交和特大型桥梁不少于五十米；公路弯道内侧及平交道口附近的建筑控制区还须依照国家规定满足行车视距或者改作立体交叉的需要。"具体界限一般以建筑物的滴水或靠近公路一侧建筑物边缘算起，至公路边沟外缘；没有边沟的，以公路坡脚线外缘为界。对这类违法案件现场勘验主要从以下几个方面进行（图 4-17）：

（1）对建筑物进行测量，绘制现场平面图。

①建筑物的结构，如混木砖结构、土木结构、砖混结构、钢筋混凝土结构等。

②测量建筑物前后面或左右侧两端与公路边沟外缘的距离。没有边沟的，以公路坡脚线外缘为界。

③测量建筑物在建筑控制区内的面积。

（2）拍照、录像。到达现场时，首先用相机拍摄建筑物，全面反映有关情况。

（3）寻找当事人，并对其进行询问，制作询问笔录。

（4）寻找证人，并对其进行询问，制作询问笔录。

（5）制作现场勘验笔录，包括建筑物所在路段桩号等。

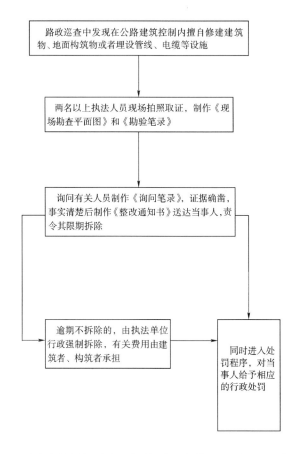

图 4-17 公路建筑控制区内非法建筑物、构筑物等设施现场勘验工作流程图

第四节 交通运输行政执法证据的登记保存

一、行政执法证据登记保存的概念和意义

先行登记保存是指行政执法机关在查处违法行为过程中,在证据可能灭失或者以后难以取得的情况下,对某项证据采取的行政控制措施。

先行登记保存对于行政执法机关有效获得证据、及时查办案件起着重要的作用。行政执法证据保存是行政执法证据取证制度的重要环节,是行政执法调查、收集证据工作不可分割的一部分。行政机关执法人员在发现证据后应妥善保管、及时提取、固定，否则一旦被毁坏、灭失就达不到收集证据的目的。《行政处罚法》第三十七条规定，"在证据可能灭失或者以后难以取得的情况下，经行政机关负责人批准，可以先行登记保存，并应当在七日内及时作出处理决定，在此期间，当事人或者有关人员不得销毁或者转移证据。"《交通行政处罚行为规范》第二十条规定，"在证据可能灭失或者以后难以取得的情况下，交通运输行政执法机关可以对与涉嫌违法行为有关的证据采取先行登记保存措施。"

二、行政执法证据先行登记保存的方法

根据《行政处罚法》第三十七条和《交通行政处罚行为规范》第二十条的规定，先行登记保存的步骤和方法如下（图4-18）：

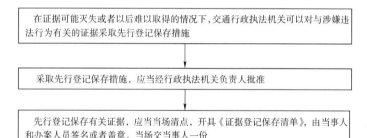

图4-18 证据先行登记保存工作一般流程图

1. 分析判断证据是否存在可能灭失或者以后难以取得。

2. 对于需要采取证据先行登记保存措施的,应当经本单位负责人批准。

3. 先行登记保存有关证据,应当当场清点,开具《证据登记保存清单》,由当事人和办案人员签名或者盖章,当场交当事人一份。

4. 对于先行登记保存的证据,交通运输行政执法机关应当在七日内采取证据保存措施,并制作《证据登记保存处理决定书》,在此期间,当事人或者有关人员不得销毁或者转移证据。

(1)根据情况及时采取记录、复制、拍照、录像等证据保存措施。

(2)需要鉴定的,及时送交有关部门鉴定。

(3)违法事实成立,应当予以没收的,作出行政处罚决定,没收违法物品。

(4)违法事实不成立,或者违法事实成立但依法不应当予以没收的,决定解除先行登记保存措施。

5. 解除先行登记保存措施,应当经交通运输行政执法机关负责人批准。逾期未作出处理决定的,先行登记保存措施自动解除。

行政执法证据有多种种类。针对不同的证据,行政机关及其执法人员应依法采取不同的方法进行证据保存。

1. 物证的保存

行政执法人员在调查、收集行政执法证据的过程中,发现与行政执法活动有关的物品和物质痕迹后,应当针对物证的具体情况采用科学、合理的方法予以固定、提取、保管,防止由于保管不当而变形、毁损、丢失。其目的是确保物证的客观性、真实性,使物证在行政机关进行行政执法、作出具体行政行为中能够发挥它本身的证明作用。物证保存的方法:首先,应在可能的情况下提取原物;对于不能提取和由于物证本身的特性无法长期保存以及数量较大没有必要也不可能提取或者全部提取没有意义的物证,行政机关要采取照相、录像、复制模型、抽样取证、现场勘验、检查、检疫、检测、抽样等方法加以固定,然后对原物予以妥善处理。其次,通过查封、扣押或登记保存来提取、固定物证。通过这种方法保存证据应制作笔录、出具清单(图4-19)一式两份,由行政执法人员、当事人、物证持有人、见证人签名盖章。其中,一份交给物证持有人,一份附卷备查。再次,对提取到的原物要妥善封存保管,以免措施不当而影响物证的客观真实性。最后,物证在行政机关调查收集后,无论是置于行政机关的控制下,还是在物证发现场所就地查封、扣押或登记保存,任何人都不得对物证违法销毁或者转移。

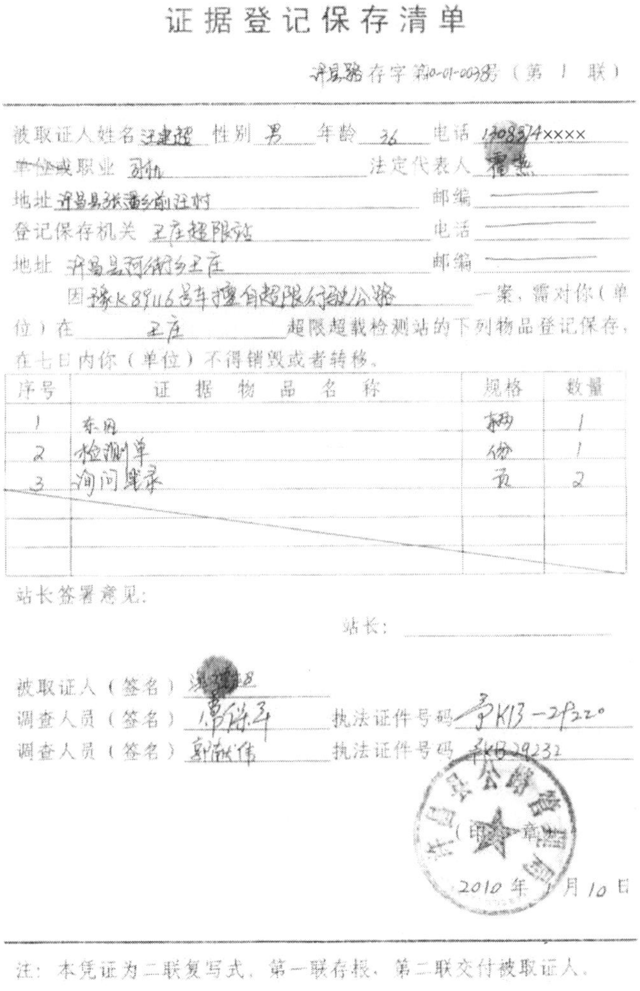

图 4-19　证据登记保存清单

2. 书证的保存

行政机关调查收集到的书证,如果是当事人、利害关系人提供的,应当出具收据,注明证据名称、收到时间、件数、页数以及是否是原件等,由行政执法人员签名。由当事人、利害关系人提交的书证以及行政机关调查收集、调取的书证均应附入行政执法卷宗,妥善保管。对收集的书证,涉及淫秽色情、非法出版、盗版等书刊、图片等,也应对其封面、书名、标题进行必要的拍照,并开列清单,存入案卷。其书刊、图片等则应予以封存,不得对外扩散。对书证中涉及国家秘密、商业秘密、个人隐私的,行政机关及执法人员应予以保密。对书证的载体,如书刊等,行政机关及其执法人员也可采取查封、扣押或登记保存的办法予以保存。

3. 当事人、利害关系人的陈述,证人证言的保存

当事人、利害关系人的陈述,证人证言,无论是口头方式还是书写方式,都要用文字形式固定下来,由行政执法人员按照规定制作询问笔录或由本人按照要求进行书写。询问笔录和当事人、利害关系人书写的言词证据应附卷保存,不得遗失损坏。

4. 鉴定结论的保存

鉴定结论的固定保存是通过鉴定书的形式完成的。对鉴定结论,一旦作为证据使用应附卷妥善保管。

5. 勘验笔录和现场笔录的保存

勘验笔录是勘验结果的固定保存,现场笔录是行政执法人员在案件发生之时和案件发生现场自己的所见所闻,因此对这些证据的内容必须进行必要的固定和保存,行政机关执法人员应附卷妥善保管。

6. 视听资料的保存

由于视听资料必须依托于有形的物质,因此,行政机关及其执法人员在依法收集获得视听资料后,应当封存或采取相关措施保管,避免丢失。例如录音、录像的带子,从外观看不到其内容,如不封存、贴标记,很容易被认为是空白的或无关紧要的录音带、录像带,一旦被用去复制其他内容,则原来的录音、录像就不复存在。同时,视听资料的保存还涉及温度、湿度等问题,应当采取必要的保管手段来进行保管。当然,视听资料的妥善保管还包括涉及国家秘密、商业秘密、个人隐私的问题,这些都应当保密;涉及淫秽色情内容的,应绝对封存。

参阅资料

无证营运被查后表示不服 一服务社状告运管处败诉

南宁市三禾服务社使用一批电动三轮车从事非法营运。2005年6月下旬，这些没有《道路运输证》的电动车被南宁市公路运输管理处暂扣。由于不服运管处的行政决定，该服务社将运管处告上了法庭，近日，南宁市西乡塘区人民法院一审判其败诉。

据被告方南宁市公路运输管理处委托代理人介绍，今年6月23日上午，执法队员在火车站附近发现一辆无牌电动三轮车上搭乘着一男一女及少量货物。经询问，男乘客说他以4元的运费搭乘了这辆三轮车，到目的地后再付费。当时，该三轮车驾驶人周某不回答执法人员的提问，并拒绝在暂扣物品通知书上签字。执法人员只好将三轮车送停车场保管，并告知驾驶员到运管处接受调查，同时还对现场当事人作了询问笔录。7月8日，周某到运管处接受调查，签领了暂扣车辆通知书，并称自己所驾驶的三轮车是三禾服务社的，自己只负责开车，每月领取600元的工资。

据了解，6月16日和17日，南宁市运管处也分别查扣了该服务社李某、巫某用于非法营运的电动三轮车。该服务社社长陈某以社区的名义向运管处提出从轻处罚的申请要求，运管处也给予了从轻处理。但运管处暂扣周某驾驶的三轮车后，并没有再次从轻处理。

8月上旬，陈某把运管处告到南宁市西乡塘区人民法院，诉称该服务社是依据国务院有关文件，经南宁市劳动和社会保障部门批准正式成立的再就业灵活性劳动组织，属非盈利单位。原告认为被告的执法人员扣押车辆不出具任何手续，其暂扣行为是非法的，要求法院撤销被告作出的《广西道路运输管理暂扣物品通知书》的行政决定，并返还扣押原告的车辆。

经过调查审理，南宁市西乡塘区人民法院认为，依据有关法律法规，被告具备相应的行政职权和管辖依据，有权履行辖区内的道路运输管理工作职责，被告认定原告存在营业性道路运输行为具有事实依据；原告提供的有关证据不能证明该服务社属于非盈利性组织。原告的服务社至今未取得《道路运输证》,在查清原告车辆系无证营运后,被告决定暂扣其营运车辆,并将暂扣物品通知书送到有关人员手中,其程序没有不当之处。原告关于服务社属于灵活性就业劳动组织即不应扣车的理由,因无法律和政策依据而不能成立。11月4日,该法院作出判决,维持运管处于7月8日作出的行政决定,驳回陈某要求运管处归还被扣留财产的诉讼请求。

评析:本案争议焦点是运政执法人员暂扣无证营运车辆(证据登记保存)程序是否合法。法院经过调查审理后认为暂扣无证营运车辆程序合法,判决维持运管处作出的行政决定。理由如下:一是依据《道路运输条例》,运管处具备相应的行政职权和管辖依据,有权履行辖区内的道路运输管理工作职责包括收集有关证据;二是运管处认定服务社存在营业性道路运输行为具有事实依据,未取得《道路运输证》,利用电动三轮车从事非法营运;三是在查清服务社车辆系无证营运后,运管处决定暂扣其营运车辆,并将暂扣物品通知书送到有关人员手中,其程序没有不当之处。

(资料来源:广西新闻网《南国早报》,2005年11月13日)

第五章
交通运输行政执法证据的复核和运用

第一节 交通运输行政执法证据复核概述

一、交通运输行政执法证据复核的概念和意义

所谓行政执法证据的复核是指行政执法人员对已经收集的行政执法证据,根据证据的本质属性,结合行政执法案件的具体情况,进行分析、鉴别并作出认定的活动。

行政执法证据的复核,在不同阶段有着不同的目的和作用。行政执法人员在行政执法准备阶段,对行政执法证据的复核,是为了解决是否需要进行行政执法、是否需要进行调查收集证据、如何收集以及收集哪方面证据的问题。它可以为行政执法提供正确的方向,避免行政执法走弯路,提高行政效率。在证据调查过程中对行政执法证据的复核,主要是为了全面调查收集证据,弥补证据调查可能存在的漏洞,完善已有证据。它可以为行政机关进行行政执法提供全面、充分的证据材料。在作出具体行政行为前对行政执法证据进行复核,是为了正确作出具体行政行为,其作用也最为重要。它可以保证具体行政行为在认定事实上的正确性。可以说,行政执法证据的复核贯穿于整个行政执法过程,是正确进行行政执法、正确适用法律、正确作出具体行政行为的前提和基础。

复核证据是行政执法过程中的关键环节,也是证据制度的基础和核心部分。通过复核证据,可以鉴别证据的真伪,去伪存真,以保证采用的证据具有客观真

实性;可以确定证据的相关性及其证明力大小,排除无关的证据材料,发挥与行政执法有关证据应有的证明作用。只有通过对行政执法证据的复核,才能运用证据对行政执法事实作出正确认定,才能确保证据的确实充分,使行政执法最终作出的具体行政行为建立在可靠的事实基础之上,为正确适用法律奠定坚实基础,从而完成行政执法的任务。

二、交通运输行政执法证据复核的任务、步骤和方法

行政执法证据复核是指对收集到的行政执法证据进行分析研究,判断其真伪并明确其价值,以便用其证明行政执法所需事实。行政执法证据复核的目的是保证行政机关作出的具体行政行为合法,证据确凿,事实清楚。这里所说的行政执法证据的复核,主要是行政执法机关对行政执法证据的结论性审查,与行政执法证据准备阶段的审查、调查取证阶段的审查有很多共同之处:它们都是对证据的分析,都是对证据作出的评断。但它们也有明显的区别。准备阶段对行政执法证据的审查是为了确定是否需要进行行政执法、进行调查取证;调查取证阶段对行政执法证据的审查是为了收集更多的证据;而结论性审查阶段则是运用所有行政执法证据来证明行政执法所需的事实。

(一)复核证据的任务

复核证据的目的是为了证明拟作出的具体行政行为事实清楚,证据确凿。具体说就是要判断所收集的证据能否确实充分地证明行政执法所需事实情况。复核证据的任务是为实现复核证据的目的而设定的,任务也就是目的的具体体现。因此,复核证据的任务可以概括为两个方面:其一是查明证据是否确凿;其二是查明证据是否充分。

1. 查明证据是否确凿

查明证据是否确凿有两层含义:其一是查明证据本身的内容是否确凿,即证据所表现或反映的情况是否确实存在;其二是查明证据内容与案件事实的联系是否确实,即该证据是否确实能证明与行政执法案件的真实情况有直接、必然的联系。

2. 查明证据是否充分,是否能够证明清楚待证事实

查明证据是否充分也有两层含义:

(1)查明所收集的证据能否充分地证明行政机关所执行法律规范规定的事实条件逐一构成要素的存在。例如在公路行政执法中,要查明收集到的证据是否能够充分证明,公路两侧建筑控制范围是经县级以上人民政府批准制定的、位于公路两侧建筑控制区的违法建筑建设时间是在法律规定生效之后等。

(2)查明所收集的证据能否充分地证明行政执法所需要的待证事实的存在。所谓充分证明,根据行政执法的要求是指所收集的证据足以证明所要证明的行政执法需要的事实。这种证明应具备三个特征:其一是完备性,即所有需要证明的行政执法所需要的事实要素或情节都应该有证据证明,而且这些证据应当构成一个完整的证明系统。其二是一致性,即所有证据证明的案件情况都应当相互一致,没有无法作出合理解释的差异和矛盾。其三是排他性,即所有证据证明的行政执法所需要、所认定的事实是依据这些证据所能得出的唯一合理结论,没有其他可能性。这三个特征是一个有机的整体,缺少一个方面就不能称其为充分证明。对确凿、充分进行解释并不是给予确凿、充分一个精确的标准。因为证据确凿、充分是一对内涵不够精确的概念。行政机关执法人员、内部专门负责行政执法证据审查的机构和人员应结合行政执法的具体情况来回答这两个问题。但是由于行政诉讼制度的存在,人民法院通过司法审查对行政执法证据进行的最终结论性审查认定,具有最终效力。行政机关负责审查判定证据的人员应尽可能和人民法院行政审判人员审查认定行政执法证据的标准相一致,这样才有可能符合行政法制建设的最终要求。

(二)复核证据的步骤

复核证据虽然以行政执法人员、专门审查机构工作人员的思维活动为主要形式,但也并非仅靠他们坐在屋中查阅案卷材料和冥思苦想就能完成工作。有相当多的行政案件需要他们走出去调查核实或者采取诸如调查实验等措施予以证实。因此,复核证据必须有计划地按照一定的步骤进行。虽然不同的证据审查人员复核证据的过程各有特点,但在逻辑上应该是由浅入深,从个别到整体,循序渐进。因此,对行政执法证据审查一般来说都应包括以下三个步骤(图5-1)。

1. 单独审查

单独审查是对每个证据材料的分别审查,即单独地审查判断每个证据材料的来源、内容及其与待证事实或者行政执法需要的事实之间的联系性。看其是否真实可靠,看其有多大的证明价值,对于那些明显虚假和毫无证明价值的证据材料,经单独审查即可筛除。对证据材料的单独审查可以按两种顺序来进行。一种是按时间顺序进行,即按照证据材料与所证明之待证事实发生的先后来逐个复核证据材料。这适用于证据材料的时间顺序比较明确的案件。另一种是按主次顺序进行,即按照证据材料所证明的行政执法事实的主次关系和证据材料本身的主次关系来逐个复核证据材料。这适用于核心事实与核心证据比较明确的行政执法案件。

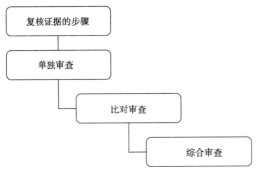

图5-1 复核证据的步骤

2. 比对审查

比对审查是对案件中证明同一个行政执法所需事实有两个或两个以上证据材料的比较和对照,看其内容和反映的情况是否一致,看其能否合理地共同证明该行政执法所需事实。一般来说,经比对研究认为相互一致的证据材料往往比较可靠,而相互矛盾的证据材料则可能其中之一有问题或都有问题。当然,对于相互一致的证据材料也不能盲目相信。因为行政执法相对人和利害关系人利益一致所作的陈述、行政执法相对人对证人的影响等因素也可能造成虚假的一致;而对于相互矛盾或有差异的证据材料也不能一概否定,还应认真分析矛盾或差异形成的原因和性质。因为不同的证据材料之间有所差异也是难免的。例如利益相互对立的行政执法相对人和利害关系人的陈述,尤其是针对违法行为作出行政处罚而调查取得的当事人陈述和受害人陈述出现矛盾和差异是很正常的;不同证人对同一事实所作的证言之间存在某些差异也是正常的。如果连细节都丝毫不差则反倒不正常了。因此,比对审查的关键不仅仅在于找出不同证据材料之间的相同点和差异点,更重要的在于分析这些相同点和差异点,看其是否合理,是否符合自然规律。比对审查有两种基本形式:

(1)纵向比对审查。就是对一个人就同一行政执法事实提供的多次陈述做前后比对,看其陈述是否前后一致,有无矛盾之处。

(2)横向比对审查。就是对证明同一事实的不同证据或不同人提供的证据做并列比对,看其内容是否协调一致,有无矛盾之处。

3. 综合审查

综合审查是对行政执法中所有的证据材料的综合分析与研究,看其内容和反映的情况是否协调一致,能否相互印证和吻合,能否确实充分地证明行政执法事实的真实情况。综合审查的关键是发现矛盾和分析矛盾。复核证据的人员要善于对各种证据材料进行交叉的逻辑分析,善于从细微之处发现不同证据材料之间的矛盾之处,然后认真分析这些矛盾的性质和形成的原因,以便对证据材料作出整体性评价。综合审查不仅要注意复核证据的真实可靠性,而且要特别注意证据的证明价值。从某种意义上讲,单独审查和比对审查的主要任务是查明证据是否确凿,而综合审查不仅要进一步查明证据是否确凿,而且要重点查明证据是否充分。特别是在完全依靠间接证据材料证明事实的行政执法行为中,复核证据的人员必须认真分析证据材料的质量、数量和相互关系,必须使证据形成一个完整的证据链,而且能毫无疑点地对情况作出合理解释。

(三)复核证据的常用方法

我们可以把复核证据真实可靠性的方法概括为矛盾分析法,即通过查找矛盾和分析矛盾来判断证据是否真实可靠的方法。复核证据的证明价值主要是通过分析证据与待证事实之间的关联性来实现的。因此,我们可以把复核证据证明价值的方法概括为关联分析法,即通过分析证据与行政执法的事实之间有无关联以及关联的形式、性质和确定性来判断证据证明价值的方法。在行政执法实践中,复核证据的具体方法很多。不同行政执法主体、不同性质的行政执法种类在复核证据的具体方法上也有较大差异。常见的行政执法中行政执法证据审查的方法主要如下(图5-2)。

1. 鉴别法

鉴别法又称甄别法,即根据客观事物发生、发展、变化的一般规律和常识去辨别证据真伪的方法。

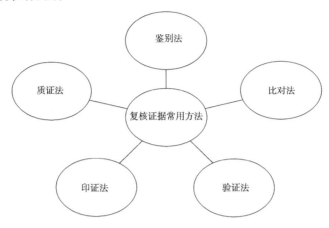

图 5-2 复核证据的常用方法

2. 比对法

比对法又称为比较法和对比法,即通过比较和对照证明同一行政执法事实中的两个或多个证据材料以判断其真伪的方法。比对法主要用于行政执法相关证据的比对审查。

3. 验证法

验证法也称实验法,即通过重演或再现等方式来判断某证据内容是否真实的方法。验证法多用于查验行政执法相对人(当事人)、利害关系人、证人证言的内容。

4. 印证法

印证法即通过考察行政执法中不同证据材料的内容是否相互吻合、协调一致来判断证据真伪及证明价值的方法。印证法多用于对案件证据的综合审查之中。印证法并不像比对法那样要求证明对象的同一性,所以其适用范围更广。相互印证的证据材料具有较高的真实可靠性和证明价值,而不能互相印证的证据材料往往表现出矛盾之处,因而虚假的可能性较大。

5. 质证法

质证法是证据审查人员组织当事人和利害关系人、当事人或利害关系人与行政执法调查人员,就来源于不同渠道的行政执法证据进行交叉审查,居中进行证据审查认定的方法。我国法律目前明确规定使用质证法进行证据审查的主要有《行政许可法》和《行政处罚法》。根据我国《行政许可法》的规定，对于符合听证条件的行政许可，行政机关依法举行听证。在听证主持人主持下，申请人、利害关系人可以提出证据，可以和审查许可申请的工作人员就审查意见依据的证据、理由进行申辩和质证，也可以相互之间质证；根据我国《行政处罚法》的规定，行政处罚实施机关依法举行听证时，在听证主持人主持下，当事人可以就调查人员提出的违法事实、证据和行政处罚建议进行申辩质证。听证制度是随着我国民主法制的发展，由立法机关将司法程序引入行政程序中建立起来的制度。司法程序中的质证制度自然成为听证制度应有的内容，因而听证制度具有准司法程序的性质。在行政裁决程序包括质证程序的情况下，质证就成为行政裁决机关审查认定争议双方提交的和行政机关收集的证据的重要方式。质证不仅仅在行政许可、行政处罚等法律明确规定的情况下或依据行政行为性质的认定具有准司法性的性质，并在行政裁决行为中成为审查认定证据的方法，而且在其他种类的行政行为中也应该采纳质证方法审查认定证据。如行政征收，行政机关也应在行政征收的证据、依据、理由方面使用质证方法，以更好地保护公民、法人或者其他组织的合法权益。

《行政诉讼证据规定》第五十六条规定，"法庭应当根据案件的具体情况，从以下方面审查证据的真实性：(一)证据形成的原因；(二)发现证据时的客观环境；(三)证据是否为原件、原物，复制件、复制品与原件、原物是否相符；(四)提供证据的人或者证人与当事人是否具有利害关系；(五)影响证据真实性的其他因素。"第七十一条规定，下列证据不能单独作为定案依据："(一)未成年人所作的与其年龄和智力状况不相适应的证言；(二)与一方当事人有亲属关系或者其他密切关系的证人所作的对该当事人有利的证言，或者与一方当事人有不利关系的证人所作的对该当事人不利的证言；(三)应当出庭作证而无正当理由不出庭作证的证人证言；(四)难以识别是否经过修改的视听资料；(五)无法与原件、原物核对的复制件或者复制品；(六)经一方当事人或者他人改动，对方当事人不予认可的证据材料；(七)其他不能单独作为定案依据的证据材料。"

第二节 交通运输行政执法各类证据复核要点

一、物证的复核要点

物证的审查认定是行政执法证据审查人员依法定程序,对行政执法中有关物证的证据能力和证明力加以审查、确认的过程。物证与行政执法相对人(当事人)、利害关系人陈述,证人证言等言词证据以及书证相比,在证明力上所体现的客观性更强。但是,它是一种不会说话的证据,人称"哑巴证据"。因此,它极容易被人们冒名顶替。特别是那些相似物、类似物、种类物,更易为人们所更换,此其一;其二是物证作为证明手段和证明方法,它不能直接用来证明行政执法事实。它同行政执法事实的关联性,必须借助特定的手段或方式,通过证据审查人员的审查、判断加以确定和认证。因此,对物证的审查、判断是运用证据证明案件事实的重要环节。

(一)审查判断物证的内容

1. 审查认定物证的来源是否合法

物证的来源主要指物证的出处,由何人提供和收集而来的。特别是来源的程序是否合法,如查封扣押或登记保存、直接提取是否依法进行等。由于物证是一种客观存在,因此,它可能出现在各种场合,可能来源于行政执法相对人的经营办公场所、室内、野外;还可能来自当事人、利害关系人、证人提供或行政机关收集等渠道。从物证的来源上进行审查,即对物证分别是在何时何地、何种情况下、由何人提供或收集、使用何种行政执法手段获得的诸方面进行审查,以此来认定物证来源是否合法。物证的来源是决定其是否具备证据能力的重要因素之一。在行政执法中,行政机关对物证的证据力进行认定之前必须查清物证的来源,判断其是否是经过正当程序获取的,是否因冒名顶替或为报复目的而伪造、变造的,是否因疏忽而搞错的,是否为非法所得。以上这些因素或情形都直接影响到某一特定物证的证据能力。

2. 审查认定物证的收集和保管是否依法进行

物证的收集与保管是指由法定的人员按照法定的程序接收或主动收集、调查以及保管物证的法定行为。例如由当事人提交或行政执法人员对物证进行的查封扣押、登记保存是否开具了有关收据和清单并由物证持有人签字,行政机关执法人员主动依职权带有强制性的收集是否办理了批准手续,是否出示了表明身份的证件等。除了收集环节外,还应审查物证的保管环节。否则,可能因保管条件、保管方法不当引起物证内外特征的变化,从而导致此后的鉴定结论出现差错。如在卫生行政执法中取得的食品因保存环境不合格,经历较长时间而对其质量产生影响等。

3. 审查认定物证是否真实可靠,即该物证是否具有客观性

物证的最重要特征在于采用其本身所固定的外部特征、形状、品质、状态等来证明行政执法所需要的事实。但是,由于受到各种客观因素或环节的影响,常常限制或阻碍了物证这一客观属性的映现程度,从而影响了其证明力的大小与强弱。因此,在审查认定物证的效力时应注意:

(1)要查明为待证事实所要求的物证的本质特征或内在属性在认定时是否已发生了实质性的变化,以及是否达到了足以影响其证明力的程度。

(2)要查明物证是否为原物。一般而言,物证具有不可替代性。在行政执法中如采用的是复制品或类似物、相似物、种类物将影响到对物证证据力的认定。当然,基于法律上所规定的特殊情形,则可作为例外来对待。

(3)要确认物证是否经过了伪造。凡伪造的物证除了影响物证的证据能力外,同时将导致该物证在客观上丧失证据力。伪造产生于以下情形:

①行政执法相对人基于获得某种利益需要或为逃避法律制裁,而对物证加以伪造或变造。如为取得产品质量合格证而以他人产品作为自己产品来送交检验;为证明自己符合获得某一许可证条件,暂时借用他人的机器、设备等。

②基于报复他人或实现某种利益而告发他人或使他人处于不利地位而伪造或变造物证。

4. 审查认定物证本身与行政执法事实是否具有关联性

审查认定物证本身与行政执法事实是否具有关联性是指应审查认定某一物证的存在与否能否足以影响到特定的行政执法事实所呈现的实际状态。凡是某一物证以其存在的证明价值来体现对行政执法事实的发现产生有效影响的,便

是具有关联性的物证。

物证对案件的影响分为直接的方式和间接的方式。凡是物证以其存在足以影响发现行政执法事实的重要部分或其中一部分的,为具有直接的关联性;而凡是物证以其存在有助于查明行政执法事实,或构成发现行政执法事实线索的,则为具有间接的关联性。在间接方式下,物证只有与其他证据结合起来,相互印证,才可以达到认定行政执法事实的目的。通常而论,单一的物证不能起到证明行政执法事实的作用,必须与包括其他物证在内的证据综合证明、互为依存条件、互为证明关系,才能体现某一物证的价值。

（二）审查判断物证的方法

1. 交付辨认

在行政执法中,辨认是指在行政执法证据审查人员主持下,由行政执法相对人(当事人)、利害关系人、证人等对提供、收集到的物证材料进行识别、判断,辨明其真伪以及阐述与案件事实是否具有关联性的认识活动。我国《行政处罚法》、《行政许可法》规定的听证程序中存在的质证就包含对物证的辨认。在所有准司法行政行为或包含有准司法程序的行政执法中都可以引入质证程序,对物证采用辨认的方法。

2. 科学技术鉴定

物证的证明作用在无法直接感知的情况下,可以由行政机关来决定对物证进行科学技术鉴定。

3. 比较法和印证法

行政执法证据审查人员在审查认定证据过程中,当发现物证与其他证据、证据与行政执法所需事实出现矛盾时,应当进行全面、细致的分析。当物证作为直接证据时,应比较该物证与其他证据之间存在矛盾的根源所在,确认是其他证据缺乏真实可靠性,还是物证本身的问题;当物证作为间接证据时,须与包括物证在内的其他证据加以互相印证,形成一条具有内在必然性的逻辑性严密的证明链条。在行政执法实践中,往往数个间接证据的效力,能够相当于甚至超过一个直接证据的证明效力。当物证与其他证据发生冲突时,只要物证真实可靠,物证的证明力一般高于书证和言词证据、视听资料。

二、书证的复核要点

书证的审查认定是指行政执法证据审查人员对书证进行分析研究,鉴别其真伪,确定书证与行政执法事实(待证事实)是否具有关联性,是否具有可采性,从而确定书证有无证明力和证明力大小与强弱的活动。

对书证的审查,主要查明以下问题:

1. 查明书证的制作情况

书证制作情况包括书证是谁制作的,是什么时间、什么地点、在什么情况下制作的;制作人是否有制作该书证的资格;书证是如何制作的,有无伪造、变造等情况。

书证的制作理应具有特定目的,因此应调查书证是否确系某人制作,如果书证载明的制作人并未制作该书证时,该书证将失去证明力;如果从形式上不能判断是谁制作的,但从内容上又可以判断确定制作人的,应让制作人进行制作的明示。对于不能明确制作人、查明制作人并未制作书证、应该签名盖章而未盖章或签名的书证,在没有其他证据进行深化证明的情况下,一般应视为没有证明能力。在行政执法实践中,行政机关可能会接到匿名的举报电话或书信,这只能作为发现违法以及调查收集证据的线索,不能独立作为书证证据使用,只能结合其他证据加以审查后认定。在查明书证是谁制作、如何制作的问题上,应注意两点:

(1)有无伪造、变造的情况。所谓伪造就是模仿他人的笔迹或以其他手段制造假书证;所谓变造就是以涂改、加字、减字、剪贴等手段以改变书证内容所表现的外部特征来达到篡改书证内容的目的。如果怀疑出现上述情况,可以通过询问当事人、在场证人,尤其是笔录制作人的方式进行;也可以通过由在场人、制作人辨认的方式进行。必要时可通过书证鉴定以辨明真伪。

(2)行政执法主体调查收集的证据,如果书证上没有签名盖章,行政执法主体向个人收集调取的书面证据,必须由本人确认无误后签名或盖章;向有关单位收集调取证据应由提供人署名,并加盖单位印章。对于有签名盖章的书证,也应注意审查是否属实;如须核对印章,鉴别笔迹,应适用有关科学技术鉴定的规则,交由专门的鉴定机构和专门人员作出鉴定结论。

2. 审查书证的内容

审查书证内容包括:书证的内容是否是制作人的真实意思表示,有无欺诈情节,书写人在制作时是否存在暴力、威胁、利诱、欺骗等情形;书证的内容是否明确、是否含糊不清、是否前后矛盾;书证的内容是否与行政执法事实有联系,是否与行政执法的其他证据相矛盾,是否能证实行政执法的真实情况等。

3. 审查书证是否具有法定的生效要素

生效要素是指根据人民法院判决认定的事实进行行政执法是否已经生效;合同如果成为行政执法的书证是否经双方当事人签字,约定的生效条件是否具备等。

三、视听资料的复核要点

视听资料作为随着现代科学技术的发展应运而生的一种新证据种类,它的最大优势在于能够借助音色、音调、音质、动态连续性的图像等直观、逼真地再现案件事实的原貌。它既可以以持续的图像来显现当事人的行为过程,又能可视地再现在特定环境下人与人、人与物之间的相互关系及客观场景。它本身的记录过程较少地会渗入人的主观因素,因此其客观真实性很强,即该种证据的证据力在正常条件下是相当高的。由于视听资料具有客观性强、可靠性大的本质特点,它可以用来检验和印证其他证据的真实性、可靠性,并且在特定条件下,只要视听资料被认定为行政执法的证据,便可以作为直接认定行政执法事实的根据。但是视听资料也有其固有的缺陷,它对客观物质材料的依赖程度极强,而且在对行政执法收集取得的行政执法证据进行结论性审查前,视听资料在其产生、收集保管过程中容易受到很多人为的或自然因素的影响和侵袭。如人为地利用技术手段对视听资料加以剪辑、拼凑、清洗、插录、复制、拟音灌制、消磁处理等;客观环境、自然因素也会造成音质、图像失真,视听资料自然失效等情况的出现。因此,对视听资料如不进行严格的审查和准确的判断,就不能辨别真伪,也不能确定其与行政执法事实有无关联性,不能确定与客观实际是否相符,更无从确定其对行政执法事实能否起证明作用以及能起多大的证明作用。所有这些问题的确定都有赖于对视听资料进行全面的审查判断。

这种审查判断要根据视听资料的本质属性和基本特点,从以下几个方面进行:

1. 审查视听资料的来源

视听资料的来源不同,其客观真实程度和证明力也就不同。一般来说,行政执法的证据调查人员收集制作的视听资料的证明力比较强;行政执法相对人或利害关系人所提供的视听资料客观真实性相对较差;其他国家机关、社会团体、企事业单位通过其安装的专门技术设备取得的视听资料真实性比较强,但与行政执法的关联性较差。如银行安置的监控设备主要是记录营业大厅内、自动存取款机前顾客的活动,对此类视听资料要重点审查其关联性,注意排除与行政执法无关的内容。与行政执法没有利害关系的公民个人包括专门职业者有意或无意中获得的视听资料,往往带有很大的偶然性和片面性,虽有成为证据的可能性,但整体上的能证性较差。但也不能一概而论,应具体情况具体分析。审查视听资料来源还要审查制作方式、时间、地点、条件及周边环境,即确认有关视听资料是由何人录制、摄制、输入的,以及制作的具体时间、地点和当时的具体环境状况。

2. 审查认定视听资料的收集过程

审查视听资料的收集过程中有无违法行为,如对视听资料中有关个人的陈述是否出于自愿或真实的意思表示,有无在刑讯逼供、暴力、威胁、欺骗、引诱下制作的可能;其从事的行为有无受到威逼、胁迫、欺诈等非法行为的影响。

3. 审查视听资料的技术因素

首先要审查获取、储存视听资料的技术设备的性能及其可靠程度;其次审查视听资料的技术形成过程;再次审查制作人的操作技术水平。

4. 审查视听资料所反映的内容的真实可靠性

视听资料是技术设备运行的产物。如果没有经过加工,一般所反映的内容都是客观真实的。但这仅仅是录制或储存过程的客观真实,这种真实是其内容客观真实的前提条件。但录制或储存过程的客观真实,并不能保证视听资料在因主观因素或自然因素影响和侵袭下,其内容仍能保证客观真实没有任何改变。

这就要求行政执法证据审查人员应当运用现代技术方法,必要时还应采用专业技术鉴定作为辅助手段进行审查认定。

5. 审查视听资料所反映的内容与行政执法事实的关联性

视听资料所反映的内容必须与行政执法的事实有某种联系。这种联系的方式和途径是多种多样的,如有的是直接的联系、有的是间接的联系、有的是偶然巧合的联系、有的是固定内在的联系等。因此,需要通过科学分析研究,排除各种矛盾和其他可能性,确定视听资料所反映的事件和行为同行政执法待证事实有无关联,有什么样的关联等。与行政执法事实无关的视听资料,不具有任何证明作用。在审查视听资料时,除了从以上几个方面进行审查外,还应根据视听资料的特殊性采用适当方法进行审查。这些方法除了遵循一定证据的审查方法外,还要采用更先进、更科学的方法,即运用必要的、先进的科学技术和手段进行审查。目前审查视听资料的方法主要有:检验法、辨别法、鉴定法、对比法等。所谓检验法是指,运用科技及其设备对获得视听资料的装置、设备以及视听资料的技术形成过程进行检验和验证。所谓辨别法是指,仅凭人的视觉和听觉对视听资料所反映的内容进行识别和确认。所谓鉴定法是指,运用技术设备对视听资料所反映内容的真伪进行鉴别。所谓对比法是指,将视听资料放入行政执法的整个证明体系中,分析视听资料与其他证据之间是否一致,与行政执法事实发生的原因、结果、时间、人物、地点有无矛盾,从而对视听资料的真实性进行审查和认定。

总之,视听资料的审查是一项复杂的工作,在审查过程中往往需要综合运用上述方法,去粗取精、去伪存真、由此及彼、由表及里地排除种种矛盾和疑点,方能得出正确的结论。

四、证人证言的复核要点

1. 证人证言的特点

证人证言具有自己的特点,它表现在:

(1)证人作证是由行政执法本身的性质所决定的,任何人和单位只要了解行政执法事实,依法就有作证义务。因此,证人具有不可选择性,不会因与行政执法人、当事人等有利害关系而回避。

(2)证人证言是证人陈述自身通过目睹、直接观察所了解的事实。

(3)证人证言是证人的思维意识的产物,而这种主观意识要受到人的客观存在的环境和条件的限制或制约。这种制约因素来自多方面,其中包括利诱、威胁、嫉愤、泄愤、嫉妒、复仇、偏见等。这些主观、客观因素的干扰或影响,有可能导致证人证言在内容上的不实或半真半假,从而导致证据力的消失或削弱。为此,应当对证人证言加以慎重地审查与认定。

2. 对证人证言的审查要点

对证人证言的审查认定主要从以下几个方面来进行。

(1)审查判断证人证言的来源。证人证言的来源主要是指,该证人对行政执法事实的了解是其目睹,还是道听途说。前者属于直接证据,后者属于间接证据。对于通过间接方式而获得的证言,在行政执法中应首先查明证人是在何种情况下获悉的,并尽可能根据该证言对直接感知行政执法事实的人进行调查了解。在证据审查时如果仅有间接方式获得的证言,不应对其进行认定。

(2)审查判断证人是否如实提供证言,即应从主观上查明证人是否有意作伪证。对此,应审查证人是否受当事人或利害关系人的指使、利诱或威胁,对证人证言的收集是否合法,有无采取刑讯、威胁、收买、欺骗等非法手段逼取或者骗取证言的情形。如果存在上述情形或类似情形,有关证人证言将丧失证据资格。

(3)审查判断证人的作证能力。证人作证的资格在证人证言的收集调查中已经讲得较为具体,故略之。对于证人证言进行审查最重要一点就在于要审查证人的作证能力。

(4)审查判断证人证言的内容。主要应审查证人证言所表达的内容与行政执法事实有无关联性、有何种关联性以及证人证言与其他证据之间有无矛盾之处、证人证言与行政执法事实之间是否相互吻合、有无矛盾之处。如果证人证言与行政执法事实本身无关联,即使在内容上是符合客观事实的,也无证据价值。当证人证言与其他证据出现矛盾或者与已发生的事实相抵触时,应结合其他证据相互印证,必要时还可依法补充收集证据。

(5)审查认定证人证言的形成过程,以判断证据力的大小与强弱。即使一个如实提供证言的人,其陈述的内容也有不符合客观事实的可能。这主要是因为,证言的形成过程是一个复杂的、主观能动的反映客观事物的感知、记忆和陈述过程。在其感知阶段,证人在生理、心理、神经、精力上是千差万别的,对事物的感知有的敏感,有的迟钝,有的准确,有的时常发生差错;有的对某一种事物特别敏感,见其所长,而对另一种事物尤感迟钝,见其所短。除了在生理上所固有的感觉器官如大脑、视力、听觉、嗅觉、触觉及神经系统因素外,还与人的社会经历、出身、知识结构等所构成的综合观察、识别能力有很大差别。在记忆阶段,人通过大脑将感知到的客观事物记录、保存下来。但生理学的常识告诉我们,大脑的记忆力是因人而异的。一般而言,人的记忆力与遗传因素、年龄、职业、健康状况具有直接关系。例如,健康的人往往比长期患病的人有更好的记忆能力,年轻人往往比老年人有更好的记忆能力。同时从记忆的方式上而言,凡是采取积极、主动记忆的一般比被动、消极的记忆会更有长久的记性和准确性。另外,某人对客观事物是否保持高度的注意力或者是否努力地进行细心的观察,也对记忆力的长久性与准确性产生很大影响,并且随着时间的推移,人们对某一客观事物的记忆会逐渐淡忘或模糊,这也是属于不以人的意志为转移的客观规律,对此种因素也绝不能忽略。在陈述阶段,它涉及人们相互之间通过语言交流思想的传递系统。因此,证人证言的证据力的大小与强弱也与此阶段具有很大关系,这主要取决于证人对发现的客观事物加以再现的表达能力。这种表达能力与证人的语言文字水平和逻辑思维模式具有密切关系。也就是说,凡是语言文字水平较高的证人便能够相对客观、准确地表达行政执法事实情况;凡逻辑思维能力较强的证人便能够按照一定的逻辑顺序、紧扣问题的实质部分,清晰地展现出行政执法事实的原貌,使其证言具有较高的证据价值。否则,证人在作证时语言表达能力差,用词不当,逻辑思维混乱,颠三倒四,必然会导致证言内容的含糊不清、令人费解,将极大地削弱其证据力的强度。

(6)审查认定证人与行政执法的行政执法相对人、利害关系人与行政执法事实之间是否有利害关系。从广义上而言,这种利害关系包括任职或雇佣关系、亲属关系、朋友关系以及相互敌视的对立关系等。如果存在这类关系,就有可能影响证人证言的客观真实性,以至于削弱证据力。

（7）审查认定证人的品格、操行对其证言是否产生影响。证人的证言从本意上应有助于客观地再现行政执法事实，但是，由于人的社会属性规定了人的这种表达能力往往会受到证人的品格、操行的影响。这种品格和操行是指人所享有的为社会广泛认知的声誉和一贯的处事方式。总体而言，凡是品格、操行一贯优良的人，其证言则具有更大的真实、可靠性；反之，其证言的真实、可靠性较弱，即证据力不强。但是，对此不能绝对化一概而论，必须针对具体情况进行具体的分析、判断，不应以证人的身份、地位、荣誉作为认定其证言证据力的唯一标准。

五、当事人陈述的复核要点

当事人是行政执法事实的实际参与人，他们最了解行政执法事实过程中的基本情况。但是，由于当事人自身与行政执法有直接的利害关系，他们的陈述就不可避免地带有片面性和倾向性，可能会扩大某些对自己有利的事实，还可能会缩小对己不利的事实，甚至有可能提供虚假的陈述；并且，由于受到人本身对事物的感知能力、记忆能力或表述能力的限制，即使其愿意如实陈述有关事实，也未必能够达到一种理想的效果。因此，将当事人陈述作为证据来使用时，应当谨慎地对其加以审查判断，以决定其是否有证据能力以及证据力的大小与强弱。

对当事人陈述的审查认定主要从以下几个方面进行：

（1）审查当事人是否基于不良动机或目的，提供虚假陈述，以及有无因受到威胁、利诱、欺骗等情况而提供虚假陈述。经审查发现行政执法相对人（当事人）出于欺骗或受他人威胁、欺诈而违背自己真实意思作出的证据，或与有关人员合谋获取非法利益而作出的证据，都不能作为认定行政执法事实的根据。

（2）审查当事人陈述的具体内容。主要审查当事人陈述与行政执法事实的关系，是否符合行政执法事实所涉及的实体法律规范所包含的事实，有无相互矛盾或可疑之处，是否合情合理等。

（3）审查判断当事人陈述与其他证据有无矛盾，是否能够互相得以印证。为此，要审查当事人陈述与其所提供的其他证据及整个行政执法中取得的其他证据有无相互抵触和矛盾之处，如有，则应查明产生抵触和矛盾的症结所在，以便决定其证据力的有无及大小与强弱。

六、鉴定结论的复核要点

鉴定结论是对行政执法中所遇到的专门问题由专门机构、专门人员利用科学技术方法进行鉴别或者判断而得出的结论,它是一种十分重要的行政执法证据。对鉴定结论进行审查主要从以下几个方面进行:

(1)审查认定鉴定机构、鉴定人是否具有鉴定资格。如果法律、法规、规章对于需鉴定的专门问题规定有法定鉴定机构的,行政执法中必须交由法定机构内具有鉴定资格的人员进行;行政机关委托鉴定机构进行鉴定,要审查鉴定机构有无对该问题的鉴定资格,鉴定人员有无对该问题的鉴定资格等;由行政机关通过指派鉴定人员的方式或通过聘请具有专门知识的人员的方式组织鉴定的,鉴定人员必须具有某一专门研究领域的理论和实践经验,或者说具有解决专门问题所应具备的知识、技能和经验。

(2)审查鉴定人员是否具有依法应该回避的情形,即鉴定人是否为行政执法的当事人或者他们的近亲属,鉴定人员或其近亲属与行政执法有无利害关系。如果鉴定人担任过行政执法的证人或者与行政执法的当事人有其他关系的,可能影响公正地作出鉴定的,其鉴定结论将被视为无效。

(3)审查检材、样本或与鉴定对象有关的其他鉴定材料是否符合法定条件,即是否能够作为有关鉴定结论的基础。只有提供了充分、可靠的鉴定材料才能保障鉴定活动的正常开展。为此,应审查检材的发现、提取、处理、固定的方法是否符合技术规范、技术规程的要求;检材提取的部位是否准确,在储存、传递过程中有无遭到损坏,检材有无变形、伪造及检材在其性状、数量、质量上是否符合有关要求。

(4)审查认定鉴定人员是否受到外界的影响,即鉴定人员有无违反规定接受当事人及其委托人的请客送礼,有无违反规定私自会见当事人的情况,有无徇私、受贿或故意作虚伪鉴定的情况。这是因为,鉴定人主观上所存在的不利因素与客观上存在的缺陷和限制相比更具有危害性。换言之,即不论鉴定人在专业知识和技能方面是多么的丰富和高超,其鉴定条件多么优越,其检验是多么充分和可靠,但是如果鉴定人受到外界人为因素的影响,将足以对鉴定结论的客观性、真实性和可靠性造成实质性的危害。因此,在这种情形下,必须否定该鉴定结论的证明效力。

(5)审查认定鉴定人所使用的技术设备是否先进,采取的方法和操作程序是否规范、实用,其技术手段是否有效、可靠。一些科学技术鉴定要求有精密、良好的设备和先进的技术条件,并且要采用最为优良的、实用的科学方法,这是有关鉴定结论是否具有证据力以及证明力强弱的一种特殊要求。

(6)审查认定鉴定人员在检验、检测、检疫的程序规范或者在检验方法上是否符合法定的技术规范、技术规程的要求。

(7)审查认定鉴定结论的论据是否充分,是否提出了论证依据,推论是否合理,论据与结论之间是否存在矛盾。

(8)审查鉴定结论与行政执法的其他证据有无矛盾。行政执法人员对鉴定结论的审查,还可将鉴定结论与行政执法中的其他证据结合起来,一并加以对照、分析和比较。如果鉴定结论与行政执法的其他证据有矛盾,则或者是鉴定结论错误,或者是其他证据不实;如果鉴定结论所采用的方法是科学的,检材和样本的数量也是足够的,并经过了充分的检验、通过必要的论证得出该鉴定结论,在这种情况下,一般可认定为其他证据不实,重点应放在排除其他证据上面;如果鉴定条件并不十分好或者检材不充分、痕迹模糊、使用的检验方法陈旧,在这种情况下,如果鉴定结论与行政执法的其他证据相矛盾,则鉴定结论有可能会错,应通知原鉴定人员进行补充鉴定,也可以经行政机关负责人批准重新指定、聘用鉴定人员或委托鉴定机构进行鉴定。

(9)审查鉴定结论在形式上是否符合规定要求。《行政诉讼证据规定》第六十二条规定,"对被告在行政程序中采纳的鉴定结论,原告或者第三人提出证据证明有下列情形之一的,人民法院不予采纳:(一)鉴定人不具备鉴定资格;(二)鉴定程序严重违法;(三)鉴定结论错误、不明确或者内容不完整"。

七、勘验笔录和现场笔录的复核要点

勘验笔录和现场笔录是行政机关执法人员在相关人员参与下制作的证据材料,具有很强的证明力,但它也容易出现一些问题。因此行政执法采纳此类证据时应进行严格的审查把关。

对勘验笔录和现场笔录的审查主要从以下几个方面进行：

1.审查认定勘验、检查及现场笔录在制作上是否符合法定程序

这种审查认定主要包括以下内容：

（1）勘验、检查及现场笔录的制作主体是否符合法律规定,即所谓的主体是否合法。具体而言,应审查进行勘验、检查的行为人所从事的行为是否有法律依据,有无进行勘验、检验的资格,现场笔录是否为具有行政执法资格的行政执法人员现场制作等。

（2）审查当时是否通知当事人、利害关系人或者其成年家属到场,有无邀请参加人到场。这是决定勘验、检查及现场笔录具有客观、公正性的必要保障。

（3）审查认定勘验、检查人员和现场行政执法人员等行政执法人员和当事人、被邀请参加人是否在笔录上签名或盖章,现场笔录是否经过当事人核实、确认,日期有无错误等。

2.审查认定笔录中记载内容

审查认定笔录中所记载的现场情况、物品、痕迹等有无受到自然环境或人为的破坏,在人身特征或者生理状态上有无故意制造假象或者伪装的情形,笔录上有无篡改或者伪造的现象发生等。以上情形如发生,将直接影响有关笔录的证明效力。

3.审查认定勘验、检查及现场笔录所记载的内容是否具有客观性、完整性和准确性

例如,笔录上所记载的物证、痕迹、场地环境情况等与从现场收集到的实物证据是否吻合;采用文字记录以及绘图、现场录像、拍照等所反映的行政执法事实的各个部分是否相互照应,有无相互抵触的情形;现场所记录的重要情况有无遗漏之处,所使用的文字表述是否确切,采用数字是否准确无误;笔录所表述的内容有无推测、臆断之嫌。行政执法人员提交的现场制作的笔录是否为事后补救制作等。

4.审查认定制作勘验、检查及现场笔录的行政执法人员的业务水平与工作态度

具体的勘验、检查及现场笔录,是制作笔录的行政执法人员的敬业精神、工作

态度、业务素质、专业技术水平等情况的综合反映和检验。凡工作勤奋、作风踏实、精益求精、素质优良、技术精湛的行政执法人员所完成的勘验、检查及现场笔录,其客观性、可靠性就会较强,在证据上就会具有令人折服的证据力;反之,如果行政执法人员的业务素质不高、技术能力不强,甚至工作态度粗枝大叶、作风拖拉、松弛,勘验、检查工作不细心,其反映行政执法事实的真实性、可靠性就会较低,所制作的现场笔录和勘验笔录的证据力就会较弱。

第三节 证据认定和运用规则

证据认定和运用规则是指,对已经收集的行政执法证据的证明资格进行认定与采信应当遵循的标准。

证据认定和运用规则主要有证据相关性规则、非法证据排除规则、传闻证据排除规则、最佳证据规则、补强证据规则(图5-3)。

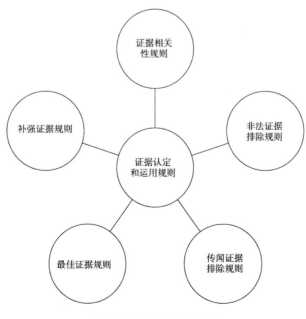

图5-3 证据认定和运用规则

一、证据相关性规则

《行政诉讼证据规定》第五十四条规定,"法庭应当对经过庭审质证的证据和无需质证的证据进行逐一审查和对全部证据综合审查,遵循法官职业道德,运用逻辑推理和生活经验,进行全面、客观和公正地分析判断,确定证据材料与案件事实之间的证明关系,排除不具有关联性的证据材料,准确认定案件事实"。

(一)证据相关性规则的含义

证据相关性规则又称证据关联性规则,是指只有与本案有关的事实材料才能作为证据使用。根据关联性规则,逐一审查涉案证据与对应行政执法案件相关待证事实之间是否具有关联性。

相关性规则是关于证据能力的一般性规则或基础规则。一方面,相关性规则涉及的是证据的内容或实体,而不是该证据的形式或方式。因此,相关性规则适用于所有的证据形式。另一方面,尽管具有相关性的证据并不必然具有可采性,但是没有相关性的证据必然没有可采性。《交通行政处罚行为规范》第十三条第(三)项规定:办案人员所收集的证据应当"和所实施的具体行政行为有关联并对证明其违法行为具有实际意义的事实"。这一规定即是有关行政执法证据关联性规则的规定。

(二)证据相关性的判断

在行政执法实践中,针对个案证据的关联性审查,应围绕该证据与对应的特定证明对象之间是否具有实质性和证明性这两个问题展开。所谓证明性是指,依据逻辑或者经验使待证案件事实更为可能或更无可能的能力。所谓实质性是指,证据欲证明的对象是对案件认定具有法律意义的待证事实。

对关联性的判断其实并没有固定的标准,这只是一个经验问题,很大程度上依赖于人们的常识与经验来判断。由于关联性包括证明性和实质性这两个基本构成要素,因此,判断证据是否具有关联性,实质上就是判断证据是否具有证明性和实质性。

1. 证明性的判断

证明性是证据支持待证案件事实成立的一种"倾向性",是一种可能性,也就是一种概率。如果提出的证据使其待证案件事实的成立更为可能或者更无可能,那么,该证据就具有证明性,这就是判断证据证明性的最基本的方法。

由于关于实质性事实问题的直接证据总是相关的(有证明性),因而,关联性问题主要是与间接证据相联系而产生的。在判断一项(间接)证据是否具有关联性时,应当依次考察以下三个问题:

(1)所提出的证据是用来证明什么的(问题是什么)?

(2)这是本案中的实质性问题吗(在行政执法案件中,实质问题的范围取决于行政实体法的规定)?

(3)所提出的证据对该问题有证明性吗(它能帮助确认该实质性问题吗)?

如果答案全部是肯定的,该证据就具有相关性。换句话说,判断一项证据是否具有相关性取决于两个方面,即证据针对的待证事实是否具有实质性,以及证据对于待证事实是否具有证明性。

需要特别注意的是,可能作出许多推论并不足以使证据失去关联性。比如,嫌疑人逃离违法现场,可能意味着嫌疑人确实存在违法行为;也可能意味着嫌疑人是无辜的,但出于其他原因而逃离。不过,因为存在证明嫌疑人确有违法行为的可能,所以,该证据对该结论来说,就具有证明性。因此,绝大多数证据都具有一定的证明性。

2. 实质性的判断

实质性涉及的是证据与案件待证事实之间的关系。判断某项证据是否具有实质性,关键就在于考察证据欲证明的是不是案件待证事实。因此,判断证据的实质性,首先就是要理清什么是"案件待证事实"。一般情况下,待证事实就是案件构成要件事实,因为只有存在案件构成要件事实才有证明的必要,不存在案件构成要件事实不需要证明。只要能够证明案件待证事实的证据,都具有实质性。如果证据要证明的事项不是案件构成要件事实,那么,该证据就不具有实质性,也就没有关联性。在理清案件待证事实的情况下,要判断某项证据是否具有实质性,主要就要考察收集该证据的证明目的,考察该证明目的是否有助于证明案件待证事实。如果特定证据的证明目的并非指向本案的待证事实,则该证据不具有实质性,也就没有关联性。

在行政执法实践中，主要从以下几个方面判断证据与案件事实是否有关联：

（1）判断是不是反映案件基本行为过程的材料，如当事人的陈述和辩解等，它们直接反映了案件的主要事实，与案件有直接关联。

（2）判断是不是反映案件前因的材料。这类证据虽然与案件的主要事实无直接关系，但是却反映了案件发生的原因，对案件主要事实也能起间接印证作用，因而也是有关联性。

（3）判断是不是反映案件结果的材料，如无证运输中的票款，它们虽不能直接反映无证运输的主要事实，但是客观上却对主要事实起印证作用，因而其具有相关性。

（4）判断是不是案件发生时的周围环境和自然条件。如路政案件中的事故现场的路面宽窄、坡度大小，一般案件中当事人的年龄等，这些情况对于确定当事人的过错和是否应负法律责任，有证明的作用。

在有些情况下，也是用以查明案件真实情况的证据。审查证据有无关联性时，由于关联性有两层含义，所以也必须分两步进行分析判断：

（1）首先审查证据与案件事实有无关联。具体要审查证据的内容是否反映了案件发生的原因、经过、结果、条件等情况，与案件事实无关的材料首先排除。

（2）着重审查证据之间是否有关联，能否形成一个证据链条。证据经过第一步审查，虽然与案件主要事实有关联，但如果证据与其他证据之间不能相关联，就不能认为形成完整的证据链条。

二、非法证据排除规则

1. 非法性证据排除规则的含义

违法证据排除规则，主要是指在行政执法办案中应当排除那些通过非法收集的证据的规则。《交通行政处罚行为规范》第十三条第（一）项规定：办案人员所收集的证据应当满足"合法主体按照法定程序收集取得的事实，并且符合法律、法规、规章等关于证据的规定"。这一规定即是有关行政执法非法证据排除规则的规定。

2. 非法性证据的判断

《行政诉讼证据规定》第五十五条规定，"法庭应当根据案件的具体情况，从以下方面审查证据的合法性:(一)证据是否符合法定形式;(二)证据的取得是否符合法律、法规、司法解释和规章的要求;(三)是否有影响证据效力的其他违法情形。"判断这些涉案证据是否具备合法性应着重就以下几个方面进行审查:

(1)收集证据的主体是否合法

依照《交通行政处罚行为规范》第十条的规定:"办案人员调查案件,不得少于两人。办案人员调查取证时,应当出示《交通行政执法证》。"第二十七条还规定,当事人认为办案人员与案件有直接利害关系的,有权申请办案人员回避;"办案人员认为自己与案件有直接利害关系的,应当申请回避。"因此,除上述法定人员以外的其他人员收集的"证据材料"以及行政执法人员在依法应当回避期间收集的证据,依法不得作为定案的证据。

(2)收集证据的程序是否合法

依照《交通行政处罚行为规范》第九条的规定,"按程序立案或者交通行政执法机关主动实施监督检查发现的案件,办案人员应当全面、客观、公正地进行调查,收集、调取证据,并可以依照法律、法规的规定进行检查。"第十三条第(一)项规定:办案人员所收集的证据应当是"按照法定程序收集取得的事实"。违反有关取证程序的法律规定而收集的证据,不具备证据资格。

(3)收集证据的方式是否合法

《交通行政处罚行为规范》第十三条第(一)项规定:办案人员所收集的证据应当"符合法律、法规、规章等关于证据的规定"。第十二条规定,"证据是指能够证明交通行政处罚案件真实情况的材料。办案人员应当依法收集与案件有关的证据。证据包括以下几种:(一)书证;(二)物证;(三)视听资料;(四)证人证言;(五)当事人的陈述;(六)鉴定结论;(七)勘验笔录、现场笔录。"第十四条规定,"办案人员询问当事人及证人的,应当个别进行。询问应当制作《询问笔录》。《询问笔录》制作完成后应当交被询问人核对;对阅读有困难的,应当向其宣读。"第十七条规定,"对有违法嫌疑的物品或者场所进行勘验(检查)时,应当有当事人或者第三人在场,并制作《勘验(检查)笔录》,载明时间、地点、事件等内容,由办案人员、当事人、第三人签名或者盖章。必要时,可以采取拍照、录像等方式记录现场情况。"这些都是关于证据形式的规定。如果证据的形式不符合有关法律、法规、规章的规定,不具备证据资格。

《行政诉讼证据规定》第五十七条规定,"下列证据材料不能作为定案依据:(一)严重违反法定程序收集的证据材料;(二)以偷拍、偷录、窃听等手段获取侵害他人合法权益的证据材料;(三)以利诱、欺诈、胁迫、暴力等不正当手段获取的证据材料;(四)当事人无正当事由超出举证期限提供的证据材料;(五)在中华人民共和国领域以外或者在中华人民共和国香港特别行政区、澳门特别行政区和台湾地区形成的未办理法定证明手续的证据材料;(六)当事人无正当理由拒不提供原件、原物,又无其他证据印证,且对方当事人不予认可的证据的复制件或者复制品;(七)被当事人或者他人进行技术处理而无法辨明真伪的证据材料;(八)不能正确表达意志的证人提供的证言;(九)不具备合法性和真实性的其他证据材料。"第五十八条还规定:"以违反法律禁止性规定或者侵犯他人合法权益的方法取得的证据,不能作为认定案件事实的依据。"在交通运输行政执法中,对此应当予以重视,不能使用不具备合法性和真实性的其他证据材料作为定案依据。

三、传闻证据排除规则

1. 传闻证据规则的含义

传闻证据是指两种证据资料,一是证明人对直接感知的案件事实亲笔所写陈述书及他人制作并经本人认可的陈述笔录;二是证明人以他人所感知的事实向行政执法机关所作的转述。

传闻证据有三个特点:①以人的陈述为内容的陈述证据;②不是直接感知案件真实的人亲自向行政执法机关所作的陈述,而是对感知事实的书面的或者口头形式的转述;③没有给予当事人对原始人证进行反询问的机会的证据。

传闻证据规则是指,原则上排斥传闻证据作为认定案件事实的根据的证据规则。根据这一规则,如无法定理由,在传闻证据应当予以排除,不得作为证据使用。

2. 传闻证据规则的法律依据

《交通行政处罚行为规范》没有对传闻证据规则作出规定,但《行政诉讼证据规定》第四十六条对此做了规定,"证人应当陈述其亲历的具体事实。证人根据其经历所作的判断、推测或者评论,不能作为定案的依据。"在交通运输行政执法中可以参照这一规定认定传闻证据的证明能力。

3.传闻法则的例外

在许多情况下,如果绝对排除传闻证据,实际上做不到,不仅会造成诉讼拖延,而且也势必妨碍查明事实真相,有违设立传闻法则的初衷,因此,在法律有明确规定时,允许传闻证据作为定案证据使用。

《行政诉讼证据规定》第四十一条规定:"凡是知道案件事实的人,都有出庭作证的义务。有下列情形之一的,经人民法院准许,当事人可以提交书面证言:(一)当事人在行政程序或者庭前证据交换中对证人证言无异议的;(二)证人因年迈体弱或者行动不便无法出庭的;(三)证人因路途遥远、交通不便无法出庭的;(四)证人因自然灾害等不可抗力或者其他意外事件无法出庭的;(五)证人因其他特殊原因确实无法出庭的。"

四、最佳证据规则

1.最佳证据规则的含义

最佳证据规则指的是在证明一项文书内容的过程中,如果该内容是重要的,除非可以证明存在非因提出者的重大过失或其他原因,否则必须提出原始的文书。

最佳证据规则有以下几层意思:

(1)在数个文书证据并存的情况下,原件是最佳的。这个"最佳"的意思指的是:如果这数个证据是矛盾的或者是表述不一致的、会发生疑义的,那么,就视原件最佳。也就是应当赋予原件最佳的证明力或者是证据力。

(2)在格式填制中,填制部分最佳。

(3)文字数字与阿拉伯数字不一致的时候,应当是文字数字为最佳。就是当汉语的"一二三四"和阿拉伯数字的"1234"出现不一致的时候,应该以前者为最佳。

2.最佳证据规则的法律依据

《交通行政处罚行为规范》没有对最佳证据规则作出规定,但《行政诉讼证据规定》第六十三条对此做了规定,在交通运输行政执法中应该参照这一规定认定最佳证据的证明能力。

《行政诉讼证据规定》第六十三条规定:"证明同一事实的数个证据,其证明效力一般可以按照下列情形分别认定:(一)国家机关以及其他职能部门依职权制作的公文文书优于其他书证;(二)鉴定结论、现场笔录、勘验笔录、档案材料以及经过公证或者登记的书证优于其他书证、视听资料和证人证言;(三)原件、原物优于复制件、复制品;(四)法定鉴定部门的鉴定结论优于其他鉴定部门的鉴定结论;(五)法庭主持勘验所制作的勘验笔录优于其他部门主持勘验所制作的勘验笔录;(六)原始证据优于传来证据;(七)其他证人证言优于与当事人有亲属关系或者其他密切关系的证人提供的对该当事人有利的证言;(八)出庭作证的证人证言优于未出庭作证的证人证言;(九)数个种类不同、内容一致的证据优于一个孤立的证据。"

3.最佳证据规则的例外

《行政诉讼证据规定》第六十四条规定,"以有形载体固定或者显示的电子数据交换、电子邮件以及其他数据资料,其制作情况和真实性经对方当事人确认,或者以公证等其他有效方式予以证明的,与原件具有同等的证明效力。"

五、补强证据规则

1.补强证据规则的含义

补强证据规则是指,法律规定因某一证据的证明力较弱,不能将其单独作为认定案件事实的依据,只有在其他证据以佐证方式对其证明力给予补充、加强的情况下,才能将该证据作为认定案件事实的依据的规则。

2.补强证据规则适用范围

作为一种法定的证据规则,根据《行政诉讼证据规定》第七十一条的规定,补强证据规则不仅适用于言词证据,如证人证言,还适用于书证、物证、视听资料。除此之外,则不得适用该规则。

《行政诉讼证据规定》第七十一条明确了补强证据规则的适用范围,规定下列证据不能单独作为定案依据:(一)未成年人所作的与其年龄和智力状况不相

第五章 交通运输行政执法证据的复核和运用

适应的证言;(二)与一方当事人有亲属关系或者其他密切关系的证人所作的对该当事人有利的证言,或者与一方当事人有不利关系的证人所作的对该当事人不利的证言;(三)应当出庭作证而无正当理由不出庭作证的证人证言;(四)难以识别是否经过修改的视听资料;(五)无法与原件、原物核对的复制件或者复制品;(六)经一方当事人或者他人改动,对方当事人不予认可的证据材料;(七)其他不能单独作为定案依据的证据材料。

参照《行政诉讼证据规定》第七十一条的规定,结合交通运输行政执法实践,在交通运输行政执法案件中,补强证据规则的适用范围可以界定为:

(1)未成年人所作的与其年龄和智力状况不相适应的证言需要补强。证人证言是行政诉讼法规定的证据类型之一。由于它是证人感知的案件情况,因此证明力较高,对查明案件事实具有非常重要的作用。但是,证人对案件事实的感知需要有一定的辨别能力和表达能力,法律对此也有要求。未成年人可能经历了案件过程,对案件事实有所了解,但因其辨别、表达能力的限制,表达不一定完全准确。因此,对未成年人的证言,尤其是与其年龄和智力状况不相符的证言要经过证据补强才能使用,不能仅依此证据作为定案根据。

其适用条件是:①证人是未成年人;②其证言与其年龄和智力不相适应。同时具备这两个条件的证据,则需补强,这里值得注意的问题是"相适应"的判断。与未成年人的年龄与智力状况不相适应包括"高、低"两方面,证言高于年龄和智力状况或低于年龄和智力状况的都属于"不相适应",均应补强。

(2)与一方当事人有亲属关系或者其他密切关系的证人所作的对该当事人有利的证言,或者与一方当事人有不利关系的证人所作的对该当事人不利的证言需要证据补强,因为人是有感情的,证人所作证言在一定程度上会受主观因素影响。为保证证言的可靠性,一旦发现证人与被证明的当事人有密切关系,且其证言是对该当事人有利的证言;或者证人与被证明当事人有不利关系,且其证言是对该当事人不利的证言,该证人的证言就不能单独作为定案证据使用,必须要有其他证据对该证据的证明质量弱点予以补强才可使用。

这里值得注意的问题有二:一是对"关系"的判断理解。这里的"关系"是指人与人的关系,不是人与事的关系。证人与一方当事人的关系,既包括密切的关系，如亲属关系、同事关系、同学关系、老乡关系等；又包括不利关系，如竞争关系、仇恨关系等。二是证言的内容，证言的内容既包括有利的证言，又包括不利的证言。为此，对该证据的可靠性产生合理怀疑，此类证据是否需要补强，必须符合两个条件：一是发现证人与一方当事人有上述的利害关系；二是发现证人是为有密切关系的当事人所作的有利证言，或是为不利关系当事人所作的不利证言。一旦同时出现这两种情形的，该证据则需补强。

（3）难以识别是否经过修改的视听资料必须补强。视听资料是行政诉讼法规定的一种独立的法定证据形式。它是通过录音、录像、计算机等电磁方式所储存的信息资料对案件事实起证明作用的。由于采用现代科技手段可以对视听资料所储存的信息进行修改或复制，因此，其真实性往往会发生难以判断的情况。为保证视听资料作为证据使用的合法性和真实性，就有必要对其适用补强规则，即必须有其他证据能够证明其未经修改，该证据才可采用，否则，该证据不能单独作为定案证据使用。

（4）无法与原件、原物核对的复制件或者复制品必须补强。证据复制件和复制品是否与原件、原物一致，只要与原件核对即可。但是在审判实践中，确有无法与原件核对的情形。在无法与原件核对的情形出现时，复制件、复制品的证明力则不够完整，是其证明质量上的弱点，不能单独作为定案根据使用。如果其要想作为证据使用，必须得到其他证据的证实即补强，才可能作为证据使用。

（5）经一方当事人或者其他人改动，对方当事人不予认可的证据材料需要补强。即这类证据的补强条件为：一是一方当事人或者其他当事人对证据有改动；二是对方当事人对经过改动的证据不予认可。同时具备这两个条件的证据不能单独作为定案证据使用，必须有其他证据证实，方可作为证据使用。在行政审判实践中，大多出现的是书证或证言。一方当事人或其他人改动证据，对方当事人不予认可，这表明双方当事人对该证据有争议，该证据的证明力处于不确定状态，为补强该证据的证明力，必须借助于其他证据的印证，才可能将其作为证据使用。

（6）其他不能单独作为定案根据的证据材料则需补强。证据补强规则并不是一个简单的证据数量问题，它需要执法人员正确判断。

3．适用补强证据规则应注意的问题

在交通运输行政执法实践中，经常会遇到适用补强证据规则的情形。为了

第五章
交通运输行政执法证据的复核和运用

更准确地适用这一规则,必须注意以下几个问题:

(1)《行政诉讼证据规定》第七十一条所列的七种证据,其本身并不属于补强证据,而属于被补强的证据。这七种证据只有在其他证据对其证明力予以补强的情况下,才能作为证据加以运用,否则,就不能以这七种被补强证据单独作为认定案件事实的依据。

(2)被补强证据如果是证人证言,则其他与一方当事人或者其代理人无利害关系的证人所出具的证言,包括未成年人所作的与其年龄、智力状况相当的证言,均可以成为补强证据。当然,视听资料、书证、物证等其他证据也可以作为补强证据自不待言。

(3)当事人陈述也是一种被补强证据。在行政执法实践中,如果仅有当事人陈述而没有其他补强证据证实,则对当事人的主张不应予以支持;如果当事人的陈述有其他证据对其证明力予以补强,或者对方当事人在行政执法证据调查中作出自认,在此情况下则可以作为认定案件事实的依据。因为当事人陈述这一证据的证明力较低(小),这主要是因为当事人在一般情况下总是会作出对自己有利的陈述,而不会去作出对自己不利的陈述,从而导致行政执法人员对当事人陈述的真实性产生疑问。因此,一旦将其单独作为认定案件事实的依据,就极有可能导致认定案件事实错误。所以,只有在当事人作出自认的情况下,当事人陈述才能作为定案依据。否则,就需要用其他证据予以补强才能作为认定案件事实的根据。对此,《行政诉讼证据规定》第六十七条规定:"在不受外力影响的情况下,一方当事人提供的证据,对方当事人明确表示认可的,可以认定该证据的证明效力;对方当事人予以否认,但不能提供充分的证据进行反驳的,可以综合全案情况审查认定该证据的证明效力。"

(4)补强证据需要达到何种证明程度才能作为认定案件事实的依据。对此,在法学理论界以及司法实务界有两种不同的观点,亦即两种不同的标准:第一,要求补强证据能够独立证明案件事实的存在,这是较高标准;第二,要求补强证据与被补强证据相互结合,共同证明案件事实的存在,这是低限度标准。我们认为,第二种标准比较正确。其理由是:首先,如果某一补强证据独立证明案件事实的存在,那么很显然,被补强的证据也就谈不上所谓的必须具有证据能力以及证明力的问题，更谈不上补强证据与被补强证据的问题；其次，被补强的证据其本身并非没有证据能力以及证明力，只是这种证据的证明力较弱或者难以判断而已。因此，只要有其他证据对这些证据的证明力给予补充或者加强，则这些被补强的证据就可以和其他证据一起，共同来证明案件事实的存在。

（5）补强证据的数量由办理案件的行政执法人员自由裁量。在行政执法实践中，需要有多少数量的补强证据，才能与被补强证据共同作为认定案件事实的依据，法律、法规、规章对此不可能作出具体明确的规定，只能由办理案件的行政执法人员进行自由裁量。当然，就办理行政案件的行政执法人员而言，其在运用证据认定事实并作出认定时，也应当依照法定程序和法律的规则，遵循职业道德，运用逻辑推理和日常生活经验，对补强证据以及被补强的证据有无证明力以及证明力大小、强弱进行判断，并以此来作为认定案件事实的依据。如果补强证据与被补强证据相互结合，能够达到高度盖然性的证明标准，则可以对其所办理的案件作出认定。

参阅资料

行政案件卷外证据排除规则

这是专门适用于行政诉讼案件的证据规则。《行政诉讼证据规定》第五十九条规定，"被告在行政程序中依照法定程序要求原告提供证据，原告依法应当提供而拒不提供，在诉讼程序中提供的证据，人民法院一般不予采纳。"第六十条规定："下列证据不能作为认定被诉具体行政行为合法的依据：（一）被告及其诉讼代理人在作出具体行政行为后或者在诉讼程序中自行收集的证据；（二）被告在行政程序中非法剥夺公民、法人或者其他组织依法享有的陈述、申辩或者听证权利所采用的证据；（三）原告或者第三人在诉讼程序中提供的、被告在行政程序中未作为具体行政行为依据的证据。"第六十一条规定，"复议机关在复议程序中收集和补充的证据，或者作出原具体行政行为的行政机关在复议程序中未向复议机关提交的证据，不能作为人民法院认定原具体行政行为合法的依据。"

第六章

典型交通运输行政执法案件的证据收集及认定

第一节 擅自从事道路营运案件的证据收集及认定

一、擅自从事道路营运案件概述

《道路运输条例》第六十四条的规定,"违反本条例的规定,未取得道路运输经营许可,擅自从事道路运输经营的,由县级以上道路运输管理机构责令停止经营;有违法所得的,没收违法所得,处违法所得2倍以上10倍以下的罚款;没有违法所得或者违法所得不足2万元的,处3万元以上10万元以下的罚款;构成犯罪的,依法追究刑事责任。"该条例第八条规定,"申请从事客运经营的,应当具备下列条件:(一)有与其经营业务相适应并经检测合格的车辆;(二)有符合本条例第九条规定条件的驾驶人员;(三)有健全的安全生产管理制度。申请从事班线客运经营的,还应当有明确的线路和站点方案。"该条例第九条规定"从事客运经营的驾驶人员,应当符合下列条件:(一)取得相应的机动车驾驶证;(二)年龄不超过60周岁;(三)3年内无重大以上交通责任事故记录;(四)经设区的市级道路运输管理机构对有关客运法律法规、机动车维修和旅客急救基本知识考试合格"。该条例第十条规定,"申请从事客运经营的,应当按照下列规定提出申请并提交符合本条例第八条规定条件的相关材料:(一)从事县级行政区域内客运经营的,向县级道路运输管理机构提出申请;(二)从事省、自治区、直辖市行政区域内跨2个县级以上行政区域客运经营的,向其共同的上一级道路运输管理机构提出申请;(三)从事跨省、自治区、直辖市行政区域客运经营的,向所在地的省、自治区、直辖市道路运输管理机构提出申请。依照前款规定收到申请的道路运输管理机构,应当自受理申请之日起20日内审查完毕,作出许可或者不予许可的决定。予以许可的,向申请人颁发道路运输经营许可证,并向申请人投入运输的车辆配发车辆营运证;不予许可的,应当书面通知申请人并说明理由。"该条例第三十四条还规定,"道路运输车辆应当随车携带车辆营运证,不得转让、出租。"

根据《道路运输条例》以上有关规定,擅自从事道路营运案件是指未取得道路运输经营许可,从事道路运输经营的案件。

所谓道路运输经营是指,为不特定的个人和单位提供运输服务、获取报酬或发生运费结算的道路运输。

所谓未取得道路运输经营许可是指,未按照《道路运输条例》规定的条件和程序,向道路运输管理机构申请,并通过道路运输管理机构审查取得道路运输经营许可证和车辆营运证。其包括以下六种情形:

一是从未按规定申请从事道路运输经营并取得道路运输经营许可证和车辆营运证;

二是虽然按规定申请从事道路运输经营,但尚未取得道路运输经营许可证和车辆营运证;

三是虽然按规定申请从事道路运输经营并取得道路运输经营许可证,但车辆未取得营运证;

四是虽已取得道路运输经营许可证和车辆营运证,但取得方式非法;

五是虽然曾经取得道路运输经营许可证和车辆营运证,但已被注销、吊销;

六是虽然曾经取得道路运输经营许可证和车辆营运证,但已过有效期限。

二、擅自从事道路营运案件的取证

(一)受案基本要求

道路运输管理机构对举报、查获、移送的擅自从事道路营运案件,应当登记;对有关证据材料,妥善保管,根据情形分别作出处理。

一是对属于本道路运输机构管辖的擅自从事道路营运案件,应当填写《立案审批表》,经批准后进行调查取证。

二是对属于道路运输管理机构职责范围,但不属于本道路运输管理机构管辖的擅自从事道路营运案件,应当移送有管辖权的道路运输管理机构处理,并通知举报人或有关单位。

三是对不属于道路运输管理机构职责范围内的事项,告知举报人向其他有关机关举报。

(二)擅自从事道路营运的证据收集

1.及时进行现场勘验或检查

(1)按照有关规范,制作《勘验笔录》或《现场笔录》。勘验、检查应当全面记载勘验、检查过程中发现和获取的证据材料,客观准确地描述勘验、检查对象的特征及勘验、检查的方法和过程等情况。其内容包括:勘验、检查的时间、地点、方位及现场状态,案发现场的营运客车、车辆牌号、营运标识、载客情况等。勘验、检查应当按照有关要求,进行现场照相、现场绘图。现场照相应对车辆所在方位、车辆全貌、车辆牌照进行照相。必要时,可以对以上过程进行录像。

(2)检查当事人的有关证件和身体特征。

现场检查笔录示例与说明:

行政执法现场笔录

执法地点:S26 线 K25+300 路口

执法时间:2009 年 3 月 10 日 16 时 40 分至 17 时 10 分

执法人员:张××,执法证号:320××××

执法人员:王××,执法证号:320××××

记录人:陈××,执法证号:320××××

被检查人:李××　性别:男　年龄:38 岁

身份证号:333××××××23

与案件关系:当事人

联系电话:136××××××××

工作单位及职务:农民

联系地址:××市××乡××村××组

车牌号:浙K××××

车型:五菱七座小客车

告知事项:我们是××市道路运输管理所的执法人员张××、王××,这是我们的执法证件,执法证件号分别是320××××、320××××,请你看清楚。(被检查人确认看清楚了。)现在我们依法进行检查,请予以配合。整个检查过程将做笔录,并录像,询问记录人由陈××担任。如执法人员与案件有直接利害关系,可能影响公正处理案件的,你可以申请回避。(被检查人确认不申请回避。)

现场检查情况:××市道路运输管理所的执法人员张××、王××,于2009年3月10日16时40分在S26线K25+300路口检查,发现一辆车牌号为浙K××××的五菱七座小客车,车上有两名乘客,分别是罗××、胡××。经询问,驾驶人李××承认浙K××××的五菱七座小客车是他自己的,车上的乘客是从××码头到×××山的,收了乘客150元车费。执法人员要求驾驶人李××出示《车辆营运证》,李××说没有。

检查于2009年3月10日17时10分结束。

检查结束后,执法人员请驾驶人李××,乘客罗××、胡××看笔录。告知如记录有错误或有遗漏,可以要求改正。如果属实,请签字。

以上笔录我已看过,情况属实。(需手写)

被检查人签名及时间:

   李××2009年3月10日

以上笔录我已看过,情况属实。(需手写)

证人签名及时间:

   罗×× 2009年3月10日

   胡×× 2009年3月10日

执法人员签名及时间:

张××2009年3月10日

王××2009年3月10日

2.询问当事人,制作询问笔录

询问重点查明以下事实:

(1)当事人如是个人,主要问明姓名、性别、年龄、职业、住址、通信方式等基本情况。当事人如是单位,主要问明名称、住址,法定代表人姓名和职务、通信方式等基本情况。

(2)客车无证营运被查获情况、现场状态等详细经过。

(3)客车的类型、颜色、核定座位、车辆牌号、车主姓名等情况。

(4)车辆载客情况,运行时间、行驶路线、起讫地点,运费商谈及收付数额。

(5)道路运输经营许可证和车辆营运证申领和携带情况。

(6)无证营运的动机、起因、目的,以确定当事人的主观方面的过错。

(7)如属于共同违法行为,查明各当事人在实施违法行为中的地位和作用,以分清主次,区分责任。

以上询问可以录音、录像,以保存备查。

当事人询问笔录示例与说明:

询 问 笔 录

询问时间:2009年3月10日17时20分至18时10分

询问地点:××市道路运输管理所案件处理中心

询问人:张××,执法证号:320××××

询问人:王××,执法证号:320××××

记录人:陈××,执法证号:320××××

被询问人:李××	与案件关系:当事人
性　别:男	年　龄:38岁
身份证号:333××××××23	联系电话:136××××××
工作单位及职务:无业	联系地址:××市××乡××村××组

问:我们是××市道路运输管理所的执法人员张××、王××,这是我们的执法证件,执法证件号码分别是320××××、320××××,请你看清楚。

答:看清楚了。

(该询问为程序证明,证明执法人员为两名,并且出示了执法证件,符合法律规定)

问:现在我们依法向你询问,请如实回答所提问题。如果不如实回答问题将承担法律责任。你是否听清楚了?

答:听清楚了。

(该询问告知当事人如实回答提问及有关法律责任)

问:询问记录人由陈××担任。如执法人员与案件有直接利害关系,可能影响公正处理案件的,你可以申请回避。你是否申请回避?

答:不申请回避。

(该询问告知记录人姓名及当事人申请回避的权利)

问:你叫什么名字?身份证号是什么?

答:我叫李××,身份证号是333×××××××23。

问:你住在哪里?从事什么工作?

答:我家住××市××乡××村××组。我在家务农。

(该询问核实当事人身份,证明当事人的职业状况)

问:这辆车是谁的?

答:这辆车是我的。

(该询问核实当事人与车辆的关系)

问:这辆车的厂牌型号是什么?

答:这辆车是五菱七座小客车。

(该询问核实车辆的厂牌型号)

问:这辆车的车牌号是什么?

答:这辆车是浙K××××。

(该询问核实车辆的牌号)

问:你把行驶证给我们核实一下?

答:好的。(出示《车辆行驶证》)

(该询问核实车辆信息,以及车辆的状况,可对《车辆行驶证》复印或拍照)

问:你买这辆车是做什么用的?

答:家里自用,运点小菜到市里卖的。

问:请你把3月9日当天的情况叙述一下。

答:3月9日16点左右,我的车停在×××码头,当时有两个人过来,他们让我把他们送到××山,然后询问我多少钱跑一趟,我说200元,他们认为太贵,最后谈成150元。

(该询问核实违法行为发生的时间、地点和具体的过程)

问:你是否收了钱,是否给了车票?

答:我收了钱,没有给车票。

(该询问核实收钱和车票情况)

问:你的这车辆是否有营运证?

答:没有。平常主要是自己用。

(该询问核实车辆无营运证)

问:以前是否从事营运?

答:家里困难,平时偶尔带一下客。

问:你把以前营运的情况讲一下?

答:具体的我也记不清楚了。也就一两次。

(该询问证明当事人曾有从事非法营运的行为)

问:《中华人民共和国道路运输条例》第三十四条规定,"道路运输车辆应当随车携带车辆营运证"。经过初步调查,你涉嫌无证营运,你对这事有什么考虑?

答:我改正,并保证今后不再违反规定,希望能从轻处理。

(该询问进一步核实违法程度)

问:你是否还有什么要补充的?

答:没有。

(进一步给予被询问人陈述的机会)

问:你上面讲的是否都是事实?

答:是的,都是事实。

(确认被询问人的陈述是否真实,并给予改正的机会)

问:现在是3月10日18时10分,本次询问结束,请你看看笔录。如记录有错误或有遗漏,可以要求改正。如果属实,请签字。

答:好的。

以上笔录我已看过,和我说的一样。(需手写)

被询问人签名及时间:

　　　　李×× 2009年3月10日

询问人签名及时间:

　　　　张×× 2009年3月10日

　　　　王×× 2009年3月10日

3.询问证人,制作询问笔录

询问的具体内容包括:

(1)证人的姓名、年龄(周岁)、性别、职业、住址等基本情况。应附证人居民身份证复印件等证明证人身份的文件。

(2)所见所闻的有关当事人的基本情况,如人数、姓名、年龄、身份、体貌特征。

(3)被查获情况发生的时间、地点,现场情况等详细经过。

(4)客车的类型、颜色、核定座位等情况。

(5)载客情况(乘客人数及姓名)、运行时间、行驶路线、起讫地点、运费商谈及收付数额。

(6)道路运输经营许可证和车辆营运证申领和携带情况。

(7)如是乘客,问明搭乘的动机、起因、目的,以确定当事人的主观方面的过错。

以上询问可以录音、录像,以保存备查。

证人询问笔录示例与说明:

询 问 笔 录

询问时间:2009年3月10日18时20分至18时50分

询问地点：××市道路运输管理所案件处理中心

询问人：张××，执法证号：320××××

询问人：王××，执法证号：320××××

记录人：陈××，执法证号：320××××

被询问人：罗××　　　　与案件关系：证人

性　别：男　　　　　　年　龄：35岁

身份证号：333××××××01　联系电话：136×××××

工作单位及职务：××市××科技有限公司职工

联系地址：××市××路××小区×××幢301室

问：我们是××市道路运输管理所的执法人员张××、王××。这是我们的执法证件，执法证件号码分别是320××××、320××××，请你看清楚。

答：看清楚了。

（该询问为程序证明，证明执法人员为两名，并且出示了执法证件，符合法律规定）

问：现在我们依法向你询问，请如实回答所提问题。如果不如实回答问题将承担作伪证的法律责任。你是否听清楚了？

答：听清楚了。

（该询问告知证人如实回答提问及有关法律责任）

问：询问记录人由陈××担任。如执法人员与案件有直接利害关系，可能影响公正处理案件的，你可以申请回避。你是否申请回避？

答：不申请回避。

（该询问告知记录人姓名及当事人申请回避的权利）

问：你叫什么名字？年龄多大？身份证号码是多少？

答：我叫罗××，今年35岁，身份证号是333×××××××01。

（该询问了解证人的身份，证明和确认该案件当事人身份的来源和途径）

问：是否可以提供身份证核实一下？

答：可以。

（该询问核实当事人的身份，避免冒名顶替。身份证件不限于身份证，还可

以是驾驶证等其他可以证明身份的证件。并可将证件复印或拍照存档)

问：你住在哪里？从事什么工作？

答：我住××市××路××小区×××幢301室，在××市××科技有限公司工作。

(对证人的职业的询问，首先可以详细了解证人的情况，其次可以为日后进一步调查做好准备，最后证人的职业不同，一定程度上影响证人证言的可信度，提高证言的证明力)

问：你能否说说3月9日坐车外出的情况？

答：可以。3月9日下午4点左右，我和我的同事胡××想去××山游玩，看见一辆车停在×××码头，我们要驾驶人把我们送到××山，问他多少钱跑一趟，他说200元，我们觉得太贵，最后谈成150元。

问：你们坐的是什么车型？

答：五菱七座小客车。

问：那辆车的牌号是多少？

问：浙K××××。

(该询问核实车辆信息以及车辆的状况)

问：你们与那辆车的驾驶人认识吗？

答：不认识。

(该询问证人与驾驶人是否认识，可以证明驾驶人与乘客并非是"好意搭乘"行为，并且可以证明驾驶人揽客是针对不特定对象的经营行为)

问：有没有给钱，有没有要车票？

答：下车前给的钱，没有要车票。

(该询问核实运费支付和车票情况)

问：你是否还有什么要补充的？

答：没有。

问：你上面讲的是否都是事实？

答：是的，都是事实。

(确认证人证言是否真实，并给予改正的机会)

问:现在是3月10日19时05分,本次询问结束,请你看看笔录。如记录有错误或有遗漏,可以要求改正。如果属实,请签字。

答:好的。

以上笔录我已看过,和我说的一样。(需手写)
被询问人签名及时间:
罗××2009年3月10日
询问人签名及时间:
张××2009年3月10日
王××2009年3月10日

4.证据登记保存

在调查过程中,如发现与案件有关的需要作为证据的物品、文件证件、营运客车(暂扣或拍照)可以登记保存,以防止证据被销毁、转移。登记保存应当依照有关规定制作清单。

三、擅自从事道路营运的证据认定

根据《道路运输条例》的有关规定,认定擅自从事道路营运案件事实的证据,应当包括四个方面的内容:

1.认定主体事实的证据材料

(1)书证

当事人如是个人,主要涉及姓名、年龄、住址等自然情况的书证,包括居民身份证、户口簿等原件复印件、有关客运知识考试合格证明等。当事人如是单位,主要涉及当事人名称、住所等基本情况的书证,包括营业执照、税务登记等原件复印件等。

(2)当事人陈述和辩解

当事人陈述和辩解主要涉及当事人基本情况的陈述和辩解。

(3)证人证言

证人证言主要涉及当事人身份事实的证言等。

(4)鉴定结论

鉴定结论主要涉及当事人精神状态的医学鉴定和出生年龄的鉴定等。

2.认定主观方面的证据材料

(1)书证

书证主要涉及当事人没有任何道路运输经营许可证和车辆营运证,伪造或者使用过期道路运输经营许可证和车辆营运证的书证,自制线路牌、广告、车票、营运账本等。

(2)物证

物证主要涉及当事人无证营运的次数、持续时间、行驶路线的物证,以证明当事人的主观过失。

(3)当事人陈述和辩解

当事人陈述和辩解主要涉及当事人有关无证营运的目的、动机的陈述和辩解。

(4)证人证言

证人证言主要涉及当事人明知无证而营运的证言,以证明当事人当时所持心态。

(5)视听资料

视听资料包括涉及当事人明知无证营运的监控录像、录音、照片,证人拍摄的录像、录音等。

3.认定客观事实的证据材料

(1)书证

书证包括道路运输管理机构出具的没有道路运输经营许可证和车辆营运证,道路运输经营许可证和车辆营运证被注销、吊销或者被暂扣的证明;不符合营运条件,非法取得的道路运输经营许可证和车辆营运证;已超过有效期限的道路运输经营许可证和车辆营运证,自制线路牌、广告、车票、营运账本等。

(2)物证

物证包括现场勘查提取的营运车辆、行李及其他遗留物、痕迹等。

(3)当事人陈述和辩解

当事人陈述和辩解包括一起参与无证营运的数个当事人的陈述和辩解。

(4)证人证言

证人证言包括车主、乘客、现场目击人及其他知情人的证言等。

(5)勘验、检查笔录

勘验、检查笔录包括案发现场、行驶现场、车辆存放现场、行李存放现场的勘验、检查笔录。

(6)视听资料

视听资料包括涉及当事人无证营运的监控录像、录音的记录、照片,证人拍摄的录像、录音等。

(7)鉴定结论

鉴定结论主要涉及道路运输经营许可证和车辆营运证真伪和有效期限的鉴定,被害人人身伤害的《人体伤情鉴定结论》等。

4.认定违法程度的证据材料

认定违法程度的证据材料包括能够证明从轻、减轻、从重、加重或不给予行政处罚的情形的书证、物证、证人证言、当事人陈述和申辩、视听资料等,以证明当事人是否主动消除或者减轻违法行为的后果;违法行为是否受他人胁迫;是否有立功表现;违法行为是否轻微并及时纠正,没有造成危害后果;是否在两年内被发现,是否有其他依法从轻、减轻行政处罚的情形。

第二节 违法修建建筑物案件证据的收集与认定

一、违法修建建筑物案件概述

《公路法》第八十一条规定,"违反本法第五十六条规定,在公路建筑控制区内修建建筑物、地面构筑物或者擅自埋设管线、电缆等设施的,由交通主管部门责令限期拆除,并可以处五万元以下的罚款。逾期不拆除的,由交通主管部门拆除,有关费用由建筑者、构筑者承担。"该法第五十六条规定,"除公路防护、养护需要的以外,禁止在公路两侧的建筑控制区内修建建筑物和地面构筑物;需要在建筑控制区内埋设管线、电缆等设施的,应当事先经县级以上地方人民政府交通主管部门批准。""前款规定的建筑控制区的范围,由县级以上地方人民政府按照保障公路运行安全和节约用地的原则,依照国务院的规定划定。"

根据《公路法》以上两条的规定,违法修建建筑物案件是指违反公路法的有关规定,在公路建筑控制区内新建、改建、扩建或重建建筑物的案件。所谓建筑物是指修建供人居住、生产或者进行其他活动的房屋,如店铺、厂房等。

《中华人民共和国公路管理条例》第二十九条规定:"在公路两侧修建永久性工程设施,其建筑物边缘与公路边沟外缘的间距为:国道不少于20米,省道不少于15米,县道不少于10米,乡道不少于5米。"

二、违法修建建筑物的取证

(一)受案基本要求

公路管理机构对举报、查获、移送的违法修建建筑物案件,应当登记;对有关证据材料,妥善保管,根据情形分别作出处理。

一是对于属于本公路管理机构管辖的违法修建建筑物案件,应当填写《立案审批表》,经批准后进行调查取证。

二是对于属于公路管理机构职责范围,但不属于本公路管理机构管辖的违法修建建筑物案件,应当移送有管辖权的公路管理机构处理,并通知举报人或有关单位。

三是对于不属于公路管理机构职责范围内的事项,告知举报人向其他有关机关举报。

(二)违法修建建筑物的证据收集

1. 及时进行现场勘验或检查

(1)按照有关规范,制作《勘验笔录》或《现场笔录》。勘验、检查应当全面记载勘验、检查过程中发现和获取的证据材料,客观准确地描述勘验、检查对象的特征及勘验、检查的方法和过程等情况。其内容包括:勘验、检查的时间、地点、方位及现场状态,周围环境,案发现场中建筑物、构筑物的状况,痕迹情况,包括位置、长宽、建筑面积距离公路边缘最近距离(一般表示为公路桩号、与公路距离等,精确到米,小数点后可保留一位数,如S261线K52+600处至S261线K53+100处)。勘验、检查应当按照有关要求,进行现场照相、现场绘图。必要时,可以对以上过程进行录像。

(2)检查当事人的有关证件和体貌特征、精神状态。

勘验笔录示例与说明:

<h1 style="text-align:center">勘 验 笔 录</h1>

案由:违法修建建筑物

勘验时间:2009年8月10日14时40分至15时10分

天气情况:晴转多云

勘验地点:G102线K18+800处

勘验人员:张××,单位及职务:××市公路管理处 路政员

勘验人员:王××,单位及职务:××市公路管理处 路政员

当事人:李×× 性别:男 年龄:35岁

身份证号:333××××××2×

联系电话:136×××××××

工作单位及职务:农民

联系地址:××市××乡××村××组

记录人:陈××,单位及职务:××市公路管理处路政员

告知事项:我们是××市道路运输管理所的执法人员张××、王××,这是我们的执法证件,执法证件号分别是320×××、320×××,请你看清楚。(被检查人确认看清楚了)现在我们依法进行勘验,请予以配合。整个勘验过程将做笔录,并录像,询问记录人由陈××担任。如执法人员与案件有直接利害关系,可能影响公正处理案件的,你可以申请回避。(被检查人确认不申请回避)

现场勘验情况:××市公路管理处路政员张××、王××于2009年8月10日下午14时30分巡查至G102线K18+800处时,发现公路右侧控制区内正在搭建房屋。经现场勘验,房屋属砖混结构,长11.6米,宽7.2米。房屋占地面积为83.52平方米,房屋边缘与公路右侧边沟外缘距离为8米。

勘验于2009年8月10日15时10分结束。

勘验结束后,执法人员请当事人李××看笔录。告知如记录有错误或有遗漏,可以要求改正。如果属实,请签字。

以上笔录我已看过,情况属实。(需手写)

当事人签名及时间:

　　李××2009年8月10日

勘验人员签名及时间:

　　张××2009年8月10日

　　王××2009年8月10日

现场勘验图:

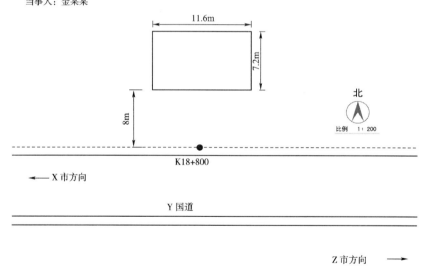

2.询问当事人,制作询问笔录

询问重点查明以下事实:

(1)当事人如是个人,主要问明姓名、性别、年龄、职业、住址、通信方式等基本情况。当事人如是单位,主要问明名称、住址、法定代表人姓名和职务、通信方式等基本情况。

(2)修建非法建筑的时间、具体地点、被查获情况、现场状态等详细经过。

(3)非法建筑的结构类型、建筑材料、建筑面积、使用的工具等情况。

(4)修建非法建筑的动机、起因、目的,以确定当事人的主观方面的过错。

(5)如属于共同违法行为,查明各当事人在实施违法行为中的地位和作用,以分清主次,区分责任。

以上询问可以录音、录像,以保存备查。

询 问 笔 录

询问时间:2009年8月10日16时20分至17时10分

询问地点:××市公路管理处

询问人:张××,执法证号:320××××

询问人:王××,执法证号:320××××

记录人:陈××,执法证号:320××××

当事人:李×× 性别:男 年龄:35岁

居民身份证号:333×××××××23

联系电话:136××××××

工作单位及职务:农民

联系地址:××市××乡××村××组

问:我们是××市公路管理处的执法人员,这是我们的执法证件,张××的执法证件号是320××××、王××的执法证件号码320××××,请你看清楚。

答:看清楚了。

（该询问为程序证明，证明执法人员为两名，并且出示了执法证件，符合法律规定）

问：询问记录人由陈××担任。如果你认为我们的调查可能影响处理的公正，在本案调查终结前，你可以向××县交通局申请我们回避，要求换其他执法人员来调查。在××县交通局的回避决定作出之前，我们不停止本案的调查。你听清楚了吗？

答：听清楚了。

（该询问告知记录人姓名及当事人申请回避的权利）

问：现在是2009年8月10日16时20分，在G102线K18+800处，就公路建筑控制区内修建房屋一案进行询问。请如实回答所提问题。对与案件无关的问题，你有不回答的权利；如果你不如实回答问题，将承担法律责任。你听清楚了吗？

答：听清楚了。

（该询问说明询问时间、地点和事由，并告知当事人不回答无关问题的权利、如实回答提问的义务及有关法律责任）

问：你叫什么名字？居民身份证号是什么？

答：我叫李××，身份证号是333×××××××23。

问：你住在哪里？从事什么工作？

答：我家住××市××乡××村××组。在家务农。

（该询问了解当事人的基本情况）

问：可否提供居民身份证核对一下？

答：可以。这是我的身份证。（提交居民身份证给询问人）

（该询问核实当事人的基本情况。居民身份证是证明居住在我国境内的公民的身份证件。根据《中华人民共和国居民身份证法》的有关规定，"公民从事有关活动，需要证明身份的，有权使用居民身份证证明身份"，除公安机关依法对被告人采取强制措施可以扣留居民身份证外，"任何组织或者个人不得扣押居民身份证"。因此，路政执法人员询问时，经被询问人同意才可以核对居民身份证。）

问:可否说说你的联系电话吗?

答:我的电话号码是××××××××。

问:我们巡查时,发现有人在 G102 线 K18+800 处建房,是你的吗?

答:是我的。

(该询问核实当事人与建房的关系)

问:你把事情经过讲一下。

答:今年 8 月 7 日,我在 G102 线 K18+800 处开始建房。

(该询问核实违法行为发生的时间、地点和具体的过程)

问:你修建的房屋是什么结构?

答:砖混结构。

问:你修建的房屋距离公路边沟外缘有多远?

答:有 8 米。

问:你是如何知道的?

答:路政人员在现场丈量时,我在现场看到的。

问:你为什么要在公路旁边建房?

答:因为××××××。

(该询问证明当事人建房不是用于公路防护、养护)

问:你在公路旁边建房有没有报××市公路管理处审批?

答:没有。

(该询问证明当事人建房未经批准)

问:你是否还有什么要补充的?

答:没有。

(进一步给予被询问人陈述的机会)

问:你前面讲的是否都是事实?

答:是的,都是事实。

(确认被询问人的陈述是否真实,并给予改正的机会)

问:现在是 2009 年 8 月 10 日 17 时 10 分,本次询问结束,请你看看询问笔录,是否和你说的一样。如记录有错误或有遗漏,可以要求改正。如果属实,请签字。

答:好的。

以上笔录我已看过,和我说的一样。(需手写)

被询问人签名及时间:

　　李××2009年8月10日

询问人签名及时间:

　　张××2009年8月10日

　　王××2009年8月10日

3.询问证人,制作询问笔录

询问的具体内容包括:

(1)证人的姓名、年龄(周岁)、性别、职业、住址等基本情况。应附证人居民身份证复印件等证明证人身份的文件。

(2)所见所闻的修建非法建筑的时间、地点、被查获情况、现场状态等详细经过。

(3)所见所闻的有关当事人的基本情况,如人数、姓名、年龄、身份、体貌特征。

(4)所见所闻的非法建筑的结构类型、使用的工具、建筑材料等情况。

以上询问可以录音、录像,以保存备查。

4.证据登记保存

在调查过程中,如发现与案件有关的需要作为证据的物品、文件、建筑材料和工具,可以登记保存,以防止证据被销毁、转移。登记保存应当依照有关规定制作清单。

三、非法建筑案件的证据认定

根据《公路法》的有关规定,认定非法建筑案件事实的证据,应当包括四个方面的内容。

1.认定主体事实的证据材料

(1)书证

当事人如是个人,主要涉及姓名、年龄、住址等自然情况的书证,包括居民身份证、户口簿等原件复印件等。当事人如是单位,主要涉及当事人名称、住所等基本情况的书证,包括营业执照、税务登记等原件复印件等。

(2)当事人陈述和辩解

当事人陈述和辩解主要涉及当事人基本情况的陈述和辩解。

(3)证人证言

证人证言主要涉及当事人主体资格事实的证言等。

(4)鉴定结论

鉴定结论主要涉及当事人精神状态的医学鉴定和出生年龄的鉴定等。

2.认定主观方面的证据材料

(1)书证

书证主要涉及当事人没有任何有关建筑批文,伪造或者使用过期建筑批文的书证。

(2)物证

物证主要涉及当事人修建非法建筑的时间(采用24小时制,精确到分钟,如"2009年5月5日14时45分至2010年8月5日14时45分")、地理位置(具体地点和路段,一般表示为公路桩号、与公路距离等,精确到米,小数点后可保留一位数)的物证(如里程碑、界桩等),以证明当事人的主观过错。

(3)当事人陈述和辩解

当事人陈述和辩解主要涉及当事人有关非法建筑的目的、动机的陈述和辩解。

(4)证人证言

证人证言主要涉及当事人明知非法建筑的证言,以证明当事人当时所持心态。

(5)视听资料

视听资料包括监控录像、录音的记录、照片,证人拍摄的录像、录音等。

3.认定客观事实的证据材料

(1)书证

书证包括土地主管部门、规划主管部门等有关主管部门出具的非法用地、非法建设的证明;已超过有效期限的建筑批文等;交通主管部门或公路管理机构出具的不属于公路防护、养护需要的证明。

(2)物证

物证包括现场勘查提取的建筑物、构造物及其他遗留物、痕迹、工具等。

(3)当事人陈述和辩解

当事人陈述和辩解包括一起参与非法建筑的数个当事人的陈述和辩解。

(4)证人证言

证人证言包括物主、施工人员、现场目击人及其他知情人的证言等。

(5)勘验笔录、现场笔录

勘验笔录、现场笔录涉及证明建筑物位于公路建筑控制区域内的勘验笔录、现场笔录。

(6)视听资料

视听资料包括证明建筑物位于公路建筑控制区域内的监控录像、录音的记录、照片,证人拍摄的录像、录音等。

4.认定违法程度的证据材料

其包括能够证明从轻、减轻、从重、加重或不给予行政处罚的情形的书证、物证、证人证言、当事人陈述和申辩、视听资料等,以证明当事人是否主动消除或者减轻违法行为的后果;违法行为是否受他人胁迫;是否有立功表现;违法行为是否轻微并及时纠正,没有造成危害后果;是否在二年内被发现,是否有其他依法从轻、减轻行政处罚的情形。

第三节 车辆擅自超限行驶公路案件的证据收集及认定

一、车辆擅自超限行驶案件概述

《公路法》第七十六条第(五)规定,"违反本法第五十条规定,车辆超限使用汽车渡船或者在公路上擅自超限行驶的","由交通主管部门责令停止违法行

第六章
典型交通运输行政执法案件的证据收集及认定

为,可以处三万元以下的罚款"。该法第五十条的规定,"超过公路、公路桥梁、公路隧道或者汽车渡船的限载、限高、限宽、限长标准的车辆,不得在有限定标准的公路、公路桥梁上或者公路隧道内行驶,不得使用汽车渡船。超过公路或者公路桥梁限载标准确需行驶的,必须经县级以上地方人民政府交通主管部门批准,并按要求采取有效的防护措施;运载不可解体的超限物品的,应当按照指定的时间、路线、时速行驶,并悬挂明显标志。""运输单位不能按照前款规定采取防护措施的,由交通主管部门帮助其采取防护措施,所需费用由运输单位承担。"

根据上述法律条文的规定,车辆擅自超限行驶案件是指车辆违反《公路法》的规定,未经县级以上地方人民政府交通主管部门批准,并按要求采取有效的防护措施,车辆超过规定的载重、外廓尺寸标准,擅自在公路上行驶的案件。

根据《超限运输车辆行驶公路管理规定》,超限运输车辆是指在公路上行驶的、有下列情形之一的运输车辆:"(一)车货总高度从地面算起4米以上(集装箱车货总高度从地面算起4.2米以上);(二)车货总长18米以上;(三)车货总宽度2.5米以上;(四)单车、半挂列车、全挂列车车货总质量40 000千克以上;集装箱半挂列车车货总质量46 000千克以上;(五)车辆轴载质量在下列规定值以上:单轴(每侧单轮胎)载质量6 000千克;单轴(每侧双轮胎)载质量10 000千克;双联轴(每侧单轮胎)载质量10 000千克;双联轴(每侧各一单轮胎、双轮胎)载质量14 000千克;双联轴(每侧双轮胎)载质量18 000千克;三联轴(每侧单轮胎)载质量12 000千克;三联轴(每侧双轮胎)载质量22 000千克。"

所谓未经县级以上地方人民政府交通主管部门批准是指未向县级以上地方人民政府交通主管部门提出申请并获得批准。包括以下七种情形:

一是从未向县级以上地方人民政府交通主管部门提出申请并获得批准。

二是虽然向县级以上地方人民政府交通主管部门提出申请,但尚未获得批准。

三是虽已获得县级以上地方人民政府交通主管部门批准,但未携带有关批文。

四是虽已获得县级以上地方人民政府交通主管部门批准,但取得方式非法。

五是虽已获得县级以上地方人民政府交通主管部门批准,但有关批文被注销、吊销。

六是虽已获得县级以上地方人民政府交通主管部门批准,但未按要求采取有效的防护措施。

七是虽已获得县级以上地方人民政府交通主管部门批准,并按要求采取有效的防护措施,但运载不可解体超限物品的,未按照指定的时间、路线、时速行驶,并悬挂明显标志。

二、车辆擅自超限行驶案件的取证

(一)受案基本要求

公路管理机构对举报、查获、移送的车辆擅自超限行驶案件,应当登记,对有关证据材料,应妥善保管,根据情形分别作出处理。

一是对于属于本公路管理机构管辖的车辆擅自超限行驶案件,应当填写《立案审批表》,经批准后进行调查取证。

二是对于属于公路管理机构职责范围,但不属于本公路管理机构管辖的车辆擅自超限行驶案件,应当移送有管辖权的公路管理机构处理,并通知举报人或有关单位。

三是对于不属于公路管理机构职责范围内的事项,告知举报人向其他有关机关举报。

(二)车辆擅自超限行驶的证据收集

1. 及时进行现场勘验或检查

(1)按照有关规范,制作《勘验笔录》或《现场笔录》。勘验、检查应当全面记载勘验、检查过程中发现和获取的证据材料,客观准确地描述勘验、检查对象的特征及勘验、检查的方法和过程等情况。其内容包括:勘验、检查的时间、地点(一般表示为公路桩号、与公路距离等,精确到米,小数点后可保留一位数,如 S261 线 K58+300 处)、方位及现场状态,案发现场的营运车辆装载状况(货物的种类、车货高度、宽度、长度)、行驶距离(起讫点和沿线公路名称)、轮胎痕迹和公路损害情况,车辆有无超限运输通行证,防护措施情况等等。勘验、检查应当按照有关要求,进行现场照相、现场绘图。必要时,可以对以上过程进行录像。

（2）检查当事人的有关证件和体貌特征。

现场检查笔录示例与说明：

行政执法现场笔录

执法地点：G223 线 K3＋500

执法时间：2010 年 5 月 29 日 13 时 15 分至 13 时 40 分

天气情况：阴转晴

执法人员：吴××，执法证号：4601100××9

执法人员：蒋××，执法证号：4601100××6

记录人：蒋××，执法证号：4601100××6

被检查人：陈××　　　　性别：男　　　　年龄：25 岁

居民身份证号：46010319851015×××

与案件关系：当事人

联系电话：136×××××

工作单位及职务：农民

联系地址：××市××乡××村××组

告知事项：我们是××市公路管理局的执法人员，这是我们的执法证件。我是吴××，执法证件号是 4601100××9，我是蒋××，执法证件号是 46011006××，请你看清楚。(被检查人确认看清楚了)现在我们依法进行检查，请予以配合。整个检查过程将做笔录，并录像，询问记录人由蒋××担任。如执法人员与案件有直接利害关系，可能影响公正处理案件的，你可以申请回避。(被检查人确认不申请回避)

现场检查情况：××市公路管理局执法人员吴××、蒋×××，于 2010 年 5 月 29 日 13 时 15 分在 G223 线 K3＋500 处检查，发现一辆车牌号为琼 C3××16 的解放牌蓝色重型自卸货车，核定车货总质量 30 吨，装运河沙，从××货运码头，到××滨江路，途径 G223 线，在 K3＋500 处被拦截，经检测，该车轴数 3 轴，车货总质量44.5吨,超限14.5吨。执法人员要求驾驶人陈××出示公路管理机构签发的《超限运输车辆通行证》,陈××说没有。执法人员依法责令陈××在G223线K3+500处超限检测站卸载河沙14.5吨。

检查于2010年5月29日13时40分结束。

检查结束后,执法人员请驾驶人陈××看笔录。告知如记录有错误或有遗漏,可以要求改正。如果属实,请签字。

以上笔录我已看过,情况属实。(需手写)
被检查人签名:
  陈×× 2010年5月29日
执法人员签名:
  吴×× 2010年5月29日
  蒋×× 2010年5月29日

附:
①车辆轴载检测单1份。
②现场照片5张。
③现场录像1份。

2.询问当事人,制作询问笔录

询问重点查明以下事实:

(1)当事人的基本情况,如姓名、性别、年龄(周岁)、职业、住址、通信方式。

(2)车辆超限行驶的时间、地点、被查获情况、现场状态等详细经过。

(3)超限行驶的车辆类型、车辆牌号,车辆核定吨位,车主姓名。

(4)车辆装载货物的种类、质量,车货高度、宽度和长度,货主姓名等情况。

(5)车辆有无超限运输通行证,无法当场提供超限运输通行证的原因。

行驶时间,拟行驶的路线(起讫点和沿线公路名称),进入公路的地点(S261线××路口),已经行驶的距离。

(6)车辆擅自超限行驶的动机、起因、目的,以确定当事人的主观方面的过错。

(7)如属于共同违法行为,查明各当事人在实施违法行为中的地位和作用,以分清主次,区分责任。

以上询问可以录音、录像,以保存备查。

当事人询问笔录示例与说明:

询 问 笔 录

时间:2010 年 5 月 29 日 14 时 45 分

地点:××市公路管理局超限检测站

执法人员:吴××,执法证号:4601100××9

执法人员:蒋××,执法证号:4601100××6

记录人:蒋××,执法证号:4601100××6

被检查人:陈×× 性别:男 年龄:25 岁

居民身份证号:46010319851015××××

与案件关系:当事人

联系电话:136××××××

工作单位及职务:农民

联系地址:××市××乡××村××组

问:我们是××市公路管理处的执法人员,这是我们的执法证件,我是吴××,执法证件号是 4601100××9,我是蒋××,执法证件号是 46011006××,请你看清楚。

答:看清楚了。

(该询问为程序证明,证明执法人员为两名,并且出示了执法证件,符合法律规定)

问:询问人由吴××担任,询问记录人由蒋××担任。如果你认为我们的调查可能影响处理的公正,在本案调查终结前,你可以向××县交通局申请我们回避,要求换其他执法人员来调查。在××县交通局的回避决定作出之前,我们不停止本案的调查。你听清楚了吗?

答:听清楚了。

(该询问告知记录人姓名及当事人申请回避的权利)

问:现在是2010年5月29日14时45分,在G223线K3+500处××市公路管理局超限检测站,就你运沙的事进行询问。请如实回答所提问题。对与案件无关的问题,你有不回答的权利;如果你不如实回答问题,将承担法律责任。你听清楚了吗?

答:听清楚了。

(该询问说明询问时间、地点和事由,并告知当事人不回答无关问题的权利、如实回答提问的义务及有关法律责任)

问:你叫什么名字,多大年龄,居民身份证号是什么?

答:我叫陈××,25岁,居民身份证号:46010319851015×××。

问:你住在哪里?从事什么工作?

答:我家住××市××乡××村××组。在家务农。

(该询问了解当事人的基本情况)

问:可否提供居民身份证核对一下?

答:可以。这是我的身份证。(提交《居民身份证》给询问人)

(该询问核实当事人的基本情况。居民身份证是指证明居住在我国境内的公民的身份证件。根据《中华人民共和国居民身份证法》的有关规定,"公民从事有关活动,需要证明身份的,有权使用居民身份证证明身份",除公安机关依法对被告人采取强制措施可以扣留居民身份证外,"任何组织或者个人不得扣押居民身份证"。因此,路政执法人员询问时,经被询问人同意才可以核对居民身份证。)

问:可否说说你的联系电话吗?

答:我的电话号码是××××××××××。

问:这辆解放牌蓝色重型自卸货车是谁的?

答:是我的。

问:车牌号是多少?

答:琼C3××16。

问:车轴数和核定车货载质量是多少?

答:轴数是 3 轴,核定车货总质量 30 吨。

问:可否提供车辆行驶证核对一下?

答:可以。这是我的车辆行驶证。(提交《车辆行驶证》给询问人)

(该询问核实车辆基本情况,证明被询问人与车辆及案件的关系,可对《车辆行驶证》复印或拍照)

问:车上装的什么货?什么时间、在哪里装货?运到哪里去?

答:装的是河沙,今天上午 10 点半,在××货运码头装货,到××市滨江路。

问:走哪条路线?

答:G223 线。

(该询问核实车辆装载的货物、装载时间、起讫地点)

问:你车上装了多少吨货?

答:开始不是很清楚,估计在 30 多吨,刚才在检测站过磅,路政人员给我的《轴载检测单》有车辆总质量,44.5 吨。

问:这比你的《车辆行驶证》核定的车货总质量超多少?

答:超了 14 吨半。

(该询问确认超限情况及当事人违法行为的主观状态)

问:你有没有公路管理机构签发的《超限运输车辆通行证》?

答:没有。

(该询问证明当事人超限运输行驶公路未经批准)

问:你是否还有什么要补充的?

答:没有。

(进一步给予被询问人陈述的机会)

问:你前面讲的是否都是事实?

答;是的,都是事实。

(确认被询问人的陈述是否真实,并给予改正的机会)

问:现在是 2010 年 5 月 29 日 15 时 10 分,本次询问结束,请你看看询问笔录,是否和你说的一样。如记录有错误或有遗漏,可以要求改正。如果属实,请签字。

答:好的。

以上笔录我已看过,和我说的一样。(需手写)

被询问人签名及时间:
  陈×× 2010 年 5 月 29 日
询问人签名及时间:
  吴×× 2010 年 5 月 29 日
  蒋×× 2010 年 5 月 29 日

附件:
①陈××的《居民身份证》复印件 1 份;
②陈××的《车辆行驶证》复印件 1 份。

3.询问证人,制作询问笔录

询问的具体内容包括:

(1)证人的姓名、年龄(周岁)、性别、职业、住址等基本情况。应附证人居民身份证复印件等证明证人身份的文件。

(2)所见所闻的有关当事人的基本情况,如人数、姓名、年龄、身份、体貌特征。

(3)车辆超限行驶的时间、地点、被查获情况、现场状态等详细经过。

(4)超限行驶的车辆类型、车辆牌号,车辆核定吨位,车主姓名。

(5)所见所闻的车辆装载货物的种类、质量、车货高度、宽度和长度,货主姓名等情况。

(6)所见所闻的车辆超限行驶致使公路及其他财物、他人人身受到损害的情况。

以上询问可以录音、录像,以保存备查。

4.证据登记保存

在调查过程中,如发现与案件有关的需要作为证据的物品、文件、车辆(暂扣或照相,如图 6-1 所示),可以登记保存,以防止证据被销毁、转移。登记保存应当依照有关规定制作清单。

第六章 典型交通运输行政执法案件的证据收集及认定

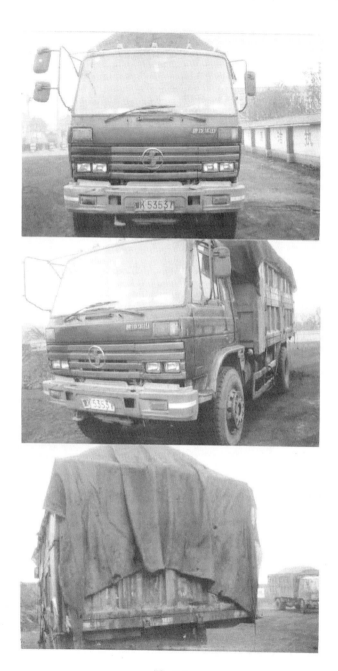

图 6-1

5. 对车辆的总质量和轴载质量进行检测,获取车辆轴载质量检测单(过磅单)

原交通部 2005 年 8 月 10 日印发《关于加强治超站点管理规范治超执法行为的通知》(交公路发[2005]351 号)明确要求,"必须通过设置的称重设备对车辆进行科学检测,据此界定车辆是否超限超载,严禁凭经验和目测进行断定。"

三、车辆擅自超限行驶的证据认定

根据《公路法》的有关规定,认定车辆擅自超限行驶案件事实的证据,应当包括四个方面的内容。

1. 认定主体事实的证据材料

(1)书证

当事人如是个人,主要涉及姓名、年龄、住址等自然情况的书证,包括居民身份证、户口簿等原件复印件等。当事人如是单位,主要涉及当事人名称、住所等基本情况的书证,包括营业执照、税务登记等原件、复印件等。

(2)当事人陈述和辩解

当事人陈述和辩解主要涉及当事人基本情况的陈述和辩解。

(3)证人证言

证人证言主要涉及当事人身份事实的证言等。

(4)鉴定结论

鉴定结论主要涉及当事人精神状态的医学鉴定和出生年龄的鉴定等。

2. 认定主观方面的证据材料

(1)书证

书证主要涉及当事人没有任何有关车辆超限行驶批文,伪造或者使用过期车辆超限行驶批文的书证,车辆行驶证、车辆轴载质量检测单(过磅单)等。

(2)物证

物证主要涉及当事人车辆超限行驶的次数、持续时间、行驶路线的物证,以证明当事人的主观过失。

(3)当事人陈述和辩解

当事人陈述和辩解主要涉及当事人有关车辆超限行驶的目的、动机的陈述和辩解。

(4)证人证言

证人证言主要涉及当事人明知车辆超限行驶的证言,以证明当事人当时所持心态。

(5)视听资料

视听资料包括当事人明知车辆超限行驶的监控录像、录音、照片,证人拍摄的录像、制作的录音等。

3.认定客观事实的证据材料

(1)书证

书证包括道路运输管理机构出具的没有车辆超限行驶批文;车辆超限行驶批文被注销、吊销或者被暂扣的证明;不符合车辆超限行驶条件,非法取得车辆超限行驶批文;已超过有效期限的车辆超限行驶批文,车辆行驶证、车辆轴载质量检测单(过磅单)等。

(2)物证

物证包括现场勘查提取的超限车辆、货物及其他遗留物、痕迹、工具等。

(3)当事人陈述和辩解

当事人陈述和辩解包括一起参与车辆超限行驶的数个当事人的陈述和辩解。

(4)证人证言

证人证言包括车主、货主、押运人员、装卸人员、现场目击人及其他知情人的证言等。

(5)勘验、检查笔录

勘验、检查笔录包括案发现场、行驶现场、车辆停靠现场、货物存放现场的勘验、检查笔录。

(6)视听资料

视听资料包括有关车辆超限行驶的监控录像、录音、照片,证人拍摄的录像、制作的录音等。

(7)鉴定结论

鉴定结论主要涉及车辆超限行驶批文真伪和有效期限的鉴定,被害人人身伤害的《人体伤情鉴定结论》等。

4.认定违法程度的证据材料

其包括能够证明从轻、减轻、从重、加重或不给予行政处罚的情形的书证、物证、证人证言、当事人陈述和申辩、视听资料等,以证明当事人是否主动消除或者减轻违法行为的后果;违法行为是否受他人胁迫;是否有立功表现;违法行为是否轻微(超重较少,行驶距离较短,有防护措施)并及时纠正(主动卸载),没有造成危害后果;是否在两年内被发现,是否有其他依法从轻、减轻行政处罚的情形。

第四节 损坏公路附属设施案件的证据收集及认定

一、损坏公路附属设施案件概述

《公路法》第七十六条第(六)项规定,"违反本法第五十二条、第五十六条规定,损坏、移动、涂改公路附属设施或者损坏、挪动建筑控制区的标桩、界桩,可能危及公路安全的","由交通主管部门责令停止违法行为,可以处三万元以下的罚款"。该法第五十二条规定,"任何单位和个人不得损坏、擅自移动、涂改公路附属设施。""前款公路附属设施是指为保护、养护公路和保障公路安全畅通所设置的公路防护、排水、养护、管理、服务、交通安全、渡运、监控、通信、收费等设施、设备以及专用建筑物、构筑物等。"

根据上述法律条文规定,损坏公路附属设施案件是指违反《公路法》有关规定,损坏公路防护、排水、养护、管理、服务、交通安全、渡运、监控、通信、收费等设施、设备以及专用建筑物、构筑物等的案件。

所谓损坏是指影响公路附属设施的结构完整,使公路附属设施出现破损、分离、缺失等情况。

二、损坏公路附属设施案件的取证

(一)受案基本要求

公路管理机构对举报、查获、移送的损坏公路附属设施案件,应当登记;对有关证据材料,应妥善保管,根据情形分别作出处理。

一是对于属于本公路管理机构管辖的损坏公路附属设施案件,应当填写《立案审批表》,经批准后进行调查取证。

二是对于属于公路管理机构职责范围,但不属于本公路管理机构管辖的损坏公路附属设施案件,应当移送有管辖权的公路管理机构处理,并通知举报人或有关单位。

三是对于不属于公路管理机构职责范围内的事项,或涉及其他机关职责范围内的事项,告知举报人向其他有关机关举报。如占用公路影响道路交通安全的,应告知举报人向公安机关举报。

(二)损坏公路附属设施的证据收集

1. 及时进行现场勘验或检查

(1)按照有关规范的要求,制作《勘验笔录》或《现场笔录》。勘验、检查应当全面记载勘验、检查过程中发现和获取的证据材料,客观准确地描述勘验、检查对象的特征及勘验、检查的方法和过程等情况。其内容包括:勘验、检查的时间、地点、周围环境,案发现场的被损坏公路附属设施所在公路的名称、具体位置(一般表示为公路桩号、与公路距离等,精确到米,小数点后可保留一位数,如S261线K52+600处至S261线K53+100处)、痕迹情况、危及公路安全情况等等。勘验、检查应当按照有关要求,进行现场照相、现场绘图。必要时,可以对以上过程进行录像。

(2)检查当事人的有关证件和体貌特征、精神状态。

2. 询问当事人,制作询问笔录

询问重点查明以下事实:

(1)当事人如是个人,主要问明姓名、性别、年龄、职业、住址、通信方式等基本情况。当事人如是单位,主要问明名称、住址、法定代表人姓名和职务、通信方式等基本情况。

(2)损坏公路附属设施的时间、地点,被查获情况、现场状态等详细经过。

(3)被损坏公路附属设施所在公路的名称、公路等级,被损坏公路附属设施的数量和程度,使用的工具。

(4)损坏公路附属设施的动机、起因、目的,以确定当事人的主观方面的过错。

(5)如属于共同违法行为,查明各当事人在实施违法行为中的地位和作用,以分清主次,区分责任。

以上询问可以录音、录像,以保存备查。

3. 询问证人,制作询问笔录

询问的具体内容包括:

(1)证人的姓名、年龄(周岁)、性别、职业、住址等基本情况。应附证人居民身份证复印件等证明证人身份的文件。

(2)所见所闻的有关当事人的基本情况,如人数、姓名、年龄、身份、体貌特征等。

(3)所见所闻的损坏公路附属设施的时间、地点、被查获情况、现场状态等详细经过。

(4)所见所闻的被损坏公路附属设施所在公路的名称,使用的工具,物品的存放、转移、处理的经过与结果。

以上询问可以录音、录像,以保存备查。

4. 证据登记保存

在调查过程中,如发现与案件有关的需要作为证据的物品、文件、车辆,可以登记保存,以防止证据被销毁、转移。登记保存应当依照有关规定制作清单。

5. 对有关专门性问题进行鉴定

主要涉及当事人的主体资格和对被占用公路的损害程度。

三、损坏公路附属设施的证据认定

根据《公路法》的有关规定,认定损坏公路附属设施案件事实的证据,应当包括四个方面的内容。

1. 认定主体事实的证据材料

(1)书证

书证主要涉及当事人基本情况的书证,包括居民身份证、户口簿等原件复印件等。

(2)当事人陈述和辩解

当事人陈述和辩解主要涉及当事人基本情况的陈述和辩解。

(3)证人证言

证人证言主要涉及当事人身份事实的证言等。

(4)鉴定结论

鉴定结论主要涉及当事人精神状态的医学鉴定和出生年龄的鉴定等。

2.认定主观方面的证据材料

(1)书证

书证主要涉及当事人没有任何有关占用公路批文,伪造或者使用过期占用公路批文的书证。

(2)物证

物证主要涉及当事人损坏公路附属设施的地理位置、次数、持续时间的物证,以证明当事人的主观过错。

(3)当事人陈述和辩解

当事人陈述和辩解主要涉及当事人有关损坏公路附属设施的目的、动机的陈述和辩解。

(4)证人证言

证人证言主要涉及当事人明知损坏公路附属设施的地理位置、面积、持续时间、转移或处理挖掘物品等情况,以证明当事人当时所持心态。

(5)视听资料

视听资料包括涉及当事人故意损坏公路附属设施的监控录像、录音、照片,证人拍摄的录像、制作的录音等。

3.认定客观事实的证据材料

(1)物证

物证包括现场勘查提取的损坏公路附属设施的地理位置(里程碑等)、现场遗留物、痕迹、工具等。

(2)当事人陈述和辩解

当事人陈述和辩解包括一起参与占用公路的数个当事人的陈述和辩解。

(3)证人证言

证人证言包括公路养护人员、现场目击人及其他知情人的证言等。

(4)勘验、检查笔录

勘验、检查笔录涉及公路附属设施被损坏状况(数量和程度)的现场勘验、检查笔录。

(5)视听资料

视听资料包括有关占用公路监控录像、录音的记录、照片,证人拍摄的录像、录音等。

(6)鉴定结论

鉴定结论主要涉及被损坏公路附属设施的损害程度鉴定结论和损害估价结论等。

4.认定违法程度的证据材料

认定违法程度的证据材料包括能够证明从轻、减轻、从重、加重或不给予行政处罚的情形的书证、物证、证人证言、当事人陈述和申辩、视听资料等,以证明当事人是否主动消除或者减轻违法行为的后果;违法行为是否受他人胁迫;是否有立功表现;违法行为是否轻微并及时纠正,没有造成危害后果;是否在两年内被发现,是否有其他依法从轻、减轻行政处罚的情形。

第五节 擅自使用港口岸线案件的证据收集及认定

一、擅自使用港口岸线案件概述

《港口法》第四十五条第(二)项规定"未经依法批准,建设港口设施使用港口岸线的","由县级以上地方人民政府或者港口行政执法机关责令限期改正;逾期不改正的,由作出限期改正决定的机关申请人民法院强制拆除违法建设的设施;可以处五万元以下罚款"。该法第十三条规定,"在港口总体规划区内建设港口设施,使用港口深水岸线的,由国务院交通主管部门会同国务院经济综合宏观调控部门批准;建设港口设施,使用非深水岸线的,由港口行政执法机关批准。但是,由国务院或者国务院经济综合宏观调控部门批准建设的项目使用港口岸线,不再另行办理使用港口岸线的审批手续。"

根据该法上述两条的规定,擅自使用港口岸线案件是指违反港口法有关规定,未经依法批准,建设港口设施使用港口岸线的案件。

从审批机关看,所谓未经依法批准包括以下两种情形:

一是在港口总体规划区内建设港口设施,使用港口深水岸线的,未经国务院交通主管部门会同国务院经济综合宏观调控部门批准;

二是建设港口设施,使用非深水岸线的,未经港口行政执法机关批准。

从批准文件看,所谓未经依法批准包括以下四种情形:

一是从未向有关主管部门提出申请,并获得批准;

二是虽已向有关主管部门提出申请,但尚未获得批准;

三是虽已征得有关主管部门批准,但取得方式非法;

四是虽已征得有关主管部门批准,但有关批文被注销或者已过有效期限。

二、擅自使用港口岸线案件的取证

(一)受案基本要求

县级以上地方人民政府或者港口行政执法机关(这里仅以港口行政执法机关为例)对举报、查获、移送的擅自使用港口岸线案件,应当登记,对有关证据材料,应妥善保管,根据情形分别作出处理。

一是对于属于本港口行政执法机关管辖的擅自使用港口岸线案件,应当填写《立案审批表》,经批准后进行调查取证。

二是对于属于港口行政执法机关职责范围,但不属于本港口行政执法机关管辖的擅自使用港口岸线案件,应当移送有管辖权的港口行政执法机关处理,并通知举报人或有关单位。

三是对于不属于港口行政执法机关职责范围内的事项,告知举报人向其他有关机关举报。

(二)擅自使用港口岸线的证据收集

1. 及时进行现场勘验或检查

(1)按照有关规范的要求,制作《勘验笔录》或《现场笔录》。勘验、检查应当全面记载勘验、检查过程中发现和获取的证据材料,客观准确地描述勘验、检查对象的特征及勘验、检查的方法和过程等情况。其内容包括:勘验、检查的时间、地点、方位、周围环境,案发现场的被占用港口岸线所属港口名称、具体位置、占用面积、占用物、痕迹情况等。勘验、检查应当按照有关要求,进行现场照相、现场绘图。必要时,可以对以上过程进行录像。

(2)检查当事人的有关证件和身体特征。

2. 询问当事人,制作询问笔录

询问重点查明以下事实:

(1)当事人如是个人,主要问明姓名、性别、年龄、职业、住址、通信方式等基本情况。当事人如是单位,主要问明名称、住址,法定代表人姓名和职务、通信方式等基本情况。

(2)擅自使用港口岸线的时间、地点,被查获情况、现场状态等详细经过。

(3)被占用港口岸线所属港口名称、类型、具体位置、占用面积。

(4)占用港口岸线使用的工具、占用物的存放、转移、处理的经过与结果等。

(5)擅自使用港口岸线的动机、起因、目的,以确定当事人的主观方面的过错。

(6)如属于共同违法行为,查明各当事人在实施违法行为中的地位和作用,以分清主次,区分责任。

以上询问可以录音、录像,以保存备查。

3. 询问证人,制作询问笔录

询问的具体内容包括:

(1)所见所闻的有关当事人的基本情况,如人数、姓名、年龄、身份、体貌特征等。

(2)所见所闻的擅自使用港口岸线的时间、地点、被查获情况、现场状态等详细经过。

(3)所见所闻的被占用港口岸线所属港口名称、类型、具体位置、占用面积。

(4)所见所闻的占用港口岸线使用的工具、占用物的存放、转移、处理的经过与结果等。

以上询问可以录音、录像,以保存备查。

4.证据登记保存

在调查过程中,如发现与案件有关的需要作为证据的物品、文件、船舶和水上设施,可以登记保存,以防止证据被销毁、转移。登记保存应当依照有关规定制作清单。

5.对有关专门性问题进行鉴定

对有关专门性问题进行鉴定主要涉及当事人的主体资格和对被用港口岸线的损害程度。

三、擅自使用港口岸线的证据认定

根据《港口法》的有关规定,认定擅自使用港口岸线案件事实的证据,应当包括四个方面的内容。

1.认定主体事实的证据材料

(1)书证

书证主要涉及当事人基本情况的书证,包括居民身份证、户口簿等原件、复印件等。

(2)当事人陈述和辩解

当事人陈述和辩解主要涉及当事人基本情况的陈述和辩解。

(3)证人证言

证人证言主要涉及当事人身份事实的证言等。

(4)鉴定结论

鉴定结论主要涉及当事人精神状态的医学鉴定和出生年龄的鉴定等。

2.认定主观方面的证据材料

(1)书证

书证主要涉及当事人没有任何有关使用港口岸线批文,伪造或者使用过期使用港口岸线批文的书证。

(2)物证

物证主要涉及当事人擅自使用港口岸线的地理位置、次数、持续时间、使用的工具、占用物的物证,以证明当事人的主观过错。

(3)当事人陈述和辩解

当事人陈述和辩解主要涉及当事人有关擅自使用港口岸线的目的、动机的陈述和辩解。

(4)证人证言

证人证言主要涉及当事人明知擅自使用港口岸线的地理位置、面积、持续时间、转移或处理占用物品等情况,以证明当事人当时所持心态。

(5)视听资料

视听资料包括监控录像、录音的记录、照片,证人拍摄的录像、录音等。

3.认定客观事实的证据材料

(1)书证

书证包括港口行政执法机关出具的没有使用港口岸线批文或者使用港口岸线批文被注销的证明;不符合占用港口条件,非法取得使用港口岸线批文;已过有效期限的使用港口岸线批文等。

(2)物证

物证包括现场勘查提取的被用港口岸线的地理位置、现场遗留物、痕迹、工具等。

(3)当事人陈述和辩解

当事人陈述和辩解包括一起参与使用港口岸线的数个当事人的陈述和辩解。

(4)证人证言

证人证言包括现场管理人员、现场目击人及其他知情人的证言等。

(5)勘验、检查笔录

案发现场、物品堆放现场的勘验、检查笔录。

(6)视听资料

视听资料包括涉及占用港口岸线的监控录像、录音、照片,证人拍摄的录像、录音等。

（7）鉴定结论

鉴定结论主要涉及使用港口岸线批文真伪和有效期限的鉴定等。

4. 认定违法程度的证据材料

认定违法程度的证据材料包括能够证明从轻、减轻、从重、加重或不给予行政处罚的情形的书证、物证、证人证言、当事人陈述和申辩、视听资料等，以证明当事人是否主动消除或者减轻违法行为的后果；违法行为是否受他人胁迫；是否有立功表现；违法行为是否轻微并及时纠正，没有造成危害后果；是否在两年内被发现，是否有其他依法从轻、减轻行政处罚的情形。

第六节　航道内非法挖取沙石案件的证据收集及认定

一、航道内非法挖取沙石案件概述

《航道管理条例》第二十二条第二款规定，"在通航河道内挖取沙石泥土、堆存材料，不得恶化通航条件。"《内河交通安全管理条例》第二十五条（一）规定，在内河通航水域或者岸线上进行勘探、采掘、爆破等可能影响通航安全的作业或者活动的，"应当在进行作业或者活动前报海事管理机构批准"。《中华人民共和国航道管理条例实施细则》（以下简称《航道管理条例实施细则》）第三十条第二款规定，"在通航河道内挖取沙石泥土、开采沙金、堆放材料，必须报河道主管部门会同航道主管部门批准，涉及水上交通安全的，事先征得港监部门同意，并按照批准的水域范围和作业方式开采，不得恶化通航条件。"《航道管理条例》第二十七条规定，"对违反本条例规定的单位和个人，县以上交通主管部门可以视情节轻重给予警告、罚款的处罚。"《航道管理条例实施细则》第三十八条第（四）项规定，违反《条例》第二十二条、本《细则》第三十条第一款的，县以上交通运输主管部门或者其受委托的航道管理机构除责令其纠正违法行为，赔偿损失外，"责令立即停止作业，补办手续，限期清除碍航物体，并处以1 000元以上2 000元以下罚款。"

根据《航道管理条例》、《内河交通安全管理条例》和《航道管理条例实施细则》的有关规定,航道内非法挖取沙石案件是未经依法批准,在航道内挖取沙石的案件。所谓航道是指中华人民共和国沿海、江河、湖泊、运河内船舶、排筏可以通航的水域。

二、航道内非法挖取沙石案件的取证

(一)受案基本要求

交通运输主管部门或者其受委托的航道管理机构对举报、查获、移送的航道内非法挖取沙石案件,应当登记,对有关证据材料,应妥善保管,根据情形分别作出处理。

一是对于属于本交通运输主管部门或者其受委托的航道管理机构管辖的航道内非法挖取沙石案件,应当填写《立案审批表》,经批准后进行调查取证。

二是对于属于交通运输主管部门或者其受委托的航道管理机构职责范围,但不属于本交通运输主管部门或者其受委托的航道管理机构管辖的航道内非法挖取沙石案件,应当移送有管辖权的交通运输主管部门或者其受委托的航道管理机构处理,并通知举报人或有关单位。

三是对于不属于交通运输主管部门或者其受委托的航道管理机构职责范围内的事项或涉及其他机关职责范围内的事项,告知举报人向其他有关机关举报。如占用航道影响通航交通安全的,应告知举报人向海事管理机构举报。

(二)航道内非法挖取沙石的证据收集

1. 及时进行现场勘验或检查

(1)按照有关规范的要求,制作《勘验笔录》或《现场笔录》。勘验、检查应当全面记载勘验、检查过程中发现和获取的证据材料,客观准确地描述勘验、检查对象的特征及勘验、检查的方法和过程等情况。其内容包括:勘验、检查的时间、地点、周围环境,非法挖取沙石案发现场所在航道的名称、具体位置、占用面积、痕迹情况等。勘验、检查应当按照有关要求,进行现场照相、现场绘图。必要时,可以对以上过程进行录像。

(2)检查当事人的有关证件和体貌特征、精神状态。

2. 询问当事人,制作询问笔录

询问重点查明以下事实:

(1) 当事人如是个人,主要问明姓名、性别、年龄、职业、住址、通信方式等基本情况。当事人如是单位,主要问明名称、住址,法定代表人姓名和职务、通信方式等基本情况。

(2) 查获航道内非法挖取沙石的时间、地点、现场状态等。

(3) 非法挖取沙石案发现场所在航道的名称、航道等级,具体位置、占用面积、痕迹情况。

(4) 非法挖取沙石的动机、起因、目的,以确定当事人的主观方面的过错。

(5) 如属于共同违法行为,查明各当事人在实施违法行为中的地位和作用,以分清主次,区分责任。

以上询问可以录音、录像,以保存备查。

3. 询问证人,制作询问笔录

询问的具体内容包括:

(1) 证人的姓名、年龄(周岁)、性别、职业、住址等基本情况。应附证人居民身份证复印件等证明证人身份的文件。

(2) 所见所闻的有关当事人的基本情况,如人数、姓名、年龄、身份、体貌特征等。

(3) 所见所闻非法挖取沙石的时间、地点、被查获情况、现场状态等详细经过。

(4) 所见所闻非法挖取沙石的名称、面积、使用的工具。

以上询问可以录音、录像,以保存备查。

4. 证据登记保存

在调查过程中,如发现与案件有关的需要作为证据的物品、文件、船舶,可以登记保存,以防止证据被销毁、转移。登记保存应当依照有关规定制作清单。

5. 对有关专门性问题进行鉴定

对有关专门性问题进行鉴定主要涉及当事人的主体资格和对被占用航道的

损害程度。

三、航道内非法挖取沙石的证据认定

根据《航道管理条例》、《内河交通安全管理条例》的有关规定,认定航道内非法挖取沙石案件事实的证据,应当包括四个方面的内容。

1. 认定主体事实的证据材料

(1) 书证

书证主要涉及当事人基本情况的书证,包括居民身份证、户口簿等原件复印件、船舶登记证书、船员适任证书等。

(2) 当事人陈述和辩解

当事人陈述和辩解主要涉及当事人基本情况的陈述和辩解。

(3) 证人证言

证人证言主要涉及当事人身份事实的证言等。

(4) 鉴定结论

鉴定结论主要涉及当事人精神状态的医学鉴定和出生年龄的鉴定等。

2. 认定主观方面的证据材料

(1) 物证

物证主要涉及当事人非法挖取沙石所在航道的地理位置、次数、持续时间的物证,以证明当事人的主观过错。

(2) 当事人陈述和辩解

当事人陈述和辩解主要涉及当事人有关在航道内非法挖取沙石的目的、动机的陈述和辩解。

(3) 证人证言

证人证言主要涉及当事人明知非法挖取沙石所在航道的地理位置、面积、持续时间、数量等情况,以证明当事人当时所持心态。

(4) 视听资料

视听资料包括有关在航道内非法挖取沙石的监控录像、录音、照片,证人拍摄的录像、制作的录音等。

3. 认定客观事实的证据材料

（1）物证

物证包括现场勘查提取的非法挖取沙石所在航道的地理位置、挖取的沙石、现场遗留物、痕迹、工具等。

（2）当事人陈述和辩解

当事人陈述和辩解包括一起参与在航道内非法挖取沙石的数个当事人的陈述和辩解。

（3）证人证言

证人证言包括航道养护人员、现场目击人及其他知情人的证言等。

（4）勘验、检查笔录

勘验、检查笔录包括案发现场、船舶或车辆停泊现场、沙石堆放现场的勘验、检查笔录。

（5）视听资料

视听资料包括有关在航道内非法挖取沙石的监控录像、录音、照片,证人拍摄的录像、录音等。

4. 认定违法程度的证据材料

认定违法程度的证据材料包括能够证明从轻、减轻、从重、加重或不给予行政处罚的情形的书证、物证、证人证言、当事人陈述和申辩、视听资料等,以证明当事人是否主动消除或者减轻违法行为的后果;违法行为是否受他人胁迫;是否有立功表现;违法行为是否轻微并及时纠正,没有造成危害后果;是否在两年内被发现,是否有其他依法从轻、减轻行政处罚的情形。

第七节 擅自经营水运案件的证据收集及认定

一、擅自经营水运案件概述

《水路运输管理条例》第二十六条规定,"违反本条例,未经批准,擅自设立水路运输企业、水路运输服务企业,或者水路运输企业以外的单位和个人擅自从事营业性运输的,没收违法所得,并处违法所得1倍以上3倍以下的罚款;没有违法所得的,处3万元以上25万元以下的罚款。"该条例第八条规定,"设立水路运输企业、水路运输服务企业以及水路运输企业以外的单位和个人从事营业性运输,由交通主管部门根据本条例的有关规定和社会运力运量综合平衡情况审查批准。"该条例第十三条规定,"交通主管部门对批准设立的水路运输企业和其他从事营业性运输的单位、个人,发给运输许可证;对批准设立的水路运输服务企业,发给运输服务许可证。"该条例第十四条还规定,"取得运输许可证和运输服务许可证的单位和个人,凭证向当地工商行政管理机关申请营业登记,经核准领取营业执照后,方可开业。"《国内水路运输经营资质管理规定》第十二条规定,"经营国内水路运输的船舶应当持有配发的《船舶营业运输证》"。

根据《水路运输管理条例》、《国内水路运输经营资质管理规定》的有关规定,擅自经营水运案件是指违反《水路运输管理条例》的有关规定,未取得水路运输经营许可证和船舶营业运输证,擅自从事营业性水路运输的案件。

所谓未取得水路运输经营许可证,是指未经交通主管部门审查批准,取得水路运输经营许可证和船舶营业运输证。包括以下八种情形:

一是从未按规定申请从事营业性水路运输并取得水路运输经营许可证和船舶营业运输证。

二是虽按规定申请从事营业性水路运输,但尚未取得水路运输经营许可证和船舶营业运输证。

三是虽按规定申请从事营业性水路运输,并取得水路运输经营许可证,但尚未取得船舶营业运输证。

四是虽已按规定申请从事营业性水路运输并取得水路运输经营许可证和船舶营业运输证,但未携带。

五是虽已按规定申请从事营业性水路运输并取得水路运输经营许可证和船舶营业运输证,但取得方式非法。

六是虽已按规定申请从事营业性水路运输并取得水路运输经营许可证和船舶营业运输证,但证件已被注销、吊销。

七是虽已按规定申请从事营业性水路运输并取得水路运输经营许可证和船

舶营业运输证,但已被暂扣。

八是虽已按规定申请从事营业性水路运输并取得水路运输经营许可证和船舶营业运输证,但已过有效期限。

二、擅自经营水运案件的取证

(一)受案基本要求

交通主管部门对举报、查获、移送的擅自经营水运案件,应当登记,对有关证据材料,应妥善保管,根据情形分别作出处理。

一是对于属于本交通主管部门管辖的擅自经营水运案件,应当填写《立案审批表》,经批准后进行调查取证。

二是对于属于交通主管部门职责范围,但不属于本交通主管部门管辖的擅自经营水运案件,应当移送有管辖权的交通主管部门处理,并通知举报人或有关单位。

三是对于不属于交通主管部门职责范围内的事项,告知举报人向其他有关机关举报。

(二)擅自经营水运的证据收集

1. 及时进行现场勘验或检查

(1)按照有关规范,制作《勘验笔录》或《现场笔录》。勘验、检查应当全面记载勘验、检查过程中发现和获取的证据材料,客观准确地描述勘验、检查对象的特征及勘验、检查的方法和过程等情况。其内容包括:勘验、检查的时间、地点、方位及现场状态,案发现场的营运船舶的行驶状态,船舶名称、船籍港、登记标志,营运标识,核定载重线和乘客定额,载客载货情况等。勘验、检查应当按照有关要求,进行现场照相、现场绘图。现场照相应对船舶所在方位、船舶全貌、船名进行照相。必要时,可以对以上过程进行录像。

(2)检查当事人的有关证件和身体特征、精神状态。

2. 询问当事人,制作询问笔录

询问重点查明以下事实:

(1)当事人如是个人,主要问明姓名、性别、年龄、职业、住址、通信方式等基本情况。当事人如是单位,主要问明名称、住址、法定代表人姓名和职务、通信方式等基本情况。

(2)被查获情况、现场状态等详细经过。

(3)船舶的类型、颜色、船舶名称、船籍港、船舶所有人的名称,核定载重线和乘客定额等情况。

(4)船舶载货情况(货物种类、数量)、货主姓名及住址、拟行驶路线和起讫地点,运费商谈及收付数额。

(5)水路运输经营许可证和船舶营业运输证申领和携带情况。

(6)擅自从事营业性水路运输的动机、起因、目的,以确定当事人的主观方面的过错。

(7)如属于共同违法行为,查明各当事人在实施违法行为中的地位和作用,以分清主次,区分责任。

以上询问可以录音、录像,以保存备查。

3.询问证人,制作询问笔录

询问的具体内容包括:

(1)证人的姓名、年龄(周岁)、性别、职业、住址等基本情况,应附证人居民身份证复印件等证明证人身份的文件。

(2)所见所闻的有关当事人的基本情况,如人数、姓名、年龄、身份、体貌特征。

(3)被查获情况的时间、地点、现场状态等详细经过。

(4)船舶的类型、颜色、核定载重线和乘客定额等情况。

(5)载货情况(种类和数量),货主姓名及住址,拟行驶路线和起讫地点,运费商谈及收付数额。

(6)水路运输经营许可证和船舶营业运输证申领和携带情况。

(7)货主托运的动机、起因、目的,以确定当事人的主观方面的过错。

以上询问可以录音、录像,以保存备查。

4.证据登记保存

在调查过程中,如发现与案件有关的需要作为证据的物品、文件、营运船舶

（暂扣或拍照），可以登记保存，以防止证据被销毁、转移。登记保存应当依照有关规定制作清单。

三、擅自经营水运的证据认定

根据《水路运输管理条例》的有关规定，认定船舶无证营运案件事实的证据，应当包括四个方面的内容。

1. 认定主体事实的证据材料

（1）书证

当事人如是个人，主要涉及姓名、年龄、住址等自然情况的书证，包括居民身份证、户口簿等原件复印件等。当事人如是单位，主要涉及当事人名称、住所等基本情况的书证，包括营业执照、税务登记等原件复印件等。

（2）当事人陈述和辩解

当事人陈述和辩解主要涉及当事人基本情况的陈述和辩解。

（3）证人证言

证人证言主要涉及当事人身份事实的证言等。

（4）鉴定结论

鉴定结论主要涉及当事人精神状态的医学鉴定和出生年龄的鉴定等。

2. 认定主观方面的证据材料

（1）书证

书证主要涉及当事人没有任何水路运输经营许可证和船舶营业运输证，伪造或者使用过期水路运输经营许可证和船舶营业运输证的书证，从事营业水路运输的广告、账本等。

（2）物证

物证主要涉及当事人擅自从事经营性水路运输的次数、持续时间、行驶航线的物证，以证明当事人的主观过失。

（3）当事人陈述和辩解

当事人陈述和辩解主要涉及当事人有关擅自从事营业性水路运输的目的、动机的陈述和辩解。

(4) 证人证言

证人证言主要涉及当事人明知未经交通主管部门审查批准而擅自从事营业性水路运输的证言,以证明当事人当时所持心态。

(5) 视听资料

视听资料包括涉及当事人明知未经交通主管部门审查批准而擅自从事营业性水路运输的监控录像、录音、照片,证人拍摄的录像、录音等。

3. 认定客观事实的证据材料

(1) 书证

书证包括交通主管部门出具的没有水路运输经营许可证和船舶营业运输证,水路运输经营许可证和船舶营业运输证被注销、吊销或者被暂扣的证明;不符合营运条件,非法取得的水路运输经营许可证和船舶营业运输证;已超过有效期限的水路运输经营许可证和船舶营业运输证,自制线路牌、广告、营运账本等等。

(2) 物证

物证包括现场勘查提取的营运船舶、货物及其他遗留物、痕迹、工具等。

(3) 当事人陈述和辩解

当事人陈述和辩解包括一起参与无证营运的数个当事人的陈述和辩解。

(4) 证人证言

证人证言包括船舶所有人、货主、押运人员、装卸人员、现场目击人及其他知情人的证言等。

(5) 勘验、检查笔录

勘验、检查笔录包括案发现场、航行现场、船舶停泊现场、货物存放现场的勘验、检查笔录。

(6) 视听资料

视听资料包括涉及当事人擅自从事营业性水路运输的监控录像、录音、照片,证人拍摄的录像、录音等。

(7) 鉴定结论

鉴定结论主要涉及水路运输经营许可证和船舶营业运输证真伪和有效期限

的鉴定等。

4.认定违法程度的证据材料

认定违法程度的证据材料包括能够证明从轻、减轻、从重、加重或不给予行政处罚的情形的书证、物证、证人证言、当事人陈述和申辩、视听资料等,以证明当事人是否主动消除或者减轻违法行为的后果;违法行为是否受他人胁迫;是否有立功表现;违法行为是否轻微并及时纠正,没有造成危害后果;是否在两年内被发现,是否有其他依法从轻、减轻行政处罚的情形。

第八节 船舶无证航行案件的证据收集及认定

一、船舶无证航行案件概述

《内河交通安全管理条例》第六十四条规定,"违反本条例的规定,船舶、浮动设施未持有合格的检验证书、登记证书或者船舶未持有必要的航行资料,擅自航行或者作业的,由海事管理机构责令停止航行或者作业;拒不停止的,暂扣船舶、浮动设施;情节严重的,予以没收。"该条例第六条规定,"船舶具备下列条件,方可航行:(一)经海事管理机构认可的船舶检验机构依法检验并持有合格的船舶检验证书;(二)经海事管理机构依法登记并持有船舶登记证书;(三)配备符合国务院交通主管部门规定的船员;(四)配备必要的航行资料。"

根据《内河交通安全管理条例》上述两条的规定,船舶无证航行案件是指船舶未持有合格的检验证书、登记证书,擅自航行的案件。

所谓未持有合格的检验证书、登记证书是指未经海事管理机构认可的船舶检验机构依法检验并持有合格的船舶检验证书或未经海事管理机构依法登记并持有船舶登记证书,包括以下七种情形:

一是从未经海事管理机构认可的船舶检验机构依法检验并持有合格的船舶检验证书或从未经海事管理机构依法登记并持有船舶登记证书。

二是虽经海事管理机构认可的船舶检验机构依法检验,但未取得合格的船舶检验证书,或者经海事管理机构依法登记,但未取得船舶登记证书。

三是虽经海事管理机构认可的船舶检验机构依法检验,并取得合格的船舶检验证书,或者经海事管理机构依法登记,并取得船舶登记证书,但未携带。

四是虽经海事管理机构认可的船舶检验机构依法检验,并取得合格的船舶检验证书,或者经海事管理机构依法登记,并取得船舶登记证书,但取得方式非法。

五是虽经海事管理机构认可的船舶检验机构依法检验,并取得合格的船舶检验证书,或者经海事管理机构依法登记,并取得船舶登记证书,但已被注销、吊销。

六是虽经海事管理机构认可的船舶检验机构依法检验,并取得合格的船舶检验证书,或者经海事管理机构依法登记,并取得船舶登记证书,但已被暂扣。

七是虽经海事管理机构认可的船舶检验机构依法检验,并取得合格的船舶检验证书,或者经海事管理机构依法登记,并取得船舶登记证书,但已过有效期限。

二、船舶无证航行案件的取证

(一)受案基本要求

海事管理机构对举报、查获、移送的船舶无证航行案件,应当登记,对有关证据材料,应妥善保管,根据情形分别作出处理。

一是对于属于本海事管理机构管辖的船舶无证航行案件,应当填写《立案审批表》,经批准后进行调查取证。

二是对于属于海事管理机构职责范围,但不属于本机构管辖的船舶无证航行案件,应当移送有管辖权的海事管理机构处理,并通知举报人或有关单位。

三是对于不属于海事管理机构职责范围内的事项,告知举报人向其他有关机关举报。

(二)船舶无证航行的证据收集

1. 及时进行现场勘验或检查

(1)按照有关规范,制作《勘验笔录》或《现场笔录》。勘验、检查应当全面记载勘验、检查过程中发现和获取的证据材料,客观准确地描述勘验、检查对象的特征及勘验、检查的方法和过程等情况。其内容包括：勘验、检查的时间、地点、方位及现场状态,案发现场的船舶的行驶状态、痕迹情况等等。勘验、检查应当按照有关要求,进行现场照相、现场绘图。必要时,可以对以上过程进行录像。

(2)检查当事人的有关证件和身体特征。

2.询问当事人,制作询问笔录

询问重点查明以下事实：

(1)当事人的基本情况,如姓名、性别、年龄、住址、职业、身份证号、通信方式。

(2)船舶无证航行的时间、地点、被查获情况、现场状态等详细经过。

(3)船舶无证航行的动机、起因、目的,以确定当事人的主观方面的过错。

(4)无证船舶的类型、所有人(船东)姓名、使用的工具等情况。

(5)如属于共同违法行为,查明各当事人在实施违法行为中的地位和作用,以分清主次,区分责任。

以上询问可以录音、录像,以保存备查。

3.询问证人,制作询问笔录

询问的具体内容包括：

(1)所见所闻的有关当事人的基本情况,如人数、姓名、年龄、衣着、身份、体貌特征。

(2)船舶无证航行的时间、地点、被查获情况、现场状态等详细经过。

(3)无证船舶的类型、使用的工具等情况。

(4)所见所闻的船舶无证航行致使他人人身、财物受到损害的情况。

以上询问可以录音、录像,以保存备查。

4.证据登记保存

在调查过程中,如发现与案件有关的需要作为证据的物品、文件、船舶,可以登记保存,以防止证据被销毁、转移。登记保存应当依照有关规定制作清单。

三、船舶无证航行的证据认定

根据《内河交通安全管理条例》的有关规定,认定船舶无证航行案件事实的证据,应当包括四个方面的内容。

1. 认定主体事实的证据材料

(1) 书证

书证主要涉及当事人基本情况的书证,包括居民身份证、户口簿、船员适任证书等原件、复印件等。

(2) 当事人陈述和辩解

当事人陈述和辩解主要涉及当事人基本情况的陈述和辩解。

(3) 证人证言

证人证言主要涉及当事人身份事实的证言等。

(4) 鉴定结论

鉴定结论主要涉及当事人精神状态的医学鉴定和出生年龄的鉴定等。

2. 认定主观方面的证据材料

(1) 书证

书证主要涉及当事人没有任何船舶检验证书、船舶登记证书或者使用过期、伪造船舶检验证书、船舶登记证书而航行的书证。

(2) 物证

物证主要涉及船舶无证航行的次数、持续时间、行驶航道的物证,以证明当事人的主观过失。

(3) 当事人陈述和辩解

当事人陈述和辩解主要涉及当事人有关船舶无证航行的目的、动机的陈述和辩解。

(4) 证人证言

证人证言主要涉及当事人明知船舶无证而航行的证言,以证明当事人当时所持心态。

(5) 视听资料

视听资料包括监控录像、录音的记录、照片,证人拍摄的录像、录音等。

3. 认定客观事实的证据材料

(1) 书证

书证包括海事管理机构出具的没有船舶检验证书、船舶登记证书,船舶检验证书、船舶登记证书被注销、吊销或者被暂扣的证明;不符合航行条件,非法取得的船舶检验证书、船舶登记证书;已超过有效期限的船舶检验证书、船舶登记证书等。

(2)物证

物证包括现场勘查提取的船舶、船上货物及其他遗留物、痕迹、工具等。

(3)当事人陈述和辩解

当事人陈述和辩解包括一起参与船舶无证航行的数个当事人的陈述和辩解。

(4)证人证言

证人证言包括船东的证言、现场目击人的证言,其他知情人的证言等。

(5)勘验、检查笔录

勘验、检查笔录包括案发现场、行驶现场、停泊现场的勘验、检查笔录。

(6)视听资料

视听资料包括监控录像、录音的记录、照片,证人拍摄的录像、录音等。

(7)鉴定结论

鉴定结论主要涉及船舶检验证书、船舶登记证书真伪和有效期限的鉴定,被害人人身伤害的《人体伤情鉴定结论》等。

4.认定违法程度的证据材料

认定违法程度的证据材料包括能够证明从轻、减轻、从重、加重或不给予行政处罚的情形的书证、物证、证人证言、当事人陈述和申辩、视听资料等,以证明当事人是否主动消除或者减轻违法行为的后果;违法行为是否受他人胁迫;是否有立功表现;违法行为是否轻微并及时纠正,没有造成危害后果;是否在两年内被发现,是否有其他依法从轻、减轻行政处罚的情形。

第九节 船员无证从事航行案件的证据收集及认定

一、船员无证从事航行案件概述

《海上交通安全法》第七条规定,"船长、轮机长、驾驶员、轮机员、无线电报务员、话务员以及水上飞机、潜水器的相应人员,必须持有合格的职务证书。"
"其他船员必须经过相应的专业技术训练。"《内河交通安全管理条例》第六十六条规定,"违反本条例的规定,未经考试合格并取得适任证书或者其他适任证件的人员擅自从事船舶航行的,由海事管理机构责令其立即离岗,对直接责任人员处2 000元以上2万元以下的罚款,并对聘用单位处1万元以上10万元以下的罚款。"该条例第九条第一款规定,"船员经水上交通安全专业培训,其中客船和载运危险货物船舶的船员还应当经相应的特殊培训,并经海事管理机构考试合格,取得相应的适任证书或者其他适任证件,方可担任船员职务。严禁未取得适任证书或者其他适任证件的船员上岗。"《中华人民共和国船员条例》(以下简称《船员条例》)第九条规定,"参加航行和轮机值班的船员,应当依照本条例的规定取得相应的船员适任证书。申请船员适任证书,应当具备下列条件:(一)已经取得船员服务簿;(二)符合船员任职岗位健康要求;(三)经过相应的船员适任培训、特殊培训;(四)具备相应的船员任职资历,并且任职表现和安全记录良好。"该条例第十条规定,"申请船员适任证书,应当向海事管理机构提出书面申请,并附送申请人符合本条例第九条规定条件的证明材料。对符合规定条件并通过国家海事管理机构组织的船员任职考试的,海事管理机构应当发给相应的船员适任证书。"该条例第五十六条还规定,"违反本条例的规定,船员在船工作期间未携带本条例规定的有效证件的,由海事管理机构责令改正,可以处2 000元以下罚款。"

根据《海上交通安全法》、《内河交通安全管理条例》、《船员条例》的有关规定,无证从事航行案件是指未取得适任证件或虽已取得适任证件但未携带,擅自从事船舶航行的案件。

所谓未取得适任证件是指未经水上交通安全专业培训,并经海事管理机构考试合格,取得相应的适任证书或者其他适任证件。包括以下七种情形:

一是从未接受水上交通安全专业培训,并经海事管理机构考试合格,取得相应的船员适任证书或者其他适任证件。

二是虽然接受水上交通安全专业培训,但经海事管理机构考试不合格,未取得相应的船员适任证书或者其他适任证件。

三是虽然接受水上交通安全专业培训,并经海事管理机构考试合格,但未取得相应的船员适任证书或者其他适任证件。

四是虽然接受水上交通安全专业培训,经海事管理机构考试合格,并取得相应的船员适任证书或者其他适任证件,但取得方式非法。

五是虽然接受水上交通安全专业培训,经海事管理机构考试合格,并取得相应的船员适任证书或者其他适任证件,但已被注销、吊销。

六是虽然接受水上交通安全专业培训,经海事管理机构考试合格,并取得相应的船员适任证书或者其他适任证件,但已被暂扣。

七是虽然接受水上交通安全专业培训,经海事管理机构考试合格,并取得相应的船员适任证书或者其他适任证件,但已过有效期限。

二、无证从事航行案件的取证

(一)受案基本要求

海事管理机构对举报、查获、移送的无证从事航行案件,应当登记,对有关证据材料,应妥善保管,根据情形分别作出处理。

一是对于属于本海事管理机构管辖的无证从事航行案件,应当填写《立案审批表》,经批准后进行调查取证。

二是对于属于海事管理机构职责范围,但不属于本机构管辖的无证从事航行案件,应当移送有管辖权的海事管理机构处理,并通知举报人或有关单位。

三是对于不属于海事管理机构职责范围内的事项,告知举报人向其他有关机关举报。

(二)无证航行的证据收集

1. 及时进行现场勘验或检查

(1)按照有关规范,制作《勘验笔录》或《现场笔录》。勘验、检查应当全面记载勘验、检查过程中发现和获取的证据材料,客观准确地描述勘验、检查对象的特征及勘验、检查的方法和过程等情况。其内容包括:勘验、检查的时间、地点、方位及现场状态,案发现场的船舶的行驶航线、痕迹情况等。勘验、检查应当按照有关要求,进行现场照相、现场绘图。必要时,可以对以上过程进行录像。

(2)检查当事人的有关证件和身体特征。

2.询问当事人,制作询问笔录

询问重点查明以下事实:

(1)当事人的基本情况,如姓名、性别、年龄、住址、职业、身份证号,通信方式。

(2)无证从事航行的时间、地点、被查获情况、现场状态等详细经过。

(3)无证从事航行的动机、起因、目的,以确定当事人的主观方面的过错。

(4)驾驶的船舶类型、船东姓名、使用的工具等情况。

(5)如属于共同违法行为,查明各当事人在实施违法行为中的地位和作用,以分清主次,区分责任。

以上询问可以录音、录像,以保存备查。

3.询问证人,制作询问笔录

询问的具体内容包括:

(1)所见所闻的有关当事人的基本情况,如人数、姓名、年龄、身份、体貌特征。

(2)所见所闻的无证从事航行的时间、地点、被查获情况、现场状态等详细经过。

(3)所见所闻的驾驶的船舶类型、使用的工具等情况。

(4)所见所闻的无证驾驶致使他人人身、财物受到损害的情况。

以上询问可以录音、录像,以保存备查。

4.证据登记保存

在调查过程中,如发现与案件有关的需要作为证据的物品、文件、船舶,可以登记保存,以防止证据被销毁、转移。登记保存应当依照有关规定制作清单。

三、无证驾驶的证据认定

根据《海上交通安全法》、《内河交通安全管理条例》、《船员条例》的有关规定,认定无证驾驶案件事实的证据,应当包括四个方面的内容。

1.认定主体事实的证据材料

(1)书证

书证主要涉及当事人基本情况的书证,包括居民身份证、户口簿等原件复印件、船员培训考试合格证等。

（2）当事人陈述和辩解

当事人陈述和辩解主要涉及当事人基本情况的陈述和辩解。

（3）证人证言

证人证言主要涉及当事人身份事实的证言等。

（4）鉴定结论

鉴定结论主要涉及当事人精神状态的医学鉴定和出生年龄的鉴定等。

2.认定主观方面的证据材料

（1）书证

书证主要涉及当事人没有任何船员适任证件或者使用过期、伪造船员适任证件而从事航行的书证。

（2）物证

物证主要涉及当事人无证从事航行的次数、持续时间、航行路线、航行距离的物证，以证明当事人的主观过失。

（3）当事人陈述和辩解

当事人陈述和辩解主要涉及当事人有关无证从事航行的目的、动机的陈述和辩解。

（4）证人证言

证人证言主要涉及当事人明知无证而从事航行的证言，以证明当事人当时所持心态。

（5）视听资料

视听资料包括监控录像、录音的记录、照片，证人拍摄的录像、录音等。

3.认定客观事实的证据材料

（1）书证

书证包括海事管理机构出具的没有船员适任证件或船员适任证件被注销、吊销或者被暂扣的证明；不符合驾驶条件（年龄和健康状况），非法取得的船员适任证件；已超过有效期限的船员适任证件等。

（2）物证

物证包括现场勘查提取的船舶(照片)、货物、行李及其他遗留物、痕迹、工具等。

(3)当事人陈述和辩解

当事人陈述和辩解包括一起参与无证驾驶的数个当事人的陈述和辩解。

(4)证人证言

证人证言包括船东、旅客、货主、现场目击人的证言,其他知情人的证言等。

(5)勘验、检查笔录

勘验、检查笔录包括案发现场、航行现场、停泊现场的勘验、检查笔录。

(6)视听资料

视听资料包括监控录像、录音的记录、照片,证人拍摄的录像、录音等。

(7)鉴定结论

鉴定结论主要涉及船员适任证件真伪和有效期限的鉴定,被害人人身伤害的《人体伤情鉴定结论》等。

4.认定违法程度的证据材料

认定违法程度的证据材料包括能够证明从轻、减轻、从重、加重或不给予行政处罚的情形的书证、物证、证人证言、当事人陈述和申辩、视听资料等,以证明当事人是否主动消除或者减轻违法行为的后果;违法行为是否受他人胁迫,是否有立功表现;违法行为是否轻微并及时纠正,没有造成危害后果,是否在两年内被发现,是否有其他依法从轻、减轻行政处罚的情形。

第十节 船舶超载运输案件的证据收集及认定

一、船舶超载运输案件概述

《内河交通安全管理条例》第八条规定"船舶活动设施的配载和系固应当符合国家安全技术规范"。该条例第二十一条规定,"从事货物或者旅客运输的船舶,必须符合船舶强度、稳性、吃水、消防和救生等安全技术要求和国务院交通主管部门规定的载货或者载客条件。""任何船舶不得超载运输货物或者旅客。"该条例第八十二条规定,"违反本条例的规定,船舶不具备安全技术条件从事货物、旅客运输,或者超载运输货物、旅客的,由海事管理机构责令改正,处 2 万元以上 10 万元以下的罚款,可以对责任船员给予暂扣适任证书或者其他适任证件 6 个月以上直至吊销适任证书或者其他适任证件的处罚,并对超载运输的船舶强制卸载,因卸载而发生的卸货费、存货费、旅客安置费和船舶监管费由船舶所有人或者经营人承担;发生重大伤亡事故或者造成其他严重后果的,依照刑法关于重大劳动安全事故罪或者其他罪的规定,依法追究刑事责任。"

根据《内河交通安全管理条例》等有关法律、法规的规定,船舶超载运输案件,是指船舶违反有关船舶稳性、吃水等安全技术要求和国务院交通主管部门规定的载货或者载客条件,超载运输货物、旅客的案件。

二、船舶超载运输案件的取证

(一)受案基本要求

海事管理机构对举报、查获、移送的船舶超载运输案件,应当登记,对有关证据材料,应妥善保管,根据情形分别作出处理。

一是对于属于本海事管理机构管辖的船舶超载运输案件,应当填写《立案审批表》,经批准后进行调查取证。

二是对于属于海事管理机构职责范围,但不属于本海事管理机构管辖的船舶超载运输案件,应当移送有管辖权的海事管理机构处理,并通知举报人或有关单位。

三是对于不属于海事管理机构职责范围内的事项,告知举报人向其他有关机关举报。

(二)船舶超载运输的证据收集

1. 及时进行现场勘验或检查

(1)按照有关规范,制作《勘验笔录》或《现场笔录》。判断船舶超载,最简单、最直接的方式莫过于观察其载重线标志,按航行区域及季节对号入座,再考虑当时的天气情况,如风浪等,即可粗略判断船舶是否超载。日常工作中,一般是根据不同时段的载重线要求进行观察,然后再看其船首及船尾吃水及左右倾斜情况,但有时船靠了码头,就只能看其一舷,而要了解其整体情况,就要查看船舶的倾斜仪,这是一般的判断办法。但有时船舶的载重线标志被船方违法变改,就需要请船方配合,直接从甲板线量其实际干舷高度。在测量船舶的实际干舷时,应取船舶舷中位置,最好船舶两舷都能测量。假如船舶靠泊码头后只能量其一舷,那就要到驾驶台观察其倾斜仪的倾斜情况,再请船方按倾斜度计算其另一舷的实际干舷,两船实际干舷数据出来后,即可根据该数据与载重线证书核对,便可断定其是否超载。

勘验、检查应当全面记载勘验、检查过程中发现和获取的证据材料,客观准确地描述勘验、检查对象的特征及勘验、检查的方法和过程等情况。其内容包括:勘验、检查的时间、地点(一般表示为××水上交通安全检查站)、现场状态,案发现场的营运船舶装载状况(货物的种类、船首及船尾吃水及左右倾斜情况)、行驶距离(起讫点和沿线航线名称),有无船舶载重线证书等等。勘验、检查应当按照有关要求,进行现场照相、现场绘图。必要时,可以对以上过程进行录像。

(2)检查当事人的有关证件和体貌特征。

现场检查笔录示例与说明:

行政执法现场笔录

执法地点:巢湖市×××水上交通安全检查站

执法时间:2008年8月6日10时12分至10时56分

天气情况:阴转晴

执法人员:胡××,执法证号:420022××22

执法人员:方××,执法证号:420022××23

记录人:方××,执法证号:46011006××

被检查人:江×× 性别:男 年龄:48岁

居民身份证号:34020019601028××35

与案件关系:当事人

联系电话:13505532×××

工作单位及职务:皖芜湖货22×8货船船长

联系地址:芜湖市长江路×××号

告知事项:我们是巢湖市×××水上交通安全检查站的执法人员,这是我们的执法证件。我是胡××,执法证号420022××22,这是方××,执法证号是420022××23,请你看清楚。(被检查人江××确认看清楚了。)现在我们依法进行检查,请予以配合。整个检查过程将做笔录,并录像和拍照,询问记录人由方××担任。如执法人员与案件有直接利害关系,可能影响公正处理案件的,你可以申请回避。(被检查人江××确认不申请回避。)

现场检查情况:巢湖市×××水上交通安全检查站的执法人胡××、方×××,于2008年8月6日10时12分在巢湖市×××水上交通安全检查站进行检查,发现船名为皖芜湖货22×8的货船,装运黄沙。经查验,皖芜湖货22×8的《船舶检验证书》核定船舶载重线B级航区干舷40厘米,皖芜湖货22×8实际干舷10厘米。执法人员依法责令皖芜湖货22×8船长江××在×××水上交通安全检查站卸载黄沙直至船舶实际干舷符合该船的《船舶检验证书》核定船舶载重线要求。

检查于2008年8月6日10时56分结束。

检查结束后,执法人员请皖芜湖货22×8船长江××看笔录。告知如记录有错误或有遗漏,可以要求改正。如果属实,请签字。

以上笔录我已看过,情况属实。(需手写)
被检查人签名:
江××2008年8月6日
执法人员签名:
胡×× 2008年8月6日
方×× 2008年8月6日
附:
①皖芜湖货22×8《船舶检验证书》照片1张。
②皖芜湖货22×8现场照片5张。
③现场录像1份。

2. 询问当事人,制作询问笔录

询问重点查明以下事实:

(1)当事人的基本情况,如姓名、性别、年龄(周岁)、职业、住址,通信方式。

(2)船舶超载运输的时间、地点、被查获情况、现场状态等详细经过。

(3)船舶超载运输的船舶类型、船名、船籍港、核定船舶载重线,船主姓名。

(4)船舶装载货物的种类、质量,货主姓名等情况。

(5)船舶拟航行的航路(起讫点),已经航行的距离。

(6)船舶超限运输的动机、起因、目的,以确定当事人的主观方面的过错。

(7)如属于共同违法行为,查明各当事人在实施违法行为中的地位和作用,以分清主次,区分责任。

以上询问可以录音、录像,以保存备查。

当事人询问笔录示例与说明:

询 问 笔 录

询问地点:巢湖市×××水上交通安全检查站

询问时间:2008年8月6日11时20分

天气情况:阴转晴

询问人:胡××,执法证号:420022××22

询问人:方××,执法证号:420022××23

记录人:方××,执法证号:46011006××

被询问人:江××　　　性别:男　　　年龄:48岁

居民身份证号:34020019601028××35

与案件关系:当事人

联系电话:13505532×××

工作单位及职务:皖芜湖货22×8货船船长

联系地址:芜湖市长江路×××号

问:我们是巢湖市×××水上交通安全检查站的执法人员,这是我们的执法证件。我是胡××,执法证号是420022××22,这是方××,执法证号是420022××23,请你看清楚。

答:看清楚了。

(该询问为程序证明,证明执法人员为两名,并且出示了执法证件,符合法律规定)

问:现在是2008年8月6日11时20分,在巢湖市×××水上交通安全检查站,就你运沙的事进行询问。整个检查过程将做笔录,并录像和拍照,询问人由胡××担任,记录人由方××担任。如果你认为我们的调查可能影响处理的公正,在本案调查终结前,你可以向××县交通局申请我们回避,要求换其他执法人员来调查。在××县交通局的回避决定作出之前,我们不停止本案的调查。你听清楚了吗?

答:听清楚了。

(该询问告知询问的时间、地点、询问人、记录人姓名、询问事由、全过程录像拍照及当事人申请回避的权利)

问:询问只涉及运沙的事,请如实回答所提问题。对与案件无关的问题,你有不回答的权利;如果你不如实回答问题,将承担法律责任。你听清楚了吗?

答:听清楚了。

(该询问告知当事人不回答无关问题的权利、如实回答提问的义务及有关法律责任)

问:你叫什么名字?多大年龄,居民身份证号是什么?

答:我叫江××,今年48岁,居民身份证号是34020019601028××35。

问:你住在哪里?从事什么工作?

答:我家住芜湖市长江路×××号,皖芜湖货2×8货船船长。

(该询问了解当事人的基本情况)

问:可否提供居民身份证核对一下?

答:可以。这是我的身份证。(提交《居民身份证》给询问人)

(该询问核实当事人的基本情况。居民身份证是指证明居住在我国境内的公民的身份证件。根据《中华人民共和国居民身份证法》的有关规定,"公民从事有关活动,需要证明身份的,有权使用居民身份证证明身份",除公安机关依法对被告人采取强制措施可以扣留居民身份证外,"任何组织或者个人不得扣押居民身份证"。因此,路政执法人员询问时,经被询问人同意才可以核对居民身份证。)

问:可否说说你的联系电话吗?

答:我的电话号码是13505532×××。

问:皖芜湖货22×8货船是谁的?

答:是我的。

问:皖芜湖货22×8的船籍港是哪个港?

答:芜湖港。

问:皖芜湖货22×8船长是谁?

答:是我。

问:《船舶检验证书》核定皖芜湖货22×8载重线干舷是多少,你知道吗?

答:我知道,皖芜湖货22×8核定船舶载重线B级航区干舷40厘米。

问:请你出示皖芜湖货22×8《船舶检验证书》核对一下?

答:好的。这是皖芜湖货22×8《船舶检验证书》。(提交《船舶检验证书》给询问人)

(该询问核实船舶基本情况,证明被询问人与车辆及案件的关系,可对《船舶检验证书》复印或拍照)

问:船上装的什么货?什么时间、在哪里装货,运到哪里去?

答:装的是黄沙,今天上午8点半,在××货运码头装货,运到芜湖市滨江路。

问:走哪条路线?

答:长江干线。

(该询问核实车辆装载的货物、装载时间、起讫地点)

问:你船上装了多少吨货?

答:不是很清楚,估计有××多吨。

问:皖芜湖货22×8实际干舷是多少厘米?

答:皖芜湖货22×8实际干舷10厘米。

问:你怎么知道实际干舷高度的?

答:刚才执法人员测量时,我在现场看到的。

问:实际干舷比《船舶检验证书》核定的载重线干舷少多少?

答:超核定干舷30厘米。

问:以前是否也有过超载运输?

答:现在跑船不超载哪行呢,实在是没法子。

问:你把以前超载运输的情况讲一下?

答:具体的我也记不清楚了。

(该询问证明当事人曾有船舶超载运输的行为)

(该询问确认超限情况及当事人违法行为的主观状态)

问:《内河交通安全管理条例》第二十一条第二款规定,"任何船舶不得超载运输货物或者旅客。"经过初步调查,皖芜湖货22×8超载运货,你有什么考虑?

答:我卸下超载的货物,希望从轻处理。

(该询问进一步核实违法程度)

问:你是否还有什么要补充的?

答:没有。

(进一步给予被询问人陈述的机会)

问:你前面讲的是否都是事实?

答;是的,都是事实。

(确认被询问人的陈述是否真实,并给予改正的机会)

问:现在是2008年8月6日11时55分,本次询问结束,请你看看询问笔录,是否和你说的一样。如记录有错误或有遗漏,可以要求改正。如果和你说的一样,请写明"以上笔录我已看过,和我说的一样",然后写上你的姓名和年月日。

答:好的。

以上笔录我已看过,和我说的一样。(需手写)

被询问人签名及时间：

江××2008年8月6日

询问人签名及时间：

胡××2008年8月6日

方××2008年8月6日

附件：

①江××的《居民身份证》复印件1份；

②皖芜湖货2×8的《船舶检验证书》复印件1份。

3.询问证人，制作询问笔录

询问的具体内容包括：

(1)证人的姓名、年龄(周岁)、性别、职业、住址等基本情况。应附证人居民身份证复印件等证明证人身份的文件。

(2)所见所闻的有关当事人的基本情况，如人数、姓名、年龄、身份、体貌特征。

(3)船舶超载运输的时间、地点、被查获情况、现场状态等详细经过。

(4)船舶超载运输的船舶类型、船名、船籍港、核定船舶载重线、船主姓名。

(5)船舶装载货物的种类、质量、货主姓名等情况。

(6)船舶拟航行的航路(起讫点)，已经航行的距离。

(7)所见所闻的船舶超载运输使航道、港口设施及其他财物、他人人身受到损害的情况。

以上询问可以录音、录像，以保存备查。

4.证据登记保存

在调查过程中，如发现与案件有关的需要作为证据的物品、船舶有关证件(暂扣或照相)，可以登记保存，以防止证据被销毁、转移。登记保存应当依照有关规定制作清单。

5.对船舶载重线干舷进行测量，获取船舶载重线干舷尺度数据。

三、船舶超载运输的证据认定

根据《内河交通安全管理条例》等有关法律、法规的规定，认定船舶超载运

第六章
典型交通运输行政执法案件的证据收集及认定

输案件事实的证据,应当包括四个方面的内容。

1. 认定主体事实的证据材料

(1)书证

当事人如是个人,主要涉及姓名、年龄、住址等自然情况的书证,包括居民身份证、户口簿、船员适任证书等原件、复印件等。当事人如是单位,主要涉及当事人名称、住所等基本情况的书证,包括营业执照、税务登记等原件、复印件等。

(2)当事人陈述和辩解

当事人陈述和辩解主要涉及船长基本情况的陈述和辩解。

(3)证人证言

证人证言主要涉及船长身份事实的证言等。

(4)鉴定结论

鉴定结论主要涉及船长精神状态的医学鉴定和出生年龄的鉴定等。

2. 认定主观方面的证据材料

(1)书证

书证主要涉及当事人没有《船舶检验证书》,伪造或者使用过期《船舶检验证书》的书证,船舶载重线干舷尺度数据等。

(2)物证

物证主要涉及船舶超载运输的次数、持续时间、航行路线的物证,以证明当事人的主观过失。

(3)当事人陈述和辩解

当事人陈述和辩解主要涉及当事人有关船舶超载运输的目的、动机的陈述和辩解。

(4)证人证言

证人证言主要涉及当事人明知船舶超载运输的证言,以证明当事人当时所持心态。

(5)视听资料

视听资料包括涉及当事人明知船舶超载运输的监控录像、录音、照片,证人拍摄的录像、制作的录音等。

3.认定客观事实的证据材料

(1)书证

书证包括船舶检验机构出具的没有《船舶检验证书》,《船舶检验证书》被注销、吊销或者被暂扣的证明;不符合航行条件条件,非法取得《船舶检验证书》;已超过有效期限的《船舶检验证书》,船舶载重线干舷尺度数据等。

(2)物证

物证包括现场勘查提取的超载运输船舶、货物及其他遗留物、痕迹、工具等。

(3)当事人陈述和辩解

当事人陈述和辩解包括一起参与船舶超载运输的数个当事人的陈述和辩解。

(4)证人证言

证人证言包括船主、货主、押运人员、装卸人员、现场目击人及其他知情人的证言等。

(5)勘验、检查笔录

勘验、检查笔录包括案发现场、行驶现场、船舶停泊现场、货物存放现场的勘验、检查笔录。

(6)视听资料

视听资料包括有关船舶超载运输的监控录像、录音、照片,证人拍摄的录像、制作录音等。

(7)鉴定结论

鉴定结论主要涉及《船舶检验证书》真伪和有效期限的鉴定等。

4.认定违法程度的证据材料

认定违法程度的证据材料包括能够证明从轻、减轻、从重、加重或不给予行政处罚的情形的书证、物证、证人证言、当事人陈述和申辩、视听资料等,以证明当事人是否主动消除或者减轻违法行为的后果;违法行为是否受他人胁迫;是否有立功表现;违法行为是否轻微(超重较少,行驶距离较短),能及时纠正(主动卸载),没有造成危害后果;是否在两年内被发现,是否有其他依法从轻、减轻行政处罚的情形。

第十一节 航道内非法养殖案件的证据收集及认定

一、航道内非法养殖案件概述

《内河交通安全管理条例》第二十七条规定,"航道内不得养殖、种植植物、水生物和设置永久性固定设施。""划定航道,涉及水产养殖区的,航道主管部门应当征求渔业行政主管部门的意见;设置水产养殖区,涉及航道的,渔业行政主管部门应当征求航道主管部门和海事管理机构的意见。"该条例第七十四条还规定,"违反本条例的规定,在内河通航水域的航道内养殖、种植植物、水生物或者设置永久性固定设施的,由海事管理机构责令限期改正;逾期不改正的,予以强制清除,因清除发生的费用由其所有人或者经营人承担。"

根据《内河交通安全管理条例》的有关规定,航道内非法养殖案件是指违反《内河交通安全管理条例》的有关规定,未事先征得航道主管部门和海事管理机构的同意,并经渔业行政主管部门批准,在航道内从事养殖的案件。所谓航道是指中华人民共和国沿海、江河、湖泊、运河内船舶、排筏可以通航的水域。

二、航道内非法养殖案件的取证

(一)受案基本要求

海事管理机构对举报、查获、移送的航道内非法养殖案件,应当登记,对有关证据材料,应妥善保管,根据情形分别作出处理。

一是对于属于本海事管理机构管辖的擅自占用航道案件,应当填写《立案审批表》,经批准后进行调查取证。

二是对于属于海事管理机构职责范围,但不属于本海事管理机构管辖的擅自占用航道案件,应当移送有管辖权的海事管理机构处理,并通知举报人或有关单位。

三是对于不属于海事管理机构职责范围内的事项,或涉及其他机关职责范围内的事项,告知举报人向其他有关机关举报。

(二)航道内非法养殖的证据收集

1. 及时进行现场勘验或检查

(1)按照有关规范的要求,制作《勘验笔录》或《现场笔录》。勘验、检查应当全面记载勘验、检查过程中发现和获取的证据材料,客观准确地描述勘验、检查对象的特征及勘验、检查的方法和过程等情况。其内容包括:勘验、检查的时间、地点、周围环境,养殖所在航道的名称、具体位置、占用面积,养殖的工具情况等等。勘验、检查应当按照有关要求,进行现场照相、现场绘图。必要时,可以对以上过程进行录像。

(2)检查当事人的有关证件和体貌特征、精神状态。

2. 询问当事人,制作询问笔录

询问重点查明以下事实:

(1)当事人如是个人,主要问明姓名、性别、年龄、职业、住址、通信方式等基本情况。当事人如是单位,主要问明名称、住址,法定代表人姓名和职务、通信方式等基本情况。

(2)发现在航道内非法养殖的时间、地点,被查获情况、现场状态等详细经过。

(3)养殖所在航道的名称、航道等级、占用面积等。

(4)在航道内非法养殖的动机、起因、目的,以确定当事人的主观方面的过错。

(5)如属于共同违法行为,查明各当事人在实施违法行为中的地位和作用,以分清主次,区分责任。

以上询问可以录音、录像,以保存备查。

3. 询问证人,制作询问笔录

询问的具体内容包括:

(1)证人的姓名、年龄(周岁)、性别、职业、住址等基本情况。应附证人居民身份证复印件等证明证人身份的文件。

(2)所见所闻的有关当事人的基本情况,如人数、姓名、年龄、身份、体貌特征等。

（3）所见所闻的在航道内养殖的时间、地点、被查获情况、现场状态等详细经过。

（4）所见所闻的养殖所在航道的名称、面积，养殖物的种类等。

以上询问可以录音、录像，以保存备查。

4. 证据登记保存

在调查过程中，如发现与案件有关的需要作为证据的物品、文件、船舶、养殖物，可以登记保存，以防止证据被销毁、转移。登记保存应当依照有关规定制作清单。

5. 对有关专门性问题进行鉴定

对有关专门性问题进行鉴定主要涉及当事人的主体资格和对被占用航道的损害程度。

三、航道内非法养殖的证据认定

根据《内河交通安全管理条例》的有关规定，认定航道内非法养殖案件事实的证据，应当包括四个方面的内容。

1. 认定主体事实的证据材料

（1）书证

书证主要涉及当事人基本情况的书证，包括居民身份证、户口簿等原件、复印件等。

（2）当事人陈述和辩解

当事人陈述和辩解主要涉及当事人基本情况的陈述和辩解。

（3）证人证言

证人证言主要涉及当事人身份事实的证言等。

（4）鉴定结论

证人证言主要涉及当事人精神状态的医学鉴定和出生年龄的鉴定等。

2. 认定主观方面的证据材料

（1）物证

物证主要涉及当事人在航道内养殖的地理位置、持续时间的物证，以证明当事人的主观过错。

(2)当事人陈述和辩解

当事人陈述和辩解主要涉及当事人有关在航道内养殖的目的、动机的陈述和辩解。

(3)证人证言

证人证言主要涉及当事人在航道内非法养殖的地理位置、持续时间等情况,以证明当事人当时所持心态。

(4)视听资料

视听资料包括有关在航道非法养殖的监控录像、录音、照片,证人拍摄的录像、制作的录音等。

3.认定客观事实的证据材料

(1)物证

物证包括现场勘查提取的养殖所在航道的地理位置、现场遗留物、工具等。

(2)当事人陈述和辩解

当事人陈述和辩解包括一起参与占用航道的数个当事人的陈述和辩解。

(3)证人证言

证人证言包括航道养护人员、现场目击人及其他知情人的证言等。

(4)勘验、检查笔录

勘验、检查笔录包括案发现场、养殖物现场的勘验、检查笔录。

(5)视听资料

视听资料包括有关在航道内非法养殖的监控录像、录音、照片,证人拍摄的录像、录音等。

4.认定违法程度的证据材料

认定违法程度的证据材料包括能够证明从轻、减轻、从重、加重或不给予行政处罚的情形的书证、物证、证人证言、当事人陈述和申辩、视听资料等,以证明当事人是否主动消除或者减轻违法行为的后果;违法行为是否受他人胁迫;是否有立功表现;违法行为是否轻微并及时纠正,没有造成危害后果;是否在两年内被发现;是否有其他依法从轻、减轻行政处罚的情形。

附录一

交通行政处罚行为规范(节录)

(2008年12月30日 交通运输部交体法发[2008]562号)

第二条 交通行政主管部门、法律法规授权的交通管理机构在作出行政处罚决定时,应当做到:

(一)事实清楚,证据确凿,适用法律准确;

(二)正确行使自由裁量权,不得作出显失公正的行政处罚;

(三)严格履行程序规定,不得违反法定程序;

(四)适用并规范填制规定的文书;

(五)坚持处罚与教育相结合的原则,注重执法效果,既要对违法行为人依法进行处罚,也要纠正违法行为,不得以罚代管;

(六)依法维护当事人享有的合法权利,不得拒绝当事人行使合法权利的请求。

第四条 交通行政执法人员适用简易程序当场作出行政处罚的,应当按照以下步骤实施:

(一)向当事人出示交通行政执法证并查明对方身份;

(二)制作检查、询问笔录,收集必要的证据;

(三)告知当事人违法事实、处罚理由和依据;

(四)告知当事人享有的权利与义务;

(五)听取当事人的陈述和申辩并进行复核,当事人提出的事实、理由和证据成立的,应当采纳;

(六)制作统一编号的《行政(当场)处罚决定书》并当场交付当事人,并告知当事人可以依法申请行政复议或提起行政诉讼;

(七)当事人在《行政(当场)处罚决定书》上签字;

(八)作出当场处罚决定之日起5日内,将《行政(当场)处罚决定书》副本提交所属交通行政执法机关备案。

第七条 对于决定立案的,交通行政执法机关负责人应当指定办案机构和两名以上办案人员负责调查处理。

第九条 按程序立案或者交通行政执法机关主动实施监督检查发现的案件,办案人员应当全面、客观、公正地进行调查,收集、调取证据,并可以依照法律、法规的规定进行检查。

首次向案件当事人收集、调取证据的,应当告知其有申请办案人员回避的权利。

第十条 办案人员调查案件,不得少于两人。办案人员调查取证时,应当出示《交通行政执法证》。

第十一条 需委托其他单位或个人协助调查、取证的,应当制作并出具《协助调查通知书》。

第十二条 证据是指能够证明交通行政处罚案件真实情况的材料。办案人员应当依法收集与案件有关的证据。证据包括以下几种:

(一)书证;

(二)物证;

(三)视听资料;

(四)证人证言;

(五)当事人的陈述;

(六)鉴定结论;

(七)勘验笔录、现场笔录。

第十三条 办案人员所收集的证据应当满足以下要求:

(一)合法主体按照法定程序收集取得的事实,并且符合法律、法规、规章等关于证据的规定;

(二)客观事实;

(三)和所实施的具体行政行为有关联并对证明其违法行为具有实际意义的事实。

第十四条 办案人员询问当事人及证明人的,应当个别进行。询问应当制作《询问笔录》。《询问笔录》制作完成后应当交被询问人核对;对阅读有困难的,应当向其宣读。

询问涉及国家秘密、商业秘密和个人隐私的,交通行政执法机关和办案人员应当保守秘密。

第十五条 办案人员应当收集、调取与案件有关的原始凭证作为证据;调取原始证据有困难的,可以提取复制件、影印件或者抄录本,标明"经核对与原件无误",注明出证日期、证据出处,并签名或者盖章。

第十六条 对于视听资料、计算机数据,办案人员应当收集有关资料的原始载体。收集原始载体有困难的,可以收集复制件,并注明制作方法、制作时间、制作人等情况。声像资料应当附有该声像内容的文字记录。

第十七条 对有违法嫌疑的物品或者场所进行勘验(检查)时,应当有当事人或者第三人在场,并制作《勘验(检查)笔录》,载明时间、地点、事件等内容,由办案人员、当事人、第三人签名或者盖章。

必要时,可以采取拍照、录像等方式记录现场情况。

第十八条 交通行政执法机关抽样取证时,应当有当事人在场,办案人员应当制作《抽样取证凭证》,对样品加贴封条,开具物品清单,由办案人员和当事人在封条和相关记录上签名或者盖章。

法律、法规、规章或者国家有关规定对抽样机构或者方式有规定的,交通行政执法机关应当委托相关机构或者按规定方式抽取样品。

第十九条 为查明案情,需要对案件中专门事项进行鉴定的,交通行政执法机关应当出具载明委托鉴定事项及相关材料的《鉴定委托书》,委托具有法定鉴定资格的鉴定机构进行鉴定;没有法定鉴定机构的,可以委托其他具备鉴定条件的机构进行鉴定。鉴定机构应当出具载有鉴定结论的《鉴定意见书》。

第二十条 在证据可能灭失或者以后难以取得的情况下,交通行政执法机关可以对与涉嫌违法行为有关的证据采取先行登记保存措施。

采取先行登记保存措施或者解除先行登记保存措施,应当经交通行政执法机关负责人批准。

第二十一条 先行登记保存有关证据,应当当场清点,开具《证据保存清单》,由当事人和办案人员签名或者盖章,当场交当事人一份。

第二十二条 对于先行登记保存的证据,交通行政执法机关应当在7日内采取以下措施,并制作《证据登记保存处理决定书》:

（一）根据情况及时采取记录、复制、拍照、录像等证据保全措施；

（二）需要鉴定的，及时送交有关部门鉴定；

（三）违法事实成立，应当予以没收的，作出行政处罚决定，没收违法物品；

（四）违法事实不成立，或者违法事实成立但依法不应当予以查封、扣押或者没收的，决定解除先行登记保存措施。

逾期未作出处理决定的，先行登记保存措施自动解除。

第二十三条　法律、法规规定暂扣车辆、责令车辆停驶等行政强制措施的，可以根据具体情况实施，并制作和出具《车辆暂扣凭证》或《责令车辆停驶通知书》。

采取行政强制措施的，应当经交通行政执法机关负责人批准，并告知当事人有申请行政复议和提起行政诉讼的权利。

解除行政强制措施的，应当经交通行政执法机关负责人批准，并向当事人出具《解除行政强制措施通知书》。

第二十四条　必须对公民的人身或者住所进行检查的，应当依法提请公安机关执行，交通行政执法机关予以配合。

第二十五条　交通行政执法机关在调查过程中发现当事人的违法行为，可以制作《责令改正通知书》，责令当事人立即或在一定期限内纠正其违法行为。

第二十六条　办案人员在调查取证过程中，要求当事人在笔录或者其他材料上签名、盖章或者以其他方式确认，当事人拒绝到场，拒绝签名、盖章或者以其他方式确认，或者无法找到当事人的，办案人员应当在笔录或其他材料上注明原因，必要时可邀请有关人员作为见证人。

第二十七条　当事人认为办案人员与案件有直接利害关系的，有权填写《回避申请书》，申请办案人员回避；办案人员认为自己与案件有直接利害关系的，应当申请回避。

交通行政执法机关应当在3日内决定办案人员是否回避。办案人员的回避，由交通行政执法机关负责人决定。回避决定作出之前，办案人员不得停止对案件的调查处理。

同意当事人的回避申请的，交通行政执法机关应当制作并向当事人送达《同意回避申请决定书》；不同意当事人的回避申请的，应当制作并向当事人送达《驳回回避申请决定书》。

第二十八条 案件调查结束后,办案人员应当按照以下方式处理:

(一)认为违法事实成立,应当予以行政处罚的,制作《违法行为调查报告》,连同《立案审批表》和证据材料,移送本交通行政执法机关负责法制工作的内设机构进行审核。《违法行为调查报告》应当包括当事人的基本情况、违法事实、相关证据及其证明事项、案件性质、自由裁量理由、处罚依据、处罚建议等;

(二)认为违法事实不成立,应当予以销案的;或者违法行为轻微,没有造成危害后果,不予行政处罚的;或者案件不属于本单位管辖应当移交其他单位管辖的;或者涉嫌犯罪应当移送司法机关的,应当制作《违法行为调查报告》,说明拟作处理的理由,移送本交通行政执法机关负责法制工作的内设机构进行审核,根据不同情况分别处理。

第二十九条 交通行政执法机关负责法制工作的内设机构审核案件采取书面形式进行,主要内容包括:

(一)案件是否属于本交通行政执法机关管辖;

(二)当事人的基本情况是否清楚;

(三)案件事实是否清楚,证据是否确实、充分;

(四)定性是否准确;

(五)适用法律、法规、规章是否准确;

(六)行政处罚是否适当;

(七)办案程序是否合法。

第三十条 交通行政执法机关负责法制工作的内设机构应当根据下列规定提出书面审核意见:

(一)违法事实清楚,证据确实、充分,行政处罚适当、办案程序合法的,同意办案机构的意见,建议报批后告知当事人;

(二)违法事实清楚,证据确实、充分,但定性不准、适用法律不当、行政处罚不当的,建议办案机构修改;

(三)违法事实不清,证据不足的,建议办案机构补正;

(四)办案程序不合法的,建议办案机构纠正;

(五)不属于交通行政执法机关管辖的,建议移送其他有管辖权的机关处理。

第三十一条　交通行政执法机关负责法制工作的内设机构审核完毕后,应当及时退卷。办案人员应将《违法行为调查报告》、案卷及审核意见及时报交通行政执法机关负责人审查批准决定。

第三十二条　交通行政执法机关负责人对《违法行为调查报告》批准后,拟对当事人予以行政处罚的,办案人员应当制作《违法行为通知书》,以交通行政执法机关的名义,告知当事人拟作出行政处罚的事实、理由、依据、处罚内容,并告知当事人依法享有陈述、申辩权或听证权。

第三十四条　交通行政执法机关在告知当事人拟作出的行政处罚后,当事人要求陈述申辩的,应当制作《陈述申辩书》,如实记录当事人的陈述申辩意见。当事人要求组织听证的,交通行政执法机关应当按照第四章的规定组织听证。

交通行政执法机关应当充分听取当事人的意见,对当事人提出的事实、理由、证据认真进行复核,提出最终处罚决定的建议。当事人提出的事实、理由或者证据成立的,交通行政执法机关应当予以采纳。不得因当事人陈述、申辩、申请听证而加重行政处罚。

第三十五条　交通行政执法机关负责人经对违法行为调查报告、当事人的陈述申辩意见、听证会报告书、拟作出的行政处罚决定建议进行审查,根据不同情况分别作出给予行政处罚、不予行政处罚、销案、移送其他机关等处理决定。

第四十二条　在作出较大数额罚款、责令停产停业、吊销证照的行政处罚决定之前,交通行政执法机关应当告知当事人有要求举行听证的权利;当事人要求听证的,交通行政执法机关应当组织听证。

第五十四条　听证主持人有权决定与听证案件有关的证人、鉴定人、勘验人等听证参加人到场参加听证。

第五十八条　听证会按以下程序进行:

……

(五)办案人员提出当事人违法的事实、证据,说明拟作出行政处罚的建议和法律依据;

(六)当事人或其委托代理人对案件的事实、证据,适用法律,行政处罚裁量等进行申辩和质证；

（七）主持人就案件的有关问题向当事人或其委托代理人、办案人员、证人询问；

（八）经主持人允许，当事人、办案人员就案件的有关问题可以向到场的证人发问；

（九）办案人员、当事人或其委托代理人按顺序就案件所涉及的事实、各自出示的证据的合法性、真实性及有关的问题进行辩论；

（十）辩论终结，听证主持人可以再就本案的事实、证据及有关问题向当事人或其代理人、办案人员征求意见；

……

（十二）当事人或其委托代理人做最后陈述；

（十三）主持人宣布听证结束，听证笔录交当事人或其委托代理人核对无误后签字或盖章。认为有错误的，有权要求补充或改正。当事人拒绝的，由听证主持人在听证笔录上说明情况。

第六十条　有下列情形之一的，主持人可以宣布中止听证：

（一）证据需要重新鉴定、勘验的；

（二）当事人或其代理人提出新的事实、理由和证据，需要由本案调查人员调查核实的；

（三）作为听证申请人的法人或其他组织突然解散，尚未确定权利、义务承受人的；

（四）当事人因不可抗拒的事由，不能继续参加听证的；

（五）听证过程中，当事人或其代理人违反听证纪律致使听证无法进行的；

（六）其他应当中止听证的情形。

……

第六十三条　书记员应当将听证的全部活动记入《听证笔录》。《听证笔录》应当经听证参加人审核无误或者补正后，由听证参加人当场签名或者盖章。拒绝签名或者盖章的，由听证主持人记明情况，在听证笔录中予以载明。

第六十四条　听证主持人应当在5日内写出《听证报告书》并签名，连同《听证笔录》一并上报本交通行政执法机关负责人。

附录二

最高人民法院关于行政诉讼证据若干问题的规定

(2002年6月4日最高人民法院审判委员会第1224次会议通过)

法释[2002]21号

中华人民共和国最高人民法院公告

《最高人民法院关于行政诉讼证据若干问题的规定》已于2002年6月4日由最高人民法院审判委员会第1224次会议通过。现予公布,自2002年10月1日起施行。

二〇〇二年七月二十四日

为准确认定案件事实,公正、及时地审理行政案件,根据《中华人民共和国行政诉讼法》(以下简称行政诉讼法)等有关法律规定,结合行政审判实际,制定本规定。

一、举证责任分配和举证期限

第一条 根据行政诉讼法第三十二条和第四十三条的规定,被告对作出的具体行政行为负有举证责任,应当在收到起诉状副本之日起十日内,提供据以作出被诉具体行政行为的全部证据和所依据的规范性文件。被告不提供或者无正当理由逾期提供证据的,视为被诉具体行政行为没有相应的证据。

被告因不可抗力或者客观上不能控制的其他正当事由,不能在前款规定的期限内提供证据的,应当在收到起诉状副本之日起十日内向人民法院提出延期提供证据的书面申请。人民法院准许延期提供的,被告应当在正当事由消除后十日内提供证据。逾期提供的,视为被诉具体行政行为没有相应的证据。

第二条 原告或者第三人提出其在行政程序中没有提出的反驳理由或者证据的,经人民法院准许,被告可以在第一审程序中补充相应的证据。

第三条 根据行政诉讼法律第三十三条的规定,在诉讼过程中,被告及其诉讼代理人不得自行向原告和证人收集证据。

第四条 公民、法人或者其他组织向人民法院起诉时,应当提供其符合起诉条件的相应的证据材料。

在起诉被告不作为的案件中,原告应当提供其在行政程序中曾经提出申请的证据材料。但有下列情形的除外:

(一)被告应当依职权主动履行法定职责的;

(二)原告因被告受理申请的登记制度不完备等正当事由不能提供相关证据材料并能够作出合理说明的。

被告认为原告起诉超过法定期限的,由被告承担举证责任。

第五条 在行政赔偿诉讼中,原告应当对被诉具体行政行为造成损害的事实提供证据。

第六条 原告可以提供证明被诉具体行政行为违法的证据。原告提供的证据不成立的,不免除被告被诉具体行政行为合法性的举证责任。

第七条 原告或者第三人应当在开庭审理前或者人民法院指定的交换证据之日提供证据。因正当事由申请延期提供证据的,经人民法院准许,可以在法庭调查中提供。逾期提供证据的,视为放弃举证权利。

原告或者第三人在第一审批程序中无正当事由未提供而在第二审程序中提供的证据,人民法院不予接纳。

第八条 人民法院向当事人送达受理案件通知书或者应诉通知书时,应当告知其举证范围、举证期限和逾期提供证据的法律后果,并告知因正当事由不能按期提供证据时应当提出延期提供证据的申请。

第九条 根据行政诉讼法第三十四条第一款的规定,人民法院有权要求当事人提供或者补充证据。对当事人无争议,但涉及国家利益、公共利益或者他人合法权益的事实,人民法院可以责令当事人提供或者补充有关证据。

二、提供证据的要求

第十条 根据行政诉讼法第三十一条第一款第(一)项的规定,当事人向人民法院提供书证的,应当符合下列要求:

(一)提供书证的原件,原本、正本和副本均属于书证的原件。提供原件确有困难的,可以提供与原件核对无误的复印件、照片、节录本;

(二)提供由有关部门保管的书证原件的复制件、影印件或者抄录件的,应当注明出处,经该部门核对无异后加盖其印章;

(三)提供报表、图纸、会计账册、专业技术资料、科技文献等书证的,应当附有说明材料;

(四)被告提供的被诉具体行政行为依据的询问、陈述、谈话类笔录,应当有行政执法人员、被询问人、陈述人、谈话人签名或者盖章。

法律、法规、司法解释和规章对书证的制作形式另有规定的,从其规定。

第十一条 根据行政诉讼法第三十一条第一款第(二)项的规定,当事人向人民法院提供物证的,应当符合下列要求:

(一)提供原物。提供原物确有困难的,可以提供与原物核对无误的复制件或者证明该物证的照片、录像等其他证据;

(二)原物为数量较多的种类物的,提供其中的一部分。

第十二条 根据行政诉讼法第三十一条第一款第(三)项的规定,当事人向人民法院提供计算机数据或者录音、录像等视听资料的,应当符合下列要求:

(一)提供有关资料的原始载体。提供原始载体确有困难的,可以提供复制件;

(二)注明制作方法、制作时间、制作人和证明对象等;

(三)声音资料应当附有该声音内容的文字记录。

第十三条 根据行政诉讼法第三十一第一款第(四)项的规定,当事人向人民法院提供证人证言的,应当符合下列要求:

(一)写明证人的姓名、年龄、性别、职业、住址等基本情况;

(二)有证人的签名,不能签名的,应当以盖章等方式证明;

(三)注明出具日期;

(四)附有居民身份证复印等证明人身份的文件。

第十四条 根据行政诉讼第三十一条第一款第(六)项的规定,被告向人民法院提供的行政程序中采用的鉴定结论,应当载明委托人和委托鉴定的事项、向鉴定部门提交的相关材料、鉴定的依据和使用的科学技术手段、鉴定部门和鉴定人鉴定资格的说明,并应有鉴定人的签名和鉴定部门的盖章。通过分析获得的鉴定结论,应当说明分析过程。

第十五条 根据行政诉讼第三十一条第一款第(七)项的规定,被告向人民法院提供的现场笔录,应当载明时间、地点和事件等内容,并由执法人员和当事人签名。当事人拒绝签名或者不能签名的,应当注明原因。有其他人在现场的,可由其他人签名。

法律、法规和规章对现场笔录的制作形式另有规定的,从其规定。

第十六条 当事人向人民法院提供的中华人民共和国领域外形成的证据,应当说明来源,经所在国公证机关证明,并经中华人民共和国驻该国使领馆认证,或者履行中华人民共和国与证据所在国订立有关条例中规定的证明手续。

当事人提供的中华人民共和国香港特别行政区、澳门特别行政区和台湾地区内形成的证据,应当具有按照有关规定办理的证明手续。

第十七条 当事人向人民法院提供外文书证或者外国语视听资料的,应当附有由具有翻译资质的机构翻译的或者其他翻译准确的中文译本,由翻译机构盖章或者翻译人员签名。

第十八条 证据涉及国家秘密、商业秘密或者个人隐私的,提供人应当作出明确标注,并向法庭说明,法庭予以审查确认。

第十九条 当事人应当对其提交的证据材料分类编号,对证据材料的来源、证明对象和内容作简要说明,签名或者盖章,注明提交日期。

第二十条 人民法院收到当事人提交的证据材料,应当出具收据,注明证据的名称、份数、页数、件数、种类等以及收到的时间,由经办人员签名或者盖章。

第二十一条 对于案情比较复杂或者证据数量较多的案件,人民法院可以组织当事人在开庭前向对方出示或者交换证据,并将交换证据的情况记录在卷。

三、调取和保全证据

第二十二条 根据行政诉讼法第三十四条第二款的规定,有下列情形之一的,人民法院有权向有关行政机关及其他组织、公民调取证据:

(一)涉及国家利益、公共利益或者他人合法权益的事实认定的;

(二)涉及依职权追加当事人、中止诉讼、终结诉讼、回避等程序性事项的。

第二十三条 原告或者第三人不能自行收集,但能够提供确切线索的,可以申请人民法院调取下列证据材料:

(一)由国家有关部门保存而须由人民法院调取的证据材料;

(二)涉及国家秘密、商业秘密、个人隐私的证据材料;

(三)确因客观原因不能自行收集的其他证据材料。

人民法院不得为证明被诉具体行政行为的合法性,调取被告在作出具体行政行为时未收集的证据。

第二十四条 当事人申请人民法院调取证据的,应当在举证期限内提交调取证据申请书。

调取证据申请书应当写明下列内容:

(一)证据持有人的姓名或者名称、住址等基本情况;

(二)拟调取证据的内容;

(三)申请调取证据的原因及其要证明的案件事实。

第二十五条 人民法院对当事人调取证据的申请,经审查符合调取证据条件的,应当及时决定调取;不符合调取证据条件的,应当向当事人或者其诉讼代理人送达通知书,说明不准许调取的理由。当事人及其诉讼代理人可以在收到通知书之日起三日内向受理申请的人民法院书面申请复议一次。

人民法院应当在收到复议申请之日起五日内作出答复。人民法院根据当事人申请,经调取未能取得相应证据的,应当告知申请人并说明原因。

第二十六条 人民法院需要调取的证据在异地的,可以书面委托证据所在地人民法院调取。委托人民法院应当收到委托书后,按照委托要求及时完成调取证据工作,送交委托人民法院。受托人民法院不能完成委托内容的,应当告知委托的人民法院并说明原因。

第二十七条 当事人根据行政诉讼法第三十六条的规定向人民法院申请保全证据的,应当在举证期限届满前以书面形式提出并说明证据的名称和地点、保全的内容和范围、申请保全的理由等事项。

当事人申请保全证据的,人民法院可以要求其提供相应的担保。

法律、司法解释规定诉前保全证据的,依照其规定办理。

第二十八条 人民法院依照行政诉讼法第三十六条规定保全证据的,可以根据具体情况,采取查封、扣押、拍照、录音、录像、复制、鉴定、勘验、制作询问笔录等保全措施。

人民法院保全证据时,可以要求当事人或者其诉讼代理人到场。

第二十九条 原告或者第三人有证据或者有正当理由表明被告据以认定案件事实的鉴定结论可能有错误,在举证期限内书面申请重新鉴定的,人民法院应予准许。

第三十条 当事人对人民法院委托的鉴定部门作出的鉴定结论有异议申请重新鉴定,提出证据证明存在下列情形之一的,人民法院应予准许:

(一)鉴定部门或者鉴定人具有相应的鉴定资格的;

(二)鉴定程序严重违法的;

(三)鉴定程序明显依据不足的;

(四)经过质证不能作为证据使用的其他情形。

对有缺陷的鉴定结论,可以通过补充鉴定、重新质证或者补充质证等方式解决。

第三十一条 对需要鉴定的事项负有举证责任的当事人,在举证期限内无正当理由的不提出鉴定申请、不预交鉴定费用或者拒不提供相关材料,致使对案件争议的事实无法通过鉴定结论予以认定的,应当对该事实承担举证不能的法律后果。

第三十二条 人民法院对委托或者指定的鉴定部门出具的鉴定书,应当审查是否具有下列内容:

(一)鉴定的内容;

(二)鉴定时提交的相关材料;

(三)鉴定的依据和使用的科学技术手段;

(四)鉴定的过程;

(五)明确的鉴定结论;

(六)鉴定部门和鉴定人鉴定资格的说明;

(七)鉴定人及鉴定部门签名盖章。

前款内容欠缺或者鉴定结论不明确的,人民法院可以要求鉴定部门予以说明、补充鉴定或者重新鉴定。

第三十三条 人民法院可以依当事人申请或者依职权勘验现场。

勘验现场时,勘验人必须出示人民法院的证件,并邀请当地基层组织或者当事人所在单位派人参加。当事人或其成年亲属应当到场,拒不到场的,不影响勘验的进行,但应当在勘验笔录中说明情况。

第三十四条 审判人员应当制作勘验笔录,记载勘验的时间、地点、勘验人、在场人、勘验的经过和结果,由勘验人、当事人、在场人签名。

勘验现场时绘制的现场图,应当注明绘制的时间、方位、绘制人姓名和身份等内容。

当事人对勘验结论有异议的,可以在举证期限内申请重新勘验,是否准许由人民法院决定。

四、证据的对质辨认和核实

第三十五条 证据应当在法庭上出示,并经庭审质证。未经庭审质证的证据,不能作为定案的依据。

当事人在庭前证据交换过程中没有争议并记录在卷的证据,经审判人员在庭审中说明后,可以作为认定案件事实的依据。

第三十六条 经合法传唤,因被告无正当理由拒不到庭而需要依法缺席判决的,被告提供的证据不能作为定案的依据,但当事人在庭前交换证据中没有争议的证据除外。

第三十七条 涉及国家秘密、商业秘密和个人隐私或者法律规定的其他应当保密的证据,不得在开庭时公开质证。

第三十八条 当事人申请人民法院调取的证据,由申请调取证据的当事人在庭审中出示,并由当事人质证。

人民法院依职权调取的证据,由法院出示,并可就调取该证据的情况进行说明,听取当事人意见。

第三十九条 当事人应当围绕证据的关联性、合法性和真实性,针对证据有无证明效力以及证明效力大小,进行质证。

经法庭准许,当事人及其代理人可以就证据问题相互发问,也可以向证人、鉴定人或者勘验人发问。

当事人及其代理人相互发问,或者向证人、鉴定人、勘验人发问时,发问的内容应当与案件事实有关联,不得采用引诱、威胁、侮辱等语言或者方式。

第四十条 对书证、物证和视听资料进行质证时,当事人应当出示证据的原件或者原物。但有下列情况之一除外:

(一)出示原件或者原物确有困难并经法庭准许可以出示复制件或者复制品;

(二)原件或者原物已不存在,可以出示证明复制件、复制品与原件、原物一致的其他证据。

视听资料应当当庭播放或者显示,并由当事人进行质证。

第四十一条 凡是知道案件事实的人,都有出庭作证的义务。有下列情形之一的,经人民法院准许,当事人可以提交书面证言:

(一)当事人在行政程序或者庭前证据交换中对证人证言无异议的;

(二)证人因年迈体弱或者行动不便无法出庭的;

(三)证人因路途遥远、交通不便无法出庭的;

(四)证人因自然灾害等不可抗力或者其他意外事件无法出庭的;

(五)证人因其他特殊原因确实无法出庭的。

第四十二条 不能正确表达意志的人不能作证。

根据当事人申请,人民法院可以就证人能否正确表达意志进行审查或者交由关部门鉴定。必要时,人民法院也可以依职权交由有关部门鉴定。

第四十三条 当事人申请证人出庭作证的,应当在举证期限届满前提出,并经人民法院许可。人民法院准许证人出庭作证的,应当在开放审理前通知证人出庭作证。

当事人在庭审过程中要求证人出庭作证的,法庭可以根据审理案件的具体情况,决定是否准许以及是否延期审理。

第四十四条 有下列情形之一,原告或者第三人可以要求相关行政执法人员作为证人出庭作证:

(一)对现场笔录的合法性或者真实性有异议的;

(二)对扣押财产的品种或者数量有异议的;

(三)对检验的物品取样或者保管有异议的;

(四)对行政执法人员的身份的合法性有异议的;

(五)需要出庭作证的其他情形。

第四十五条 证人出庭作证时,应当出示证明其身份的证件。法庭应当告知其诚实作证的法律义务和作伪证的法律责任。

出庭作证的证人不得旁听案件的审理。法庭询问证人时,其他证人不得在场,但组织证人对质的除外。

第四十六条 证人应当陈述其亲历的具体事实。证人根据其经历所作的判断、推测或者评论,不能作为定案的依据。

第四十七条 当事人要求鉴定人出庭接受询问的,鉴定人应当出庭。鉴定人因正当事由不能出庭的,经法庭准许,可以不出庭,由当事人对其书面鉴定结论进行质证。

鉴定人不能出庭的正当事由,参照本规定第四十一条的规定。

对于出庭接受询问的鉴定人,法庭应当核实其身份、与当事人及案件的关系,并告知鉴定人如实说明鉴定情况的法律义务和故意作虚假说明的法律责任。

第四十八条 对被诉具体行政行为涉及的专门性问题,当事人可以向法庭申请由专业人员出庭进行说明,法庭也可以通知专业人员出庭说明。必要时,法庭可以组织专业人员进行对质。

当事人对出庭的专业人员是否具备相应专业知识、学历、资历等专业资格等有异议的,可以进行询问。由法院决定其是否可以作为专业人员出庭。

专业人员可以对鉴定人进行询问。

第四十九条　法庭在质证过程中,对与案件没有关联的证据材料,应予排除并说明理由。

法庭在质证过程中,准许当事人被证据的,对补充的证据仍应进行质证。

法庭对经过庭审质证的证据,除确有必要外,一般不再进行质证。

第五十条　在第二审程序中,对当事人依法提供的新的证据,法庭应当进行质证;当事人对第一认定的证据仍有争议的,法庭也应当进行质证。

第五十一条　按照审判监督程序审理的案件,对当事人依法提供的新的证据,法庭应当进行质证;因原判决、裁定认定事实的证据不足而提起再审所涉及的主要证据,法庭也应当进行质证。

第五十二条　本规定第五十条和第五十一条中的"新的证据"是指以下证据:

(一)在一审程序中应当准予延期提供而未获准许的证据;

(二)当事人在一审程序中依法申请调取而未获准许或者未取得,人民法院在第二审程序中调取的证据;

(三)原告或者第三人提供的在举证期限届满后发现的证据。

五、证据的审核认定

第五十三条　人民法院裁判行政案件,应当以证据证明的案件事实为依据。

第五十四条　法庭应当对经过庭审质证的证据和无需质证的证据进行逐一审查和对全部证据综合审查,遵循法官职业道德,运用逻辑推理和生活经验,进行全面、客观和公正地分析判断,确定证据材料与案件事实之间的证明关系,排除不具有关联性的证据材料,准确认定案件事实。

第五十五条　法庭应当根据案件的具体情况,从以下方面审查证据的合法性:

(一)证据是否符合法定形式;

(二)证据的取得是否符合法律、法规、司法解释和规章的要求;

（三）是否有影响证据效力的其他违法情形。

第五十六条 法庭应当根据案件的具体情况，从以下方面审查证据的真实性：

（一）证据形成的原因；

（二）发现证据时的客观环境；

（三）证据是否为原件、原物，复制件、复制品与原件、原物是否相符；

（四）提供证据的人或者证人当事人是否具有利害关系；

（五）影响证据真实性的其他因素。

第五十七条 下列证据材料不能作为定案依据：

（一）严重违反法定程序收集的证据材料；

（二）以偷拍、偷录、窃听等手段获取侵害他人合法权益的证据材料；

（三）以利诱、欺诈、胁迫、暴力等不正当手段获取的证据材料；

（四）当事人无正当事由超出举证期限提供的证据材料；

（五）在中华人民共和国领域以外或者在中华人民共和国香港特别行政区、澳门特别行政区和台湾地区形成的未办理定证明手续的证据材料；

（六）当事人无正当理由拒不提供原件、原物，又无其他证据印证，且对方当事人予认可的证据的复制件或者复制品；

（七）被当事人或者他人进行技术处理而无法辨明真伪的证据材料；

（八）不能正确表达意志的证人提供的证言；

（九）不具备合法性和真实性的其他证据材料。

第五十八条 以违反法律禁止性规定或者侵犯他人合法权益的方法取得的证据，不能作为认定案件事实的依据。

第五十九条 被告在行政程序中依照法定程序要求原告提供证据，原告依法应当提供而拒不提供，在诉讼程序中提供的证据，人民法院一般不予采纳。

第六十条 下列证据不能作为认定被诉具体行政为合法的依据：

（一）被告及其诉讼代理人在作具体行政行为后或者在诉讼程序中自行收集的证据；

（二）被告在行政程序中非法剥夺公民、法人或者其他组织依法享有的陈

述、申辩或者听证权利所采用的证据;

(三)原告或者第三人在诉讼程序中提供的、被告在行政程序中未作为具体行政行为依据的证据。

第六十一条 复议机关在复议程序中收集和补充的证据,或者作出原具体行政行为的行政机关在复议程序中未向复议机关提交的证据,不能作为人民法院认定具体行政行为合法的依据。

第六十二条 对被告在行政程序中采纳的鉴定结论,原告或者第三人提出证据证明有下列情形之一的,人民法院不予采纳:

(一)鉴定人不具备鉴定资格;

(二)鉴定程序严重违法;

(三)鉴定结论错误、不明确或者内容不完整。

第六十三条 证明同一事实的数个证据,其证明效力一般可以按照下列情形分别认定:

(一)国家机关以及其他职能部门依职权制作的公文文书优于其他书证;

(二)鉴定结论、现场笔录、勘验笔录、档案材料以及经过公证或者登记的书证优于其他书证、视听资料和证人证言;

(三)原件、原物优于复制件、复制品;

(四)法定鉴定部门的鉴定结论优于其他鉴定部门的鉴定结论;

(五)法庭主持勘验所制作的勘验笔录优于其他部门主持勘验所制作的勘验笔录;

(六)原始证据优于传来证据;

(七)其他证人证言优于与当事人有亲属关系或者其他密切关系的证人提供的对该当事人有利的证言;

(八)出庭作证的证人证言优于未出庭作证的证人证言;

(九)数个种类不同、内容一致的证据优于一个孤立的证据。

第六十四条 以有形载体固定或者显示的电子数据交换、电子邮件以及其他数据资料,其制作情况和真实性经对方当事人确认,或者以公证等其他有效方式予以证明的,与原件具有同等的证明效力。

第六十五条 在庭审中一方当事人或者其代理人在代理权限范围内对另一方当事人陈述的案件事实明确表示认可的,人民法院可以对该事实予以认定。但有相反证据足以推翻的除外。

第六十六条 在行政赔偿诉讼中,人民法院主持调解时当事人为达成调解协议而对案件事实的认可,不得在其后的诉讼中作为对其不利的证据。

第六十七条 在有受外力影响的情况下,一方当事人提供的证据,对方当事人明确表示认可的,可以认定该证据的证明效力;对方当事人予以否认,但不能提供充分的证据进行反驳的,可以综合全案情审查认定该证据的证明效力。

第六十八条 下列事实法庭可以直接认定:

(一)众所周知的事实;

(二)自然规律及定理;

(三)按照法律规定推定的事实;

(四)已经依法证明的事实;

(五)根据日常生活经验法则推定的事实。

前款(一)、(三)、(四)、(五)项,当事人有相反证据足以推翻的除外。

第六十九条 原告确有证据证明被告持有的证据对原告有利,被告无正当事由拒不提供的,可以推定原告的主张成立。

第七十条 生效的人民法院裁判文书或者仲裁机构裁决文书确认的事实,可以作为定案依据。但是如果发现裁判文书或者裁决文书认定的事实有重大问题的,应当中止诉讼,通过法定程序予以纠正后恢复诉讼。

第七十一条 下列证据不能单独作为定案依据:

(一)未成年人所作的与其年龄和智力状况不相适应的证言;

(二)与一方当事人有亲属关系或者其他密切关系的证人所作的对该当事人有利的证言,或者与一方当事人有不利关系的证人所作的对该当事人不利的证言;

(三)应当出庭作证而无正当理由不出庭作证的证人证言;

(四)难以识别是否经过修改的视听资料;

（五）无法与原件、原物核对的复制件或者复制品；

（六）经一方当事人或者他人改动，对方当事人不予以认可的证据材料；

（七）其他不能单独作为定案依据的证据材料。

第七十二条 庭审中经过质证的证据，能够当庭认定的，应当当庭认定；不能当庭认定的，应当在合议庭合议时认定。

人民法院应当在裁判文书中阐明证据是否采纳的理由。

第七十三条 法庭发现当庭认定的证据有误，可以按照下列方式纠正：

（一）庭审结束前发现错误的，应当重新进行认定；

（二）庭审结束后宣判前发现错误的，在裁判文书中予以更正并说明理由，也可以再次开庭予以认定；

（三）有新的证据材料可能推翻已认定的证据的，应当再次开庭予以认定。

六、附则

第七十四条 证人、鉴定人及其近亲属的人身和财产安全受法律保护。

人民法院应当对证人、鉴定人的住址和联系方式予以保密。

第七十五条 证人、鉴定人因出庭作证或者接受询问而支出的合理费用，由提供证人、鉴定人的一方当事人先行支付，由败诉一方当事人承担。

第七十六条 证人、鉴定人作伪证的，依照行政诉讼法第四十九条第一款第（二）项的规定追究法律责任。

第七十七条 诉讼参与人或者其他人有对审判人员或者证人、鉴定人、勘验人及其近亲属实施威胁、侮辱、殴打、骚扰或者打击报复等妨碍行政诉讼行为的，依照行政诉讼法第四十九条第一款第（三）项、第（五）项或者第（六）项的规定追究其法律责任。

第七十八条 对应当协助调取证据的单位和个人，无正当理由拒不履行协助义务的，依照行政诉讼法第四十九条第一款第（五）项的规定追究其法律责任。

第七十九条 本院以前有关行政诉讼的司法解释与本规定不一致的，以本规定为准。

第八十条 本规定自2002年10月1日起施行。2002年10月1日尚未审结的一审、二审和再审行政案件不适用本规定。

本规定施行前已经审结的行政案件,当事人以违反本规定为由申请再审的,人民法院不予支持。

本规定施行后按照审判监督程序决定再审的行政案件,适用本规定。

附录三

交通事故痕迹物证勘验(GA 41—2005)

(GA 41—2005 代替 GA 41—1992,2005 年 1 月 17 日中华人民共和国公安部发布,自 2005 年 5 月 1 日起实施)

1 范围

本标准规定了道路交通事故(以下简称交通事故)痕迹、物证勘验的主要内容,原则和要求。

本标准适用于公安机关交通管理部门对交通事故现场有关痕迹、物证的勘验。

2 规范性引用文件

下列文件中的条款通过本标准的引用而成为本标准的条款。凡是注日期的引用文件,其随后所有的修改单(不包括勘误的内容)或修订版均不适用于本标准,然而,鼓励根据本标准达成协议的各方研究是否可使用这些文件的最新版本。凡是不注日期的引用文件,其最新版本适用于本标准。

GB 7258 机动车运行安全技术条件

GB/T 19056 汽车行驶记录仪

GB 19522 车辆驾驶人员血液、呼气酒精含量阈值与检验

GA 49 道路交通事故现场图绘制

GA 50 道路交通事故勘验照相

GA 268 道路交通事故尸体检验

3 术语和定义

下列术语和定义适用于本标准。

3.1

交通事故痕迹物证 the trace and physical evidence of road traffic accident

交通事故现场或从交通事故现场带走能证明交通事故真实情况的物品、物质和痕迹。交通事故痕迹物证主要包括在事故车辆、人体、现场遗留的固定物、附着物、散落物或各种痕迹。

3.2

附着物 the attachments

在交通事故中形成,粘附在事故车辆、人体、路面及其他物体表面能证明交通事故真实情况的物质。如油漆、油脂、塑料、橡胶、毛发、纤维、血迹、人体组织、木屑、植物枝叶及尘土等微量附着物质。

3.3

散落物 the debris

遗留在交通事故现场,能够证明交通事故真实情况的物品或物质。如:损坏脱离的车辆零部件、玻璃碎片、油漆碎片、橡胶碎片、车辆装载物、结构性土沙碎块、人体抛落在地面上的穿戴物品和携带物品、人体被分离的器官组织,从其他物体上掉落在地面上的树皮、断枝、水泥及石头碎块等。

3.4

地面痕迹 the trace on the road

交通事故发生过程中,事故车辆车体及相关部件、人体以及与事故有关的物件等与地面接触而遗留在交通事故现场的印迹。

3.5

地面轮胎痕迹 the tyre trace the road

车辆轮胎相对于地面作滚动、滑移等运动时,留在地面上的印迹。

3.6

滚印 the imprints

车辆轮胎相对于地面作纯滚动运动时,留在地面上的印迹。能清晰反映轮胎胎面花纹形态、花纹组合形态、胎面磨损和机构损伤等特征。

3.7

压印 the scuff marks

车辆轮胎受制动力作用,沿行进方向相对于地面作滚动、滑移复合运动时,留在地面上的印迹。特征为胎面痕迹在车辆行进方向有所延长。

3.8

压印 the skid marks

车辆轮胎受制动力作用,沿行进方向相对于地面作滑移运动时,留在地面上的印迹。特征为带状,不显示胎面花纹,宽度与胎面宽度基本一致。

3.9

侧滑印 the yaw marks

车辆轮胎受制动力或碰撞冲击力或转向离心力的作用,偏离原行进方向相对于地面作横向滑移运动时,留在地面上的印迹。特征为印迹宽度一般大小或小于轮胎面宽度,一般不显示胎面花纹。

3.10

挫划印 the road scars

物体在地面上形成的刮擦印迹或沟槽。

3.11

车体痕迹 the trace of vehicle

车辆在交通事故中与其他车辆、人体、物体接触,造成车辆变形和破损遗留在车体上的印迹,以及车体上的灰尘或其他附着物等缺失留下的印迹。

3.12

人体痕迹 the trace of body

在交通事故中与车辆、道路、物体接触,遗留在人体衣着和体表上的印迹。

3.13

其他痕迹 other trace

交通事故中车辆、物体或人体与树木、道路交通设施、建筑物等接触,遗留在树木、道路交通设施、建筑物等表面的印迹。

4 勘验原则和一般要求

4.1 勘验原则

4.1.1 勘验工作应及时、全面、客观、缜密。

4.1.2 勘验工作应严格依照有关法律法规相关规定进行。

4.1.3 勘验工作应运用科学手段和方法,采用选进技术。

4.2 勘验的一般要求

4.2.1 勘验工作应由具备交通事故处理资格的交通警察或有关专业技术

人员担任。

4.2.2 勘验工作应采用必要的现场保护装备,采取有效的措施,确保勘验人员的安全。

4.2.3 勘验工作应配备相应的勘验车辆、勘验器材等装备。

4.2.4 勘验人员应根据各类交通事故的特点。仔细观察交通事故痕迹和物证的形态及特征,勘验交通事故现场痕迹、物证。

a)勘验发生交通事故的事故车辆、人员、现场路面和有关物体及其状态、痕迹位置。

b)勘验发生交通事故的事故车辆、人员行进路线的痕迹、物证。

c)勘验事故车辆、人员、现场路面、有关物体接触部位、受力方向及有关的地面遗留物;在事故接触部位及周围寻找事故可疑物,重点勘验第一次接触的痕迹、物证及其相对位置。

4.2.5 勘验中发现痕迹为承受体的,应勘验、确定相应的造型体,勘验和确定造型体和承受体接触部位。对于连续发生多次接触,应准确认定造型和承受体第一次接触时的具体部位。

4.2.6 勘验中应测量事故车辆、人体、现场路面及有关物体的相对位置,进行定位,明确基准,测量各类痕迹的位置、形状、尺寸等;测量时应以道路边缘、标线、车辆的一侧或地面为基准。测量可用卷尺、激光测距仪、超声波测距仪或摄影测量等方法。测量的最小量单位为厘米。测量误差:距离小于50cm时,最大误差允许为0.5cm;距离为50cm至10m时,最大误差不得超过1%;距离超过10m时,最大误差不得超过10cm。

4.2.7 勘验中应首先使用照相法固定和提取有价值的痕迹和物证。测量大面积的痕迹、物证,应在被照物旁放置相应的比例尺,对于微量痕迹、物证应在被照物旁放置10cm长带毫米刻度的比例尺,比例尺应放置在痕迹物证旁1cm以内,与痕迹、物证处于同一平面,刻度一侧朝向痕迹、物证,不得遮掩,妨碍观察;提取时应尽量不损坏提取物,并注明提取物名称、提取人、提取时间、地点、部位、天气、提取方法等情况。对提取的微量痕迹、物证要妥善保管,及时送检。

4.2.8 痕迹、物证位置、种类、形式、尺寸等的勘验和提取应在交通事故现场勘验笔录中载明。

4.2.9 勘验照相按照 GA 50 执行。

4.2.10 勘验绘图按照 GA 49 执行。

5 勘验的具体要求

5.1 勘验设备要求

5.1.1 交通事故勘查车

交通事故勘查车应备有反光指示牌、反光锥筒、警戒带、反光背心、手持照明灯或车载照明设备等。

5.1.2 测量仪器

a) 应配备卷尺或激光(超声波)测距仪等设备。

b) 根据需要配备坡度仪、附着系数测定仪、摄影测量系统等。

5.1.3 现场照相、摄像设备

a) 现场勘验照相应配备彩色胶片照相机或数码照相机,数码照相机的技术要求,照片分辨率应达到 500 万像素;

b) 现场勘验摄像应配备摄像机。

5.1.4 提取工具和器材

现场勘验应根据需要配备静电吸迹器、灰尘痕迹固定剂、长波紫外灯、手术刀柄、手术刀片、镊子、纱布、指纹提取工具(一体式指纹刷、磁性笔和吸耳球、指纹胶纸和衬纸)、物证通用标签、物证收集瓶、硫酸纸物证袋、塑料袋、载玻片、提取板盒等现场勘验提取工具和器材。

5.1.5 其他器材

现场勘验应根据需要配备不干胶、比例尺、放大镜、铅笔、玉石笔、卡钳、钢丝钳、指南针、印泥、录音设备、绘图用照明灯、脱脂棉、酒精、医用胶布、手套、口罩、毛巾、肥皂等现场勘验常用器材。

5.2 勘验准备

在抢救伤亡人员过程中需要移动事故车辆、人体或有关物体,应做好相应的标记或通过照相、摄像固定。

5.3 痕迹物证发现、固定、保全、提取和测量

5.3.1 痕迹物证发现

a)根据交通事故的类型及其特点,通过观察事故发生时所接触到的物体和接触部位所显现出来的异常现象,确定勘验的重点部位。

b)仔细观察交通事故现场,在交通事故现场地面、事故车辆、伤亡人员及其他有关物体的接触部位寻找发现可疑物;注意发现留在现场的地面痕迹、人体痕迹、车体痕迹及其他痕迹;注意发现路面上的其他痕迹和车体外、车体内痕迹。

c)采用先进科学的手段和方法发现痕迹物证。

5.3.2 痕迹物证固定

痕迹物证采用照相、摄像、绘图和笔录等方法固定。

5.3.3 痕迹物证保全

a)痕迹、物证因故不能及时提取时,应采取保护措施,防止痕迹和物证的破坏和灭失;

b)转向盘等车体上遗留的指纹或轮胎上存在事故物证的车辆,应先行提取,方能移动车辆;

c)现场路面上的交通事故痕迹和物证,应在勘验、测量和照相之后,立即进行提取;

d)事故车辆和物证采用妥善方法,将交通事故痕迹和物证部位保护起来。防止人员触摸或因天气变化造成痕迹和物证的损坏或灭失;

e)不便立即送检的易挥发性样品,应使用清洁的玻璃瓶、塑料瓶或塑料密封,并低温保存。

5.3.4 痕迹物证提取

5.3.4.1 一般要求

a)确认或疑似交通事故痕迹、物证,应当进行提取;

b)在勘验和提取物证的过程中,要防止所提的物证被污染。提取物证之前,不得在物证部位及附近用粉笔、圆珠笔或蜡笔等勾画。提取物证所用的各种工具、包装物、容器等必须干净,用同一工具提取不同部位的物证时,每提取一次,必须把工具擦拭干净。提取各种物证,特别是提取油脂、血迹、人体组织等,不得重复使用同一工具,不得用手直接接触物证;

c)对所发现的全部有关痕迹和各类实物,在提取之前应将其形状、数量、颜色、所在地点等分别编号记录。对发现的实物可直接提取，但必须分别包装，特别是对某些需进行化验的物质(如血迹、汽油等)，包装时应严防污染或相互混杂。对某些分离物或脱落物，在包装时应注意其边沿不被损坏。对交通事故中伤亡者衣服上的车轮花纹痕迹等，应连同衣服提取；对地面上的平面或立体痕迹，应当细心提取。

5.3.4.2 直接提取

能反映交通事故痕迹及与形成交通事故痕迹有关的小件物品、易分解车辆零部件，应将物品和有关零部件全部直接提取。

5.3.4.3 间接提取

无法进行直接提取的交通事故痕迹，根据需要采用相应的照相或摄像法、静电吸附法、石膏灌注法、硅橡胶提取法、硬塑料提取法、复印法等技术手段进行提取。

a)拍摄的痕迹影像应完整、清晰、不变形，能反映痕迹的适当部位特征，并附以毫米比例尺；

b)遗留在光滑路面上的加层轮胎花纹痕迹，可采用静电吸附法提取；

c)遗留在路面上的立体痕迹，如泥土路面上的足迹、轮胎花纹痕迹等，可采用石膏灌注法进行提取；

d)对于有一定弹性而且不易断裂和破碎物体表面的痕迹，可用硅橡胶加一定量过氧化物的方法固化提取；

e)对于车辆或物体表面较大面积的痕迹可用硬塑料提取；

f)对于光滑平面上的指纹，如机动车转向盘、车门把手和车辆表面的可疑指纹，可用金属粉末提取。

5.3.4.4 散落物的提取

a)散落在现场地面的玻璃碎片、油漆碎片、塑料碎片、车辆零部件及装载物等固体物质，可用镊子夹取；

b)沾有事故物证的较大物品以及散落在事故车辆内的鞋只、纽扣、手套、人体组织等，提取时不得用手直接接触交通事故痕迹和附着物部位。

5.3.4.5 附着物的提取

a)粘附在小件物品及易分解车辆零部件表面的物质,应将有关事物和零部件全部提取；

b)粘附在车体或其他较大物体表面的固定物质,可根据物质性质,用刀片刮、镊子夹等方法提取。必要时,为防止物证丢失,可采用剪、挖、锯等方法将物证连同部分载体一并提取；

c)血液、油脂等液体物质可用滤纸、纱布或脱脂棉擦取。

5.3.4.6 提取对照样品

a)肇事逃逸车辆本身的物质或装载物遗留在现场时,勘验人员应将现场遗留物,细心提取,妥善保存。待查到可疑车辆后,从可疑车辆的有关部位,提取与现场遗留物外观相似的物质作为对照相品,进行比对检验；

b)勘验可疑车辆时,如果发现可疑附着物,应从被撞车辆、伤亡人体或现场其他物体表面提取对照样品,进行比对检验。

5.3.5 痕迹物证测量

a)对已确定的交通事故痕迹、物证,应测量和记录其位置、长度、宽度、高度和方向；

b)测量记录车辆碰撞损坏变形形状及变形量(长、宽、高或深度)；

c)测量记录交通事故现场路面坡度、转弯半径、附着系数等情况。

5.4 地面痕迹勘验

5.4.1 地面轮胎痕迹勘验要求如下：

a)勘验地面轮胎痕迹的种类、形状、方向、长度、宽度、痕迹中的附着情况,以及轮胎的规格、花纹等；

b)交通事故逃逸现场应勘验逃逸车辆两侧轮胎痕迹的间距和前后轮胎痕迹止点的间距,判明逃逸车辆的类型和行进方向；

c)勘验滚印、压印、拖印、侧滑印、挫划印分段点相对路面边缘的垂直距离、痕迹与道路中心线的夹角,痕迹的滑移、旋转方向及旋转度数；

d)勘验滚印、压印、拖印、侧滑印、挫划印及痕迹突变应分别勘验;弧形痕迹应分段勘验;轮胎跳动引起的间断痕迹应作为连续痕迹勘验,根据需要记录间断痕迹之间的距离；

e)根据装备制动防抱死装置(ABS)车辆制动痕迹多为压印,偶尔为轻微拖印,且轻淡、不易发现,易消失等特征,及时、仔细勘验痕迹的起止点。

5.4.2 勘验车辆或其他物体留在地面上的挫划痕迹的长度、宽度、深度,痕迹中心或起止点距道路边缘的距离;确定痕迹的造型体。

5.4.3 勘验与交通事故有关的地面散落物、血迹、类人体组织等的种类、形状、颜色,及其分布位置;确定主要散落物第一次着地点和着地方向。

5.4.4 水泥、沥青、块石路面上的痕迹被尘土、散落物覆盖时,在不妨碍其他项目勘验的前提下,可照相后清除覆盖物再勘验。

5.4.5 根据需要制作痕迹模型,提取地面的橡胶粉末、轮胎的橡胶片、轮胎胎面上的附着物等,进行检验、鉴定。

5.5 车体痕迹勘验

5.5.1 勘验车体上各种痕迹产生的原因。勘验车辆与其他车辆、人员、物体第一次接触的部位和受力方向,确定另一方相应的接触部位。

5.5.2 勘验车体上各种痕迹的长度、宽度、凹陷深度、痕迹上、下边缘距地面的高度,痕迹与车体相关一侧的距离。

5.5.3 勘验车辆部件损坏、断裂、变形情况。

5.5.4 与车辆照明系统有关的交通事故,应提取车辆的灯泡、灯丝及其碎片。

5.5.5 车辆与人发生的交通事故,要特别注意勘验、提取车体上的纤维、毛发、血迹、类人体组织、漆片等附着物。

5.5.6 需要确定车辆驾驶人的,应提取转向盘、变速杆、驾驶室门和踏脚板等处的手、足痕迹及附着物。

5.6 人体痕迹勘验

5.6.1 一般要求

勘验人体痕迹之前,应先照相或现场调查、走访,记录受害人在现场的原始位置。人体痕迹勘验应从外到里进行,先衣着后体表。

5.6.2 勘验衣着痕迹

a)勘验衣着上有无勾挂、撕裂、开缝、脱扣等破损痕迹,有无油漆、油污等附

着物,鞋底有无挫划痕迹;

b)勘验衣着上痕迹、附着物的位置、形状、特征,造成痕迹的作用力方向,痕迹中心距足跟的距离;

c)根据需要勘验衣着的名称、产地、颜色、新旧程度等特征及穿着顺序,提取必要的衣着物证。

5.6.3 勘验体表痕迹

a)交通事故尸体的体表痕迹由法医或勘验人员勘验;伤者和体表痕迹一般由医院诊断检查,根据需要可由法医检查或由勘验人员在医务人员协助下检查;

b)检查性别、体长、体型等体表特征;

c)勘验体表损伤的部位、类型、形状尺寸,造成损伤的作用力方向;损伤部位距足跟的距离,损伤部位的附着情况;

d)根据需要提取伤、亡人员的衣着、血液、组织液;毛发、体表上的附着物等,进行检查、鉴定。

5.7 其他痕迹、物证勘验

5.7.1 勘验树木、道路交通设施、建筑物等固定物上痕迹的长度、宽度、深度及距离地面的高度,确定造型体。

5.7.2 提取有关脱落物或部件碎片,注意保护断口形态,留作整体分离的物证。

5.7.3 交通事故逃逸现场应提取现场遗留的所有与交通事故有关的痕迹、物证。

5.7.4 从车辆上掉落的沙土、油脂、装载物品等,可以反映车辆的使用情况,特别是从轮胎上脱落的泥块,能反映车辆的行驶状态和轮胎花纹的局部形态。对这些物证均应提取,并妥善保管,以便检验鉴定。

5.7.5 在有电子监控设备的路段,应及时提取监控设备所记录的车辆信息。

5.8 送检

交通事故痕迹物证进行勘验、测量和记录,尚不能满足事故认定的需要,应提取有价值的痕迹、物证,送交专业技术人员或具备资格的检验鉴定机构进行检验、鉴定。对提取的微量痕迹、物证要妥善保管,及时送检。

　　a)事故车辆行驶速度的技术鉴定:对于装有符合 GB/T 19056 的汽车行驶记录仪的事故车辆可从汽车行驶记录仪直接提取有关数据;对于发生碰撞事故后安全气囊打开的事故车辆可从安全气囊记录模块中提取数据;

　　b)对酒后驾驶车辆的当事人,应提取血液进行酒精浓度检测,检测按照 GB 19522 执行;

　　c)事故机动车安全性能技术鉴定按照 GB 7258 的有关规定执行;

　　d)对未知名尸体,应提取人身识别检材,进行 DNA 鉴定。

附录四

交通事故勘验照相(GA 50—2005)

(GA 50—2005 代替 GA 50—1993,2005 年 9 月 7 日中华人民共和国公安部发布,自 2005 年 11 月 1 日起实施)

1 范围

本标准规定了道路交通事故勘验照相与视频图像采集的要求和视频图像的储存及照片归档。

本标准适用于公安机关交通管理部门对道路交通事故现场、车辆、交通参与人及痕迹物证的勘验照相和视频图像采集。

2 术语和定义

下列术语和定义适用于本标准。

2.1

现场 spot

发生交通事故和存在与交通事故有关痕迹物证的场所。

2.2

方位照相 photography of orientation

以整个现场和现场周围环境为拍摄对象,反映交通事故现场所处的位置及其与周围事物的关系的专门照相。视角应覆盖整个现场范围;一张照片无法涵盖的,可以使用回转连续拍摄法或者直线连续拍摄法拍摄。

2.3

概览照相 photography of general scene

以整个现场或现场中心地段为拍摄内容,反映现场的全貌以及现场有关车辆、尸体、物品、痕迹的位置及相互间关系的专门照相。以现场中心物体为基点,沿现场道路走向的相对两向位或者多向位分别拍摄。各向位拍摄的概览照相,其成像中各物体间的相对位置应当基本一致,上一个视角的结束部分与下一个视角的开始部分应有联系。

2.4

中心照相 photography of center

在较近距离拍摄交通事故现场中心、重要局部、痕迹的位置及其与有关物体之间的联系的专门照相。

2.5

细目照相 photography of details

采用近距或微距拍摄交通事故现场路面、车辆、人体上的痕迹及有关物体特征的专门照相。照相机及镜头主光轴与被摄痕迹面相垂直。视角应当覆盖整个痕迹；一张照片无法覆盖的，可以分段拍摄。

2.6

视频图像采集 to gather video image

使用摄录设备拍摄、储存反映交通事故过程与交通事故现场信息，并由计算机进行终端显示、打印的方式。

3 要求

3.1 一般要求

3.1.1 交通事故现场勘查,应当采用现场方位照相、概览照相、中心照相、细目照相以及视频图像采集等方式客观、全面、清晰地反映交通事故现场相关信息,其内容应当与交通事故现场勘查笔录的记载相一致。

3.1.2 概览照相、中心照相、细目照相所反映的内容应有关联。

3.1.3 勘验照相与视频图像采集不得有艺术夸张,无视认障碍,长镜头画面连续完整无剪辑,单镜头单幅画面无组合,照片图像视认性完整良好,影像清晰,与交通事故相关的视频图像应保持真实完整。受客观条件限制无法准确记录现场信息的,可在该限制条件消除后及时进行补充照相。

3.1.4 拍摄痕迹时,应当放置比例标尺。比例标尺的长度一般为50mm,当痕迹长度大于500mm时,可用卷尺作为比例标尺。比例标尺放置在痕迹旁10mm以内,与痕迹处于同一平面,刻度一侧朝向痕迹,不得遮掩、妨碍观察。被摄物体为深色的,应当放置白底黑字比例标尺；被摄物体为浅色的,应当放置黑底白字比例标尺。

3.1.5 使用数码照相机、摄像机，照相机成像分辨率不低于 2 272×1 704 像素（400 万像素），摄像机应在 100 万以上像素。

3.2 现场环境照相

运用方位照相、概览照相方式拍摄。

3.2.1 拍摄交通事故现场环境、现场位置和现场概貌。

3.2.2 拍摄交通事故现场周围的地形、地貌、道路走向、路面状况、交通标志和现场所处位置等。

3.2.3 拍摄交通事故现场有关车辆、尸体、物体的位置、状态等。

3.3 痕迹勘验照相

运用中心照相、细目照相方式拍摄。

3.3.1 拍摄现场中心和物体分离痕迹、物体表面痕迹、路面痕迹、人体衣着痕迹以及现场遗留物等。

3.3.2 拍摄交通事故现场中心部位或重要局部。

3.3.3 拍摄交通事故现场路面、车辆、人体或物体上的各种有关痕迹。

3.3.4 拍摄车辆与其他车辆、人员、物体的接触部位、车内死、伤者的分布状态、位置，车辆挡位、转向盘、仪表盘等。

3.3.5 拍摄与交通事故有关并且具有证据作用的物体的形状、大小及颜色等特征。

3.3.6 物体分离痕迹拍摄：

a) 分离物在原物体中的具体位置；

b) 分离端面的痕迹特征；

c) 原物体的基本状况及内部结构特征。

3.3.7 物体表面痕迹拍摄：

a) 痕迹在物体上具体位置；

b) 痕迹的形状、大小、深浅、颜色；

c) 造型客体与承受客体的比对照片；

d) 有必要采集细微痕迹进行检验认定的，可按照所需比例直接放大照相提取。

3.3.8 路面痕迹拍摄：

a）痕迹在路面上特定位置和起止距离；

b）痕迹形态、深浅和颜色；

c）路面痕迹的造型客体及其与痕迹的相互位置。

3.3.9 人体附着痕迹拍摄：

a）痕迹附着在人体、衣着上的具体位置；

b）附着在人体、衣着表面上痕迹的形状、大小、颜色；

c）每个痕迹应单独拍摄；同一部位多层次衣着和体表都有痕迹的，根据需要分别提取拍摄。

3.3.10 遗留物拍摄：

a）遗留物在现场中的原始位置；

b）遗留物的形状、体积特征，并充分反映物品的质地。

3.3.11 需要反映物品立体形状的，拍摄不得少于两个侧面。

3.3.12 需要确认驾驶人的，应当提取人体手印足迹照片。

3.3.13 需要鉴定的，应拍摄本体物与原形照片。

3.4 车辆检验照相

运用中心照相和细目照相方式拍摄。

3.4.1 拍摄交通事故车辆的整车及损坏部位、号牌、铭牌等。

3.4.2 拍摄分解检验的车辆及其部件的损坏情况、形态等。

3.4.3 对直接造成交通事故的故障与损坏的机件，根据需要拍摄该机件的损坏状态。

3.5 人体照相

运用中心照相和细目照相的方式拍摄。

3.5.1 人体损伤痕迹拍摄：

a）人体损伤痕迹的具体位置；

b）人体损伤痕迹的形状、大小、特征，显现创伤程度。拍摄人体损伤痕迹和创口，应放置比例标尺；

c）在不影响对伤员救护的前提下，尽可能拍摄损伤痕迹的原始状况。

3.5.2 尸体拍摄:

a)尸体在现场的位置;

b)尸体全身正、侧面原始着装、裸体照片;

c)多人死亡交通事故,应拍摄尸体按编号顺序排列的场面;

d)尸体面部无法辨认的,应拍摄该死者的有关证件照片和显著体表特征照片;

e)对无名尸体,应拍摄其生前的痣、痘、疤痕、文身、生理缺陷、疾病残疾、畸形或者缺损等生理、病理特征和整容后的正面半身照片;

f)对尸表检验应根据法医鉴定需要拍摄重要局部创、损伤痕迹;

g)尸体头部有损伤痕迹的应剪去局部毛发,显现损伤痕迹后拍摄。

3.5.3 对造成交通死亡事故以及无身份证明的肇事者,拍摄显示其身高比例的半身标准近照;对在现场的肇事者,应将其安置于可表明与肇事相关的车辆、物体一侧拍摄。

4 交通事故照片

4.1 照片册封面与内页

4.1.1 照片册封面与内页的幅面尺寸为297mm×210mm(国际标准A4型纸,以下简称A4型纸)。

4.1.2 封面(样式见图1)项目包括:

a)名称:交通事故照片;

b)时间:交通事故发生的年、月、日、时、分;

c)天气:交通事故发生时的气象状况;

d)地点:交通事故发生的道路位置的正式名称;

e)摄影:执行照相的人员姓名,以及监控点的机号、编排代号;

f)摄影时间:执行拍摄时的年、月、日、时、分。

注:年份用四位阿拉伯数字,时间用24小时制填写。

4.1.3 印制封面时,名称使用2号宋体,其余文字用4号宋体。

4.2 照片裱贴用纸

4.2.1 单页内页粘贴纸型、规格为A4型纸。

附录四
交通事故勘验照相(GA 50—2005)

4.2.2 联页折叠的内页粘贴纸,折叠页幅面尺寸为297mm×(185±5)mm。

4.3 照片规格

4.3.1 照片应使用光面相纸制作。

4.3.2 照片尺寸规格:单幅照片为127 mm×89mm;需要对照片进行接片的,其接片的长度与宽度根据实际需要制作。

4.3.3 制作照片不留白边,不做花边。

4.4 编排裱贴

4.4.1 交通事故照片,一般应按照现场方位照片、概览照片、中心照片、痕迹勘验照片、车辆检验照片、肇事人照片的顺序编排,亦可根据需要按照案卷材料分类编排。

4.4.2 检验鉴定照片应附于鉴定书后。

4.4.3 照片裱贴应该使用防霉化的胶水。

4.4.4 裱贴后遇照片联页叠夹时,应加隔防粘透明纸。

4.5 照片标示

4.5.1 照片标示可使用计算机编排打印或手工标示,手工标示应使用蓝、黑墨水或档案专用圆珠笔书写,字迹端正清楚。

4.5.2 标示方法:

a)直线标示:用直线划在照片中的标示物,顶端为所示物,下端顺延出照片后依次由左往右或由上往下排列编号,按照编号加注文字和数据。

b)框形标示:在局部照片外围划框形线,用箭头指向引入整体照片中的具体位置。

c)箭头标示:在照片具体部位用箭头引出,表示人、车和行进方向、道路走向或其他需要标明、认定的物体。

d)符号标示:用各种符号表明照片中的具体物品的位置,加注文字和数据。

4.5.3 照片标示不覆盖重要痕迹、物证影相。线条、符号标示,使用红色或黑色线条。

5 视频图像储存

5.1 视频图像应储存入计算机。

5.2 一次死亡3人以上交通事故视频图像应刻录光盘保存,保存期限与该交通事故案卷一致。

6 入卷归档

6.1 交通事故照片装订成册后归入交通事故案卷。

6.2 对肇事人追究刑事责任的交通事故,分别制作一式2份照片归入案卷的正本和副本。

6.3 交通事故的照相底片可随卷或单独保存,数码照相机拍摄的图像文件存入计算机,保存期限与该交通事故案卷一致。

参 考 文 献

[1] 张建伟.证据法要义.北京:北京大学出版社,2009.

[2] 何家弘,刘品新.证据法学.第2版.北京:法律出版社,2007.

[3] 何家弘.证据的审查认定规则示例与释义.北京:人民法院出版社,2009.

[4] 裴兆斌,吴华清,杨悦.公安机关办理行政案件证据规范指南.北京:中国人民公安大学出版社,2009.

[5] 广东省公路管理局.路政岗位.北京:人民交通出版社,2004.

[6] 颜世晔,肖扬.公路路政案件办案要点与示例.北京:法律出版社,2009.

[7] 李望斌.高速公路综合行政执法实务.北京:人民交通出版社,2009.

[8] 武爱东.道路运输行政执法文书案例范本.北京:中国法制出版社,2010.

[9] 梅劲.海事(港航)行政执法理论与实务.西安:西北农林科技大学出版社,2009.